T0394009

Russian Through Art

Russian Through Art: For Intermediate to Advanced Students develops all four language skills while enhancing students' cultural knowledge through exposure to Russian visual arts.

Each of the six thematically organised chapters is accompanied by an online lecture, readings, audio and video clips and assignments of varying levels of difficulty, starting with description and narration tasks and progressing to discussion and debate. Each chapter contains a number of task-based and project-based assignments.

The book and website's modular design make it easy to adapt this comprehensive resource to different course needs and different levels. By the end of the course students will have broadened their active vocabulary, enhanced their grammatical skills while familiarising themselves with Russian art in its various representations and periods.

Anna S. Kudyma is Senior Lecturer and TA Supervisor in the UCLA Department of Slavic, East European and Eurasian Languages and Cultures. She holds a MA in Russian language pedagogy and a Ph.D. in linguistics. Her primary interests are language pedagogy and computer-assisted language learning. She is the co-author of five textbooks.

Olga E. Kagan is Professor in the UCLA Department of Slavic, East European and Eurasian Languages and Cultures, and director of the Title VI National Heritage Language Resource Center (NHLRC).

Russian Through Art
For Intermediate to Advanced Students

Anna S. Kudyma and

Olga E. Kagan

 Routledge
Taylor & Francis Group

LONDON AND NEW YORK

First published 2019
by Routledge
2 Park Square, Milton Park, Abingdon, Oxon OX14 4RN

and by Routledge
711 Third Avenue, New York, NY 10017

Routledge is an imprint of the Taylor & Francis Group, an informa business

British Library Cataloguing-in-Publication Data
A catalogue record for this book is available from the British Library

Library of Congress Cataloging-in-Publication Data
Names: Kudyma, Anna, author | Kagan, Olga, author.
Title: Russian through art : for intermediate to advanced students / Anna S. Kudyma,
    Olga E. Kagan.
Description: New York : Routledge, 2018. | Includes bibliographical
    references and index.
Identifiers: LCCN 2018003995 | ISBN 9781138231191 (hardback : alk. paper) |
    ISBN 9781138400276 (pbk.) | ISBN 9781315315720 (ebook)
Subjects: LCSH: Russian language—Textbooks for foreign speakers—English. |
    Art, Russian—Study and teaching.
Classification: LCC PG2129.E5 K342 2018 | DDC 491.782421—dc23
LC record available at https://lccn.loc.gov/2018003995

ISBN: 978-1-138-23119-1 (hbk)
ISBN: 978-1-138-40027-6 (pbk)
ISBN: 978-1-315-31572-0 (ebk)

Typeset in Cambria
by Apex CoVantage, LLC

Visit the companion website: https://ccle.ucla.edu/course/view/russnart

We dedicate this textbook to the memory of our colleague, co-author and friend Frank J. Miller (1940–2016) and to our students, whose curiosity about Russian art served as an inspiration for this book.

CONTENTS

PREFACE

The objective of the textbook *Russian Through Art* is twofold: to develop all four major language skills (speaking, reading, listening and writing) and to enhance students' cultural knowledge through a focus on Russian visual arts, architecture, Russian music, ballet, opera and drama, thus contributing to their understanding of Russian culture in general. Gaining "knowledge and understanding of other cultures" is a foundational component in any foreign language learning, as the Standards for Foreign Language Learning state.[1]

Russian Through Art meets the criteria for contemporary culturally immersive language learning with a focus on art. The textbook is innovative in its approach to presenting learning materials to students: it creates a learning environment that is similar to real life. To emphasize immersion, tasks and assignments are designed with the following questions in mind: What do Russians know about their art? How do they talk about art in everyday life? Our approach is to engage students' interest and to provoke their curiosity. The materials teach students to 'read' Russian art, which is full of references to Russian history, folklore and literature. In the fashion adopted by content-based approaches, we pay particular attention to developing students' ability to understand artistic references and also to produce discourse that will help them communicate with native speakers as well as understand lectures about art.

Russian Through Art is intended for use by third-, fourth- and fifth-year students of Russian or, if described in proficiency terms, students from Intermediate High to Advanced levels of proficiency on the ACTFL scale (or 1+ – 2+ on the ILR scale).[2] This textbook also meets the needs of students who are heritage speakers and who have already gained literacy and need a more challenging and culturally rich set of materials to continue their study of Russian. A focus on Russian culture in the textbook will increase heritage learners' motivation, because learning about the heritage culture and language is frequently mentioned by these learners as the top reason for studying the heritage language.

Russian Through Art has a modular design that meets the needs of various possible applications. The textbook materials can be covered in two quarters/one semester or can be used as a supplement to existing curriculum and textbooks. The textbook modules adhere to principles of differentiated instruction, such that various students will be able to use same thematic material even if working at different levels or using different tasks.

Russian Through Art contains **six chapters** that are thematically organized, as well as supplemental Russian-English and English-Russian vocabulary lists. The textbook is accompanied by a **website** that hosts images, videos and audio files; keys to all assignments with the exception of open-ended questions and essays/debates; and some teaching materials such as sample syllabi, tests, class multimedia presentations, etc.

Each chapter of *Russian Through Art* consists of three units and contains a lecture (available online), readings and video clips accompanied by task-based and project-based assignments that increase in difficulty, starting with description and narration and progressing to discussion and debate. All activities and tasks are contextualized and can be used for homework or as classroom activities. From the very beginning, in each chapter, we pay particular attention to developing students' ability to **understand** and **produce** cohesive and extended paragraph-length discourse, i.e. getting thoroughly familiar with complex syntactical constructions and paragraph connectors in the interpersonal, interpretive and presentational modes.

Listening. 1) Lectures. The lectures, which are 5–7 minutes long and richly illustrated, were recorded by Elena Skudskaia, an expert on Russian art from the Russian Museum in St. Petersburg. The related tasks encourage critical analysis, guiding students in their note taking and listening comprehension. 2) Video clips. Watching a video clip often follows the reading related to the video clip's content that helps facilitate students' listening comprehension. The video clips include TV advertisements, TV reporting and documentaries that span a range of contemporary cultural interests. Only authentic materials are used throughout.

Reading. Authentic readings present students with information that is linked to the lecture and expands on the topic. The readings include internet forums, blogs, advertisements and various genres of non-fictional writing as well as short excerpts from Russian poetry.

Speaking. Through structured conversations, discussions and presentations, students improve their ability to speak Russian both at an interpersonal level and in the presentational mode practicing the use of academic language.

Writing. Writing tasks allow students to synthesize the main ideas from the lectures, video clips and readings, employing their expanded ability to use complex sentences and art-related vocabulary. The writing tasks focus on developing both interpersonal and academic writing.

Vocabulary development. At the end of this course, students acquire the vocabulary of art terms and relevant expressions, as well as consolidate their existing vocabulary by using it in a variety of task-based and project-based assignments specific to the context of Russian art. At the end of this course, students will increase their active vocabulary by approximately 600–650 lexical items.

The textbook has been developed according to the general concepts of content-based instruction that is based on the rationale that "people learn a second language more successfully when they use the language as a means of acquiring information, rather than as an end in itself".[3] Students are more motivated to learn a language when the instructional materials are based on topics that they find interesting and relevant.

Russian Through Art has been piloted at UCLA for two years and the suggestions of both instructors and students have been taken into consideration for this final version. We gratefully acknowledge everyone's contribution.

Notes

1 Byrd, D. (2011). An examination of culture knowledge: A study of L2 teachers' and teacher educators' beliefs and practices. *Foreign Language Annals*, 44 (1), 4–39.
2 ACTFL – The American Council on the Teaching of Foreign Languages
   ILR – The Interagency Language Roundtable
3 Richards, J. C., & Rodgers, T. S. (2001). *Approaches and methods in language teaching* (2nd ed.), p. 207. Cambridge: Cambridge University Press.

ACKNOWLEDGEMENTS

Like every textbook, *Russian Through Art* is a collaborative project. There are many people we would like to thank who helped along the way. We are grateful to Stacey Carter, our production editor, Sheri Sipka, our project manager, and Yvette M. Chin, who did an outstanding job going over the manuscript in its final form and made many valuable suggestions that led to significant improvements. The layout designed by Apex CoVantage will make it easy for students to navigate through the textbook.

We thank Michael Lavery, Nelya Dubrovich and Olga Fedorova for proofreading and editing the manuscript. We are grateful to John Lynch and Thomas Garbelotti of the UCLA Center for Digital Humanities, who provided space on the UCLA server and helped us with designing the website. Our special thanks go to Elena Skudskaia for delivering the lectures and to Oliver Chien for painstakingly videotaping and editing them.

And finally, we are grateful to our students, who worked from the textbook in the manuscript form and made many helpful comments that improved the text.

A.K. O.K

ЧТО В КАЖДОЙ ГЛАВЕ ...

Темы

ЧТО В КАЖДОЙ ГЛАВЕ ...

Темы

ЧТО В КАЖДОЙ ГЛАВЕ ...

Темы

Icons used in this textbook

Reading

Speaking

Video

Writing

Group Work

Pair Work

Internet Search

Photo credits

Pictures 1.1: Word cloud ©Anna Kudyma; Hermitage ©Danis Jarvis (https://commons.wikimedia.org); Tretyakov Gallery ©T1000978 (https://commons.wikimedia.org); Picture gallery (https://pxhere.com); Garage Museum of Contemporary Art ©Vladimir Paperny

Pictures 2.1: Word cloud ©Anna Kudyma; Ilya Repin Monument (https://pxhere.com); Valentin Serov exhibition (https://pxhere.com); Wassily Kandinsky art work (https://commons.wikimedia.org); Portrait of Marc Chagall (https://commons.wikimedia.org); Portrait of Bella Chagall (Rosenfeld) ©Shalom Books (https://commons.wikimedia.org)

Pictures 3.1: Word cloud ©Anna Kudyma; Portrait of Sergei Diaghilev (https://commons.wikimedia.org); Portrait of Vaslav Nijinsky (https://commons.wikimedia.org); Portrait of Vitaly Komar ©Vladimir Paperny; Street art (https://pxhere.com).

Pictures 4.1: Word cloud ©Anna Kudyma; Catherine the Great ©Gontarenko; Mikhail Lomonosov ©Gontarenko; Bronze Horseman ©Alex (Florstein) Fedorov (https://commons.wikimedia.org); Monument to Minin and Pozharsky ©Strider944 (https://commons.wikimedia.org); Alexander Pushkin's Monument ©Aborisov (https://commons.wikimedia.org); Worker and Kolkhoz Woman by Vera Mukhina (https://pxhere.com); The Motherland Calls (Mamayev Kurgan in Volgograd) ©Olarati (https://commons.wikimedia.org); Fallen Monument Park "Museon" (Moscow) ©Максим Улиткин (https://commons.wikimedia.org)

Pictures 5.1: Word cloud ©Anna Kudyma; Bolshoi Theatre, Moscow (https://pxhere.com); Cathedral of Christ the Saviour ©Hans-Jürgen Neubert (https://

ГЛАВА 1 | МУЗЕИ И КОЛЛЕКЦИИ

ВВЕДЕНИЕ

В э́той главе́ мы бу́дем говори́ть о собра́ниях иску́сства в Росси́и. В пе́рвой ча́сти вы узна́ете о са́мых изве́стных музе́ях Петербу́рга и Москвы́, а та́кже о знамени́тых коллекционе́рах, кото́рые собира́ли иску́сство. Во второ́й ча́сти мы подро́бно расска́жем вам об Эрмита́же и основа́теле Третьяко́вской галере́и Па́вле Третьяко́ве. В тре́тьей ча́сти вы узна́ете о галере́ях и музе́ях совреме́нного иску́сства в Росси́и, а та́кже об изве́стных аукцио́нах иску́сства, кото́рые существу́ют в ми́ре.

ИЗОБРАЗИ́ТЕЛЬНОЕ ИСКУ́ССТВО VISUAL ART

искусство
коллекция
художник   скульптор
artistic work   музей
sculptor artist collection
art painting sculpture
картины *graphic artist pictures*
живопись графика
график *graphic arts*
museum творчество
скульптура

1–1 | Изобразительное искусство. Study the Word Cloud above and find English equivalents for the following words:

гра́фик –

жи́вопись –

карти́ны –

музе́й –

скульпту́ра –

худо́жник –

гра́фика –

иску́сство –

колле́кция –

ску́льптор –

тво́рчество –

1–2 | Изобразительное искусство. Study the Word Cloud one more time and find English equivalents for the following word combinations:

колле́кция жи́вописи –
колле́кция карти́н –
колле́кция ру́сского иску́сства –
колле́кция скульпту́р –
музе́й жи́вописи –
наро́дное тво́рчество –
тво́рчество ску́льптора –
тво́рчество худо́жника –

 **1–3 | Опро́с.** In small groups, ask each other the following questions and write down your answers. Sum up the information gathered by your group and compare it with the other groups in your class.

Вопро́сы

1. Вы ча́сто хо́дите в музе́и?

2. Каки́е музе́и вы зна́ете?

3. В каки́х музе́ях вы быва́ли?

4. Каки́х худо́жников (ску́льпторов) вы зна́ете?

5. Кто ваш люби́мый худо́жник (ску́льптор)?

6. Кака́я ва́ша люби́мая карти́на (скульпту́ра)?

ЧАСТЬ 1. СЛУШАЕМ ЛЕКЦИЮ

1–4 | Ле́кция «Музе́и и собра́ния иску́сства в Росси́и». Read the summary of the lecture and answer the question: **О каки́х музе́ях расска́зывается в ле́кции «Музе́и и собра́ния иску́сства в Росси́и»?**

Ле́кция «Музе́и и собра́ния иску́сства в Росси́и»

> **зарубе́жное иску́сство** – foreign art
> **знамени́тый, -ая, -ое, -ые** – famous, renowned
> **изве́стный, -ая, -ое, -ые** – well-known, famous
> **купе́ц** – merchant
> **находи́ться** *impf.* **где?** – to be located
> **промы́шленник** – industrialist
> **собира́ть/собра́ть что?** – to collect
> **собра́ние иску́сства** – art collection

Сего́дня мы бу́дем слу́шать ле́кцию о музе́ях и колле́кциях иску́сства в Росси́и, в кото́рой ле́ктор говори́т о са́мых изве́стных музе́ях в Петербу́рге и Москве́, а та́кже о знамени́тых коллекционе́рах иску́сства.

Колле́кции ру́сского и зарубе́жного иску́сства на́чали собира́ть импера́торы, чле́ны ца́рской семьи́, аристокра́ты. А во второ́й полови́не 19 ве́ка интересова́ться, изуча́ть и коллекциони́ровать иску́сство ста́ли не то́лько аристокра́ты, но и купцы́ и промы́шленники.

Сего́дня мы уви́дим музе́й Эрмита́ж, в кото́ром нахо́дится богате́йшее собра́ние зарубе́жного иску́сства, а та́кже Госуда́рственный ру́сский музе́й в Санкт-Петербу́рге и Третьяко́вскую галере́ю в Москве́, где нахо́дятся больши́е собра́ния ру́сского иску́сства.

1–5 | Ле́кция «Музе́и и собра́ния иску́сства в Росси́и». Reread the summary in 1–4 and choose the correct statements. There may be more than one correct answer.

1. В ле́кции бу́дет идти́ речь . . .
    a. то́лько об изве́стных музе́ях и колле́кциях ру́сского иску́сства.
    b. то́лько об изве́стных музе́ях и колле́кциях зарубе́жного иску́сства.
    c. о музе́ях и колле́кциях ру́сского и зарубе́жного иску́сства в Росси́и.
2. Большо́е собра́ние ру́сского иску́сства нахо́дится . . .
    a. в Эрмита́же.
    b. в Третьяко́вской галере́е в Москве́.
    c. в Госуда́рственном ру́сском музе́е в Санкт-Петербу́рге.

3. Большо́е собра́ние зарубе́жного иску́сства нахо́дится . . .
    a. в Эрмита́же.
    b. в Третьяко́вской галере́и в Москве́.
    c. в Госуда́рственном ру́сском музе́е в Санкт-Петербу́рге.
4. Собира́ть иску́сство на́чали . . .
    a. купцы́ и промы́шленники.
    b. импера́торы, чле́ны ца́рской семьи́ и аристокра́ты.
    c. аристокра́ты и чле́ны ца́рской семьи́.

1–6 | Ле́кция «Музе́и и собра́ния иску́сства в Росси́и». 1) Listen to the lecture and choose the correct statements. 2) Using the correct statements, summarize the lecture in five to six sentences. Make sure to include the following cohesive devices in your summary: **интере́сно, что; кро́ме того́; при э́том; а та́кже; бо́лее того**.

1. Собира́ть колле́кцию предме́тов иску́сства в 18-м ве́ке . . .
    a. начала́ императри́ца Екатери́на Втора́я.
    b. на́чал купе́ц Па́вел Третьяко́в.
    c. на́чал импера́тор Пётр Пе́рвый.
2. Огро́мную колле́кцию европе́йского иску́сства для Росси́и . . .
    a. собрала́ императри́ца Екатери́на Втора́я.
    b. собра́л купе́ц Па́вел Третьяко́в.
    c. собра́л импера́тор Пётр Пе́рвый.
3. В Зи́мнем дворце́ нахо́дится . . .
    a. Госуда́рственный ру́сский музе́й.
    b. Третьяко́вская галере́я.
    c. Музе́й «Эрмита́ж».
4. В Миха́йловском дворце́ нахо́дится . . .
    a. Госуда́рственный ру́сский музе́й.
    b. Третьяко́вская галере́я.
    c. Музе́й «Эрмита́ж».
5. Большу́ю колле́кцию ру́сского иску́сства в 19-м ве́ке собра́л моско́вский купе́ц . . .
    a. Па́вел Третьяко́в.
    b. Ива́н Крамско́й.
    c. Ива́н Турге́нев.
6. Третьяко́в завеща́л свою́ колле́кцию и свой дом, в кото́ром сейча́с нахо́дится Третьяко́вская галере́я, го́роду . . .
    a. Му́рманск.
    b. Москва́.
    c. Мыти́щи.

1–7 | Ле́кция «Музе́и и собра́ния иску́сства в Росси́и». 1) Listen to the lecture again and match the names in the left column to the descriptions in the right column. 2) Go to the textbook website and study the Chapter 1 Lecture Images. Familiarize yourself with the images, the artists' names and the titles of the artworks.

1. Пётр Пе́рвый   ___ э́то изве́стный ру́сский худо́жник, кото́рый написа́л портре́т Па́вла Третьяко́ва.

2. Екатери́на Втора́я   ___ э́то изве́стный ру́сский худо́жник, кото́рый написа́л портре́т Екатери́ны Второ́й.

3. Па́вел Третьяко́в   ___ э́то изве́стный италья́нский архите́ктор, кото́рый постро́ил Зи́мний дворе́ц.

4. Лев Толсто́й   ___ моско́вский купе́ц-коллекционе́р.

5. Ива́н Турге́нев   ___ э́то изве́стный ру́сский писа́тель, а́втор рома́на «Анна Каре́нина».

6. Фёдор Достое́вский   ___ э́то изве́стный ру́сский писа́тель, а́втор рома́на «Отцы́ и де́ти».

7. Бартоломе́о Франче́ско Растре́лли   ___ э́то императри́ца Росси́и.

8. Карл Ива́нович Ро́сси   ___ э́то импера́тор Росси́и.

9. Ива́н Крамско́й   ___ э́то изве́стный ру́сский писа́тель, а́втор рома́на «Идио́т».

10. Дми́трий Леви́цкий   ___ э́то изве́стный италья́нский архите́ктор, кото́рый постро́ил Миха́йловский дворе́ц

1–8 | Ле́кция «Музе́и и собра́ния иску́сства в Росси́и». Listen to the lecture again, find the following segment and fill in the blanks.

Посмотри́те, пе́ред на́ми на _____ Ле́тний сад. Пётр Пе́рвый со́здал в но́вой _____, го́роде Санкт-Петербу́рге, Ле́тний сад и для его́ украше́ния приобрёл в Евро́пе бо́лее двухсо́т _____. Лю́ди, кото́рые _____ по доро́жкам Ле́тнего са́да, ви́дят великоле́пную огра́ду и изуми́тельной красоты́ _____, вы́полненные мастера́ми-ску́льпторами и привезённые в столи́цу пе́рвым ру́сским _____ – импера́тором Петро́м Пе́рвым 300 лет наза́д.[1]

Пе́ред на́ми широ́кая _____ Нева́. На на́бережной мы ви́дим Зи́мний _____, ра́ньше э́тот дворе́ц был зи́мней резиде́нцией росси́йских импера́торов. Зи́мний дворе́ц постро́ен _____ Бартоломе́о Франче́ско Растре́лли. В на́ше вре́мя в э́том Зи́мнем дворце́ располага́ется всеми́рно _____ музе́й «Эрмита́ж», в кото́ром нахо́дятся _____ мирово́го иску́сства. Благодаря́ стара́ниям Екатери́ны Второ́й в Эрмита́же мо́жно уви́деть _____ Рафаэ́ля, Тициа́на, Вела́скеса и Джорджо́не.

1–9 | Ле́кция «Музе́и и собра́ния иску́сства в Росси́и». Translate the paragraph below into idiomatic English. Translate ideas, not words. Compare your translation with the translations of your classmates.

А сейча́с пе́ред на́ми на экра́не Санкт-Петербу́ргская акаде́мия худо́жеств – уче́бное заведе́ние, где с 1772 го́да учи́лись са́мые тала́нтливые молоды́е лю́ди Росси́йской импе́рии, кото́рые пото́м ста́ли знамени́тыми ску́льпторами, живопи́сцами, гра́фиками. Здесь в э́том же грандио́зном зда́нии нахо́дится и пе́рвый общедосту́пный музе́й изя́щных иску́сств. Са́мые лу́чшие рабо́ты учени́ков акаде́мии попада́ли в экспози́цию музе́я.

1–10 | Ле́кция «Музе́и и собра́ния иску́сства в Росси́и». 1) Listen to the lecture once more and take notes on the following questions. 2) Using your notes, answer the questions and record yourself. Send the recording to your instructor.

1. Каки́е колле́кции иску́сства существу́ют в совреме́нной Росси́и?
2. В чём це́нность любо́й колле́кции? Что э́то означа́ет?
3. О каки́х трёх са́мых изве́стных музе́ях идёт речь в э́той ле́кции?
4. Кто и когда́ на́чал собира́ть колле́кции предме́тов иску́сства в Росси́и?
5. Кто постро́ил Зи́мний дворе́ц в Петербу́рге? Что нахо́дится в Зи́мнем дворце́ в на́ше вре́мя, а что бы́ло ра́ньше?
6. Кто учи́лся в Санкт-Петербу́ргской акаде́мии худо́жеств?
7. Кто и когда́ постро́ил Миха́йловский дворе́ц в Петербу́рге? Что сейча́с нахо́дится в Миха́йловском дворце́?
8. Како́е иску́сство бы́ло ва́жно Па́влу Миха́йловичу Третьяко́ву?
9. Чьи портре́ты Третьяко́в зака́зывал худо́жникам?

1–11 | Ле́кция «Музе́и и собра́ния иску́сства в Росси́и».
1) Summarize the lecture in writing (300 words) using the expressions provided below. 2) Be ready to talk about Russian art museums, collections and art collectors in class.

В ле́кции речь шла о . . .   *The lecture was about . . .*

Ле́ктор рассказа́ла нам о том, что . . .

Мы узна́ли о том, что . . .

Мы уви́дели . . .

Кро́ме того́, . . .   *Besides that . . .*

Бо́лее того́, . . .   *Moreover . . .*

При э́том . . .	At the same time, at that . . .
Интере́сно, что . . .	It's interesting that . . .
Сло́вом, . . .	In a word . . .
Ле́кция была́ . . . (не)информати́вной, (не)познава́тельной.	The lecture was (un)informative.

1–12 | Ле́кция «Музе́и и собра́ния иску́сства в Росси́и». In pairs or small groups, discuss the following:

1. В како́й музе́й вы бы хоте́ли пойти́ в Петербу́рге? Почему́?
2. Како́е собра́ние иску́сства вам интере́сно, собра́ние за́падного иску́сства и́ли собра́ние ру́сского иску́сства? Почему́?

ЧАСТЬ 2. ХУДОЖЕСТВЕННЫЕ МУЗЕИ И КОЛЛЕКЦИОНЕРЫ

1–13 | Опро́с: хо́дят ли ру́сские в музе́и? Scan the article for the answers to the following questions:

1. Хо́дят ру́сские в музе́и и́ли нет?
2. Коли́чество посети́телей музе́ев увели́чилось и́ли уме́ньшилось за после́дние го́ды?
3. Где проводи́ли э́тот опро́с?

Хо́дят ли ру́сские в музе́и?

> **вы́ставка** – exhibition, art show
> **да́нные** *pl.only* – data
> **о́бласть** *f.* – region
> **опра́шивать/опроси́ть кого?** – to interview, survey
> **отмеча́ть/отме́тить что?** – to note, notice, mark
> **посети́тель** – visitor
> **посеще́ние** – visit
> **согла́сно чему́?** – according to

За после́дние 8 лет коли́чество посети́телей музе́ев из числа́ опро́шенных вы́росло с 79% в 2008 году́ до 89% в 2016. Об э́том говоря́т результа́ты опро́са ВЦИОМ.[2]

Согла́сно полу́ченным да́нным, ка́ждый второ́й (69%) после́дний раз быва́л в музе́е не бо́лее двух лет наза́д. Ещё 7% ходи́ли на вы́ставки в тече́ние го́да, у 4%

с мóмента послéднего посещéния прошлó не бóлее полугóда, а у 9% – не бóлее 3 мéсяцев. Соглáсно результáтам опрóса, 7% респондéнтов никогдá не бы́ли в музéе.

Отмéтим, что всероссúйский опрóс ВЦИОМ проведён 2–3 мая 2016 г. Бы́ло опрóшено 1600 человéк в рáзных областя́х и респýбликах Россúи.

Материáл подготóвлен на оснóве информáции откры́тых истóчников

1–14 | Опрóс: хóдят ли рýсские в музéи? 1) Read the article in 1–13 and fill in the blanks. 2) Read the sentences out loud.

1. Соглáсно результáтам опрóса, за послéднее врéмя колúчество посетúтелей музéев вы́росло на _____ процéнтов.
2. Соглáсно результáтам опрóса, в музéе никогдá не бы́ли _____ процéнтов респондéнтов.
3. Соглáсно полýченным дáнным, послéдний раз бывáли в музéе не бóлее двух лет назáд _____ процéнтов респондéнтов.
4. В течéние гóда на вы́ставки ходúли _____ процéнтов респондéнтов.
5. Соглáсно полýченным дáнным, послéдний раз бы́ли в музéе полгóда назáд _____ процéнта респондéнтов.
6. Соглáсно результáтам опрóса, послéдний раз бы́ли на вы́ставке три мéсяца назáд _____ процéнтов респондéнтов.

1–15 | Опрóс и презентáция: «Как чáсто вы хóдите в худóжественные музéи и на вы́ставки?» Conduct a survey among your friends or relatives following these steps: 1) Develop a questionnaire. 2) Conduct the survey. 3) Present the results in class. Include background information on your respondents: age, gender and education.

1–16 | Эрмитáж. What do you know about the Hermitage? Answer the following questions:

1. Где нахóдится Эрмитáж?
2. Собрáние какóго искýсства мóжно увúдеть в Эрмитáже?
3. Кто нáчал собирáть произведéния искýсства Эрмитáжа?

1–17 | Эрмитáж. Skim the article about the Hermitage Museum. Find and underline the main information about the museum in the text.

Эрмитáж

здáние – building
любовáться *impf.* **кем? чем?** – to admire
мир – world
осмóтр чегó? – viewing, tour
произведéние искýсства – work of art
состоя́ть *impf.* **из чегó?** – to consist of
экспозúция – museum exhibition
экспонáт – exhibit

Image 1.2 Зда́ние Эрмита́жа

Эрмита́ж – э́то оди́н из са́мых изве́стных музе́ев не то́лько в Санкт-Петербу́рге, но и во всём ми́ре. Эрмита́ж был осно́ван в 1754-м году́. Это бы́ло ча́стное собра́ние Екатери́ны II.

Эрмита́ж – э́то музе́йный ко́мплекс, кото́рый состои́т из не́скольких зда́ний. И, коне́чно, са́мое изве́стное из них – э́то Зи́мний дворе́ц, кото́рый нахо́дится на Дворцо́вой пло́щади. Все, кто прихо́дит на Дворцо́вую пло́щадь, любу́ются э́тим зда́нием, кото́рое бы́ло постро́ено архите́ктором Б.Ф. Растре́лли.

Сего́дня колле́кция музе́я состои́т из о́коло трёх миллио́нов произведе́ний иску́сства. Если стоя́ть пе́ред ка́ждым экспона́том одну́ мину́ту, вам на́до бу́дет 8 лет, что́бы посмотре́ть всю колле́кцию. А для осмо́тра всех экспози́ций Эрмита́жа на́до пройти́ 20 киломе́тров.

Материа́л подгото́влен на осно́ве информа́ции откры́тых исто́чников

1–18 | Эрмита́ж. 1) Read the article in 1–17 and write down what the numbers below correspond to. The first one has been done for you. 2) Read out loud.

1754: *В 1754 году́ был осно́ван Эрмита́ж.*

3 000 000: _____

8: _____

20: _____

II: _____

1–19 | Кото́рый. Compose complex sentences from the following statements using **кото́рый**. The first one has been done for you.

1. Эрмита́ж – э́то музе́й. Эрмита́ж изве́стен во всём ми́ре.
   Эрмита́ж – э́то музе́й, кото́рый изве́стен во всём ми́ре.
2. Эрмита́ж – э́то изве́стный во всём ми́ре музе́й. Эрмита́ж был осно́ван в 1754 году́.
3. Эрмита́ж – э́то музе́йный ко́мплекс. Эрмита́ж состои́т из не́скольких зда́ний.
4. Зи́мний дворе́ц нахо́дится на Дворцо́вой пло́щади в Петербу́рге. В Зи́мнем дворце́ сейча́с нахо́дится Эрмита́ж.
5. Зи́мний дворе́ц был постро́ен архите́ктором Б.Ф. Растре́лли. Зи́мний дворе́ц нахо́дится на Дворцо́вой пло́щади в Петербу́рге.
6. Собра́ние Эрмита́жа о́чень интере́сное. Собра́ние Эрмита́жа состои́т из о́коло трёх миллио́нов произведе́ний иску́сства.
7. Вам на́до бу́дет 8 лет, что́бы посмотре́ть всю колле́кцию Эрмита́жа. Колле́кция Эрмита́жа состои́т из о́коло трёх миллио́нов произведе́ний иску́сства.

1–20 | Эрмита́ж. In pairs or small groups, discuss the following questions and write down your answers.

1. Вы хоти́те пойти́ в музе́й Эрмита́ж. Кака́я вам нужна́ информа́ция о музе́е? Где мо́жно найти́ э́ту информа́цию?
2. Как вы ду́маете, когда́ лу́чше пойти́ в Эрмита́ж, в бу́дние и́ли в выходны́е дни? Почему́?

1–21 | Фо́рум «Эрмита́ж». Scan the forum posts for the answers to the following questions:

1. Кто уже́ был в Эрмита́же?
2. Кто хо́чет посети́ть Эрмита́ж?
3. Где мо́жно купи́ть биле́ты в Эрмита́ж?
4. В Эрмита́же есть кафе́ и́ли рестора́н?

ФО́РУМ.RU > Музе́и Санкт-Петербу́рга > Эрмита́ж

> **ка́сса** – ticket office
> **ку́ча чего́?** *col.* – lots of
> **о́чередь** *f.* – line, queue
> **перекусывать/перекуси́ть** – to have a snack, to grab a bite to eat
> **посеща́ть/посети́ть кого́? что?** – to visit
> **экску́рсия** – (museum) tour
> **экскурсово́д** – tour guide

Лю́да. Хочу́ посети́ть Санкт-Петербу́рг и побыва́ть в Эрмита́же. Мо́жно ли походи́ть по музе́ю одно́й, без экскурсово́да и сто́лько, ско́лько я захочу́? Есть ли в Эрмита́же кафе́? Спаси́бо.

Лéна. Конéчно! Нýжно купи́ть билéт, и мóжно гуля́ть с откры́тия до закры́тия музéя, без экскýрсии. Кафé есть, дорогóе.

Кóля. Мóжно. Выбира́йте бýдний день, потомý что в выходны́е в Эрмита́же óчень мнóго людéй, и нáдо стоя́ть на ýлице в óчереди. Кáссы рáно закрыва́ются, по-мóему, в 5 часóв. Кафé есть. Дорогóе, да. И там есть тóлько бутербрóды, бýлочки и кóфе . . .

Свéта. Лýчше из Эрмита́жа прогуля́ться до Нéвского проспéкта, 5 минýт, там КУ́ЧА кафéшек, рестора́нов.

Люда. Спаси́бо всем за совéты! Билéт я хочý купи́ть на сáйте, чтóбы в óчереди не стоя́ть. Слы́шала, что э́то возмóжно. А в кафé прóсто перекуси́ть: попи́ть чай, отдохнýть и т.д. И спаси́бо за совéт про бýдний день. Так и сдéлаю.

Кóля. Это здóрово, éсли мóжно купи́ть билéты в Эрмита́ж онла́йн. Очередь в Эрмита́ж по всей Дворцóвой плóщади!

Материáл подготóвлен на оснóве информáции откры́тых истóчников

 **1–22 | Фóрум «Эрмита́ж».** Quickly look through the forum posts in 1–21 and answer the following questions:

1. Где лýчше купи́ть билéты в Эрмита́ж, онла́йн и́ли в кáссе? Почемý?
2. Когдá лýчше посеща́ть Эрмита́ж, в какúе дни? Почемý?
3. Где лýчше поéсть, в Эрмита́же и́ли на Нéвском? Почемý?
4. Мóжно гуля́ть по Эрмита́жу самомý и́ли нáдо покупáть экскýрсию?
5. Скóлько часóв мóжно гуля́ть по Эрмита́жу?
6. Какýю информáцию об Эрмита́же, котóрую вы нашли́ на фóруме, нельзя́ найти́ на вебсáйте Эрмита́жа?

 **1–23 | Эрмита́ж онла́йн.** Find the following information on the internet:

1. Когдá рабóтает Эрмита́ж (дни и часы́ рабóты).
2. Когдá Эрмита́ж закры́т.
3. Скóлько стóят билéты.
4. Какúе сейчáс рабóтают вы́ставки в Эрмита́же.

 **1–24 | Эрмита́ж онла́йн.** Go online and find the following information, write it down.

1. Здáния Эрмита́жа. Теги: здания и залы Эрмитажа

   _____
   _____
   _____

2. Три-четы́ре коллéкции европéйского искýсства, котóрые вы хоти́те посмотрéть. *Теги: коллекции Эрмитажа, европейское искусство, европейская живопись в Эрмитаже*

   _____
   _____
   _____

3. Три-четы́ре постоя́нные колле́кции Эрмита́жа, кото́рые вы хоти́те посмотре́ть. *Теги: коллекции Эрмитажа, постоянные коллекции Эрмитажа*

_____

_____

_____

_____

1–25 | Коллекционе́ры. In pairs or small groups, discuss the following questions:

1. Что лю́ди обы́чно коллекциони́руют?
2. Что вы коллекциони́руете и́ли коллекциони́ровали?
3. Что бы вы хоте́ли собира́ть, коллекциони́ровать?
4. Каки́х вы зна́ете коллекционе́ров?
5. Кто из коллекционе́ров подари́л свою́ колле́кцию го́роду, университе́ту, музе́ю и т.п.?
6. Как вы ду́маете, почему́ лю́ди да́рят свои́ колле́кции/собра́ния го́роду, университе́ту, музе́ю и т.п.?

1–26 | Изве́стные ру́сские коллекционе́ры: Третьяко́в. Scan the article about Pavel Tretyakov and fill in the dates. Read the sentences out loud.

Image 1.3 Зда́ние Третьяко́вской галере́и и па́мятник П.М. Третьяко́ву

Па́вел Миха́йлович Третьяко́в

> **бере́чь** *impf.* **кого́? что?** – to take care of something or someone
> **бумагопряди́льная фа́брика** – cotton mill
> **мецена́т** – patron of the arts, philanthropist
> **образова́ние** – education
> **основа́тель** – founder
> **после́дние слова́** – someone's last words
> **похоро́нен, -а, -о, -ы** – buried
> **предпринима́тель** – businessman, entrepreneur
> **ро́дственник** – relative
> **торго́вля** – trade

Па́вел Миха́йлович Третьяко́в – росси́йский предпринима́тель, мецена́т, собира́тель произведе́ний ру́сского изобрази́тельного иску́сства, основа́тель Третьяко́вской галере́и.

Па́вел Третьяко́в роди́лся 15 (27) декабря́ 1832-го го́да в Москве́, в купе́ческой семье́. Получи́л дома́шнее образова́ние, на́чал карье́ру в торго́вле, рабо́тая с отцо́м. Па́вел развива́л семе́йное де́ло и вме́сте с бра́том Серге́ем постро́ил бумагопряди́льные фа́брики.

Па́вел Миха́йлович жени́лся в а́вгусте 1865-го го́да на Ве́ре Никола́евне Ма́монтовой, двою́родной сестре́ изве́стного мецена́та Са́ввы Ива́новича Ма́монтова. В 1866-м году́ родила́сь ста́ршая дочь Ве́ра, пото́м Алекса́ндра, Любо́вь, Михаи́л, Мари́я, Ива́н. В 1887-м году́ от боле́зни у́мер Ива́н, люби́мый сын Третьяко́ва. Это бы́ло большо́й траге́дией для семьи́.

В 1850-х года́х Па́вел Третьяко́в на́чал собира́ть колле́кцию ру́сского иску́сства, кото́рую практи́чески с са́мого нача́ла хоте́л переда́ть го́роду Москва́. В 1874-м году́ Третьяко́в постро́ил для свое́й колле́кции зда́ние – галере́ю, кото́рая была́ откры́та в 1881-м году́. В 1892-м году́ Третьяко́в подари́л свою́ колле́кцию вме́сте со зда́нием галере́и Моско́вской городско́й ду́ме. Че́рез год э́та галере́я ста́ла называ́ться «Городска́я худо́жественная галере́я Па́вла и Серге́я Миха́йловичей Третьяко́вых».

Па́вел Третьяко́в у́мер 4 (16) декабря́ 1898-го го́да. После́дние слова́ его́ ро́дственникам бы́ли таки́ми: «Береги́те галере́ю и бу́дьте здоро́вы». Похоро́нен в Москве́ ря́дом с роди́телями и бра́том Серге́ем.

Материа́л подгото́влен на осно́ве информа́ции откры́тых исто́чников

1. Па́вел Третьяко́в роди́лся в _____ году́.
2. Он жени́лся в _____ году́.
3. Ста́ршая дочь Ве́ра родила́сь в _____ году́.
4. Сын Ива́н у́мер от боле́зни в _____ году́.
5. Третьяко́в на́чал собира́ть свою́ колле́кцию в _____ года́х.
6. Он постро́ил зда́ние для свое́й колле́кции в _____ году́.
7. Галере́я была́ откры́та в _____ году́.
8. Третьяко́в подари́л свою́ колле́кцию вме́сте со зда́нием галере́и Моско́вской городско́й ду́ме в _____ году́.
9. Па́вел Третьяко́в у́мер в _____ году́.

1–27 | Известные коллекционеры: Третьяков. Read the article in 1–26 and choose the correct statements. There may be more than one correct statement.

1. Па́вел Миха́йлович Третьяко́в был . . .
   a. мецена́том.
   b. коллекционе́ром.
   c. худо́жником.
   d. предпринима́телем.
   e. основа́телем Третьяко́вской галере́и.
2. Па́вел Третьяко́в получи́л . . .
   a. дома́шнее образова́ние.
   b. сре́днее образова́ние.
   c. нача́льное образова́ние.
   d. вы́сшее образова́ние.
3. У него́ был брат . . .
   a. Михаи́л.
   b. Серге́й.
   c. Ива́н.
   d. Па́вел.
   e. Са́вва.
4. У Па́вла Миха́йловича Третьяко́ва бы́ло . . .
   a. пя́теро дете́й.
   b. че́тверо дете́й.
   c. ше́стеро дете́й.
   d. тро́е дете́й.
   e. дво́е дете́й.
5. В 1893 году́ галере́я Третьяко́ва ста́ла называ́ться . . .
   a. Городска́я худо́жественная галере́я Па́вла и Серге́я Миха́йловичей Третьяко́вых.
   b. Третьяко́вская галере́я.
   c. Худо́жественная галере́я Третьяко́вых.
   d. Галере́я изобрази́тельного иску́сства.
6. После́дними слова́ми Третьяко́ва ро́дственникам бы́ли . . .
   a. «Береги́те себя́, бу́дьте здоро́вы».
   b. «Береги́те галере́ю и бу́дьте здоро́вы».
   c. «Береги́те друг дру́га и бу́дьте здоро́вы».

1–28 | Кото́рый. Compose complex sentences from the following statements using **кото́рый**. The first one has been done for you.

1. Па́вел Миха́йлович Третьяко́в был основа́телем Третьяко́вской галере́и. Па́вел Миха́йлович Третьяко́в роди́лся 15 (27) декабря́ 1832-го го́да в Москве́.
   *Павел Михайлович Третьяков, **который** родился 15 (27) декабря 1832-го года в Москве, был основателем Третьяковской галереи.*
2. П. Третьяко́в на́чал карье́ру в торго́вле, рабо́тая с отцо́м. У П. Третьяко́ва бы́ло дома́шнее образова́ние.
3. П. Третьяко́в жени́лся на Ве́ре Никола́евне Ма́монтовой. Ве́ра Никола́евна Ма́монтова родила́ ему́ шестеры́х дете́й.

4. П. Третьяко́в жени́лся на Ве́ре Никола́евне Ма́монтовой. Ве́ра Никола́евна Ма́монтова была́ двою́родной сестро́й изве́стного мецена́та Ма́монтова.
5. В 1850-х года́х Па́вел Третьяко́в на́чал собира́ть колле́кцию ру́сского иску́сства. Колле́кцию он переда́л го́роду Москва́ в 1892-м году́.
6. В 1874-м году́ Третьяко́в постро́ил для свое́й колле́кции зда́ние – галере́ю. Галере́я была́ откры́та в 1881-м году́.
7. Па́вел Третьяко́в был похоро́нен в Москве́ ря́дом с роди́телями и бра́том Серге́ем. Па́вел Третьяко́в у́мер 4 (16) декабря́ 1898-го го́да.

1–29 | Видеорепорта́ж. Изве́стные коллекционе́ры: Третьяко́в. 1) Watch the video clip three times and fill in the blanks. 2) Read the sentences out loud. 3) Translate the sentences into English.

Па́вел Третьяко́в

1. Па́вел Миха́йлович Третьяко́в роди́лся _____ го́да в _____ в пото́мственной _____ семье́.
2. В семье́ Третьяко́вых большо́е внима́ние уделя́ли _____, поэ́тому _____ образова́ние.
3. П. М. Третьяко́в уже́ с 14 лет _____ дела́ми.
4. Семье́ Третьяко́вых снача́ла принадлежа́ла пала́тка с _____, а зате́м _____ на Ильи́нке.
5. В _____ году́ Па́вел Миха́йлович _____ в Лавру́шинском переу́лке.
6. Произведе́ния передви́жников[3] соста́вили _____ колле́кции П. Третьяко́ва.
7. Третьяко́в покупа́л карти́ны _____, рабо́ты кото́рых по́дняли шко́лу ру́сской жи́вописи на небыва́лую высоту́.
8. В _____ году́ Па́вел Миха́йлович переда́л свою́ колле́кцию _____.
9. Полови́ну свои́х сре́дств мецена́т завеща́л на прию́т для вдов и сиро́т _____, а та́кже на _____ галере́и.

1–30 | Расскажи́те друг дру́гу. Talk about Pavel Tretyakov and his family (10–12 sentences minimum). Use the expressions provided below.

Говоря́ о . . ., я хочу́ нача́ть с того́, что . . .	*Speaking about . . . I would like to start with . . .*
До того́ как . . .	*Before . . .*
По́сле того́ как . . .	*After. . .*
Интере́сно, что . . .	*Interestingly. . .*
Кро́ме того́. . .	*Besides that. . .*
Бо́лее того́. . .	*Moreover. . .*

При э́том . . .	At the same time, at that. . .
Мо́жно доба́вить, что . . .	It may be added that. . .
Сло́вом . . .	In a word. . .
В заключе́ние мо́жно сказа́ть, что . . .	In conclusion, we can say that. . .

1–31 | Презента́ция. Choose a topic and give a short multimedia presentation (2 minutes) about Russian museums or philanthropists. Use the expressions from 1–30.

Возмо́жные те́мы презента́ций

1. Госуда́рственный Ру́сский музе́й, г. Санкт-Петербу́рг
2. Госуда́рственный музе́й изобрази́тельных иску́сств им. А.С. Пу́шкина, г. Москва́
3. Музе́й ли́чных колле́кций, г. Москва́
4. Музе́й-кварти́ра А.М. Васнецо́ва, г. Москва́
5. Госуда́рственный музе́й Восто́ка, г. Москва́
6. Сама́рский областно́й худо́жественный музе́й, г. Сама́ра
7. Пе́нзенская областна́я карти́нная галере́я им. К.А. Сави́цкого, г. Пе́нза
8. Са́вва Ива́нович Ма́монтов (1841–1918)
9. Бра́тья Яков Алекса́ндрович (1922–1998) и Ио́сиф Алекса́ндрович (1922–2008) Рже́вские
10. Друго́е (по ва́шему вы́бору)

ЧАСТЬ 3. СОВРЕМЕННЫЕ ХУДОЖЕСТВЕННЫЕ МУЗЕИ И ГАЛЕРЕИ, АУКЦИОНЫ

1–32 | Совреме́нное иску́сство. Contemporary art. In pairs or small groups, discuss the following questions. Sum up the information gathered by your group and compare it with the other groups in your class.

1. Како́е иску́сство вам нра́вится, класси́ческое и́ли совреме́нное? Почему́?
2. Каки́е музе́и и́ли галере́и совреме́нного иску́сства вы зна́ете?
3. В каки́х музе́ях и́ли галере́ях совреме́нного иску́сства вы быва́ли?
4. Каки́е вы́ставки совреме́нного иску́сства вы посети́ли?

1–33 | Опро́с: заче́м вы хо́дите на вы́ставки совреме́нного иску́сства? Skim the article and choose the statements that reflect the content of the text correctly. There may be more than one correct statement.

Лю́ди хо́дят на вы́ставки совреме́нного иску́сства, что́бы . . .

a. поня́ть совреме́нных худо́жников.
b. поговори́ть с совреме́нными худо́жниками.
c. поня́ть совреме́нное о́бщество.
d. поня́ть пробле́мы совреме́нного о́бщества.
e. поня́ть, что сейча́с происхо́дит.
f. поня́ть совреме́нный конте́кст.
g. получи́ть эстети́ческое удово́льствие.

Заче́м вы хо́дите на вы́ставки совреме́нного иску́сства?

актуа́льная пробле́ма – pressing (societal) issue
вещь *f.* – thing, stuff
волнова́ть *impf.* кого? – to excite
нова́торство – innovation
о́бщество – society
отраже́ние – reflection
предме́т – object
происходи́ть/произойти́ – to happen
счита́ть *impf.* – to believe, think
удово́льствие – pleasure, enjoyment
узнава́ть/узна́ть что? – to find out
чу́вствовать *impf.* – to feel, experience

Image 1.4 **Вы́ставка совреме́нного иску́сства**

Кто-то не лю́бит совреме́нное иску́сство и ухо́дит с вы́ставок, а кто-то не мо́жет жить без нова́торства, оригина́льности и актуа́льных пробле́м о́бщества, кото́рые трансли́руют худо́жники XXI ве́ка. Мы реши́ли узна́ть у тех, кто "in love with contemporary art", заче́м они́ хо́дят на вы́ставки совреме́нного иску́сства, что́бы те, кто его́ не понима́ет, смогли́ его́ поня́ть.

Еле́на Будо́вская, копира́йтер. Не́которые из вы́ставок совреме́нного иску́сства мо́гут «разгова́ривать». Я не могу́ сказа́ть, что мне нра́вится абсолю́тно всё, но есть интере́сные ве́щи, че́рез кото́рые мо́жно чу́вствовать худо́жника, его́ иде́ю.

Ольга Ви́тер, худо́жница. Совреме́нное иску́сство – э́то отраже́ние «сейча́с», рефле́ксия того́, что происхо́дит сейча́с. Кро́ме того́, я счита́ю, что совреме́нное иску́сство не ну́жно понима́ть, его́ про́сто чу́вствуешь, оно́ и́ли нра́вится, и́ли нет.

Са́ша Петре́нко, режиссёр. Хожу́ на вы́ставки, что́бы поня́ть совреме́нный конте́кст. Иску́сство, по моему́ мне́нию, – э́то отраже́ние о́бщества и его́ пробле́м. То, что волну́ет люде́й, стано́вится предме́том рефле́ксии худо́жников.

Яна Каза́нцева, PR-дире́ктор. Снача́ла я не понима́ла ничего́ в рабо́тах совреме́нных худо́жников, иногда́ они́ меня́ шоки́ровали. Но тепе́рь я поняла́, что ну́жно чита́ть аннота́ции к прое́ктам, рели́зы, назва́ния рабо́т, говори́ть с худо́жником на вы́ставках. Тогда́ ты понима́ешь, что хоте́л сказа́ть худо́жник, и всё стано́вится логи́чным и интере́сным. Хо́чешь получи́ть эстети́ческое удово́льствие – ходи́ на вы́ставки класси́ческого иску́сства. Хо́чешь ду́мать, анализи́ровать – ходи́ на вы́ставки совреме́нного иску́сства!

Материа́л подгото́влен на осно́ве информа́ции откры́тых исто́чников

1–34 | Опро́с: заче́м вы хо́дите на вы́ставки совреме́нного иску́сства? Skim the article in 1–33 and choose the correct statements.

1. Са́ша Петре́нко говори́т, что . . .
   a. совреме́нное иску́сство – э́то нова́торство, оригина́льность, трансля́ция актуа́льных пробле́м о́бщества.
   b. совреме́нное иску́сство – э́то отраже́ние о́бщества и его́ пробле́м.
   c. совреме́нное иску́сство – э́то отраже́ние «сейча́с», рефле́ксия того́, что происхо́дит сейча́с.
2. Ольга Ви́тер счита́ет, что . . .
   a. на́до понима́ть, что хоте́л сказа́ть худо́жник, тогда́ всё стано́вится логи́чным и интере́сным.
   b. на́до и чу́вствовать худо́жника, и понима́ть его́ иде́ю.
   c. совреме́нное иску́сство не на́до понима́ть, его́ на́до чу́вствовать.
3. Яна Каза́нцева говори́т, что . . .
   a. совреме́нное иску́сство у́чит челове́ка ду́мать, анализи́ровать.
   b. вы́ставки совреме́нного иску́сства мо́гут «разгова́ривать» с посети́телями.
   c. то, что волну́ет люде́й, стано́вится предме́том рефле́ксии худо́жников.

4. Лéне Будóвской нрáвятся . . .
   a. все рабóты совремéнных худóжников.
   b. рабóты класси́ческих худóжников.
   c. рабóты, чéрез котóрые мóжно чýвствовать худóжника и егó идéю.

1–35 | Чтóбы. In pairs or small groups, discuss the following questions using **чтóбы** + *infinitive*; **для тогó, чтóбы** + *infinitive*; **нáдо/нýжно/необходи́мо** + **чтóбы** + *infinitive*; **хотéть, чтóбы** + *past tense*.

1. Зачéм люди хóдят на вы́ставки класси́ческого искýсства?
   Люди хóдят на вы́ставки, **чтóбы** . . .
2. Зачéм нáдо, чтóбы люди читáли кни́ги об истóрии искýсства, о худóжниках и их карти́нах?
   Нáдо читáть кни́ги об истóрии искýсства **для тогó, чтóбы** . . .
3. Зачéм люди хóдят на вы́ставки совремéнного искýсства?
   Люди хóдят на вы́ставки, **чтóбы** . . .
4. Зачéм нýжно читáть аннотáции к проéктам, рели́зы, назвáния рабóт, говори́ть с худóжником на вы́ставках?
   Нáдо читáть аннотáции . . ., **чтóбы** . . .
5. Как вы дýмаете, зачéм люди покупáют карти́ны?
   Люди покупáют карти́ны **для тогó, чтóбы** . . .
6. Как вы дýмаете, зачéм худóжники пи́шут свои́ карти́ны?
   Худóжники пи́шут свои́ карти́ны, **чтóбы** . . .
7. Что бы вы хотéли, чтóбы худóжники изображáли на свои́х карти́нах?
   Мне бы хотéлось, **чтóбы** худóжники . . .

1–36 | Музéй совремéнного искýсства «Гарáж». Scan the article about the Garage Museum for the answers to the following questions:

1. Когдá был оснóван музéй?
2. Кем был оснóван музéй?
3. Где нахóдится музéй?
4. Каковá цель музéя?
5. Когдá рабóтает музéй?

О музéе «Гарáж»

> **занимáться/заня́ться чем?** – to engage in
> **встречáться/встрéтиться** – to get together, meet
> **издáтельская дéятельность** – publishing
> **междунарóдный** – international
> **мéсто** – place
> **наýчно-исслéдовательская дéятельность** – research
> **образовáтельная дéятельность** – educational programs
> **окáзывать/оказáть поддéржку** – to support
> **развúтие** – development
> **создавáть/создáть** – to create, develop, organize
> **соóбщество** – community
> **цель** – goal
> **являться** *impf.* **чем?** – to be

Image 1.5 Зда́ние музе́я «Гара́ж»

Музе́й совреме́нного иску́сства «Гара́ж» – ме́сто, где встреча́ются лю́ди, иде́и и иску́сство, что́бы создава́ть исто́рию

Музе́й совреме́нного иску́сства «Гара́ж» был осно́ван в 2008 году́ Да́рьей Жу́ковой и Рома́ном Абрамо́вичем. Музе́й явля́ется пе́рвой в Росси́и филантропи́ческой организа́цией, цель кото́рой – разви́тие совреме́нного иску́сства и культу́ры.

Двена́дцатого ию́ня 2015 го́да «Гара́ж» перее́хал в своё зда́ние на террито́рии Па́рка Го́рького, в са́мом се́рдце Москвы́.

Гла́вная цель основа́телей Музе́я – позна́комить широ́кую пу́блику с произведе́ниями совреме́нных худо́жников и материа́лами по исто́рии иску́сства. Кро́ме того́, Музе́й занима́ется интегра́цией росси́йских худо́жников в междунаро́дное соо́бщество, ока́зывает гра́нтовую подде́ржку молоды́м тала́нтам, занима́ется нау́чно-иссле́довательской, образова́тельной и изда́тельской де́ятельностью.

В Музе́е «Гара́ж» регуля́рно прохо́дят вы́ставки, перфо́рмансы, конце́рты, кинопока́зы, ле́кции, конфере́нции и тре́нинги. В Музе́е есть библиоте́ка, кни́жный магази́н, образова́тельный центр и кафе́.

Адрес
119049, г. Москва́, ул. Кры́мский Вал, д. 9, стр. 32

Часы́ рабо́ты

Музе́й откры́т ежедне́вно с 11:00 до 22:00.
Ка́ссы закрыва́ются за 30 мину́т до оконча́ния рабо́ты Музе́я.

Аудиоги́д

Аудиоги́д мо́жно купи́ть на сто́йке информа́ции.

Материа́л подгото́влен на осно́ве информа́ции откры́тых исто́чников

1–37 | Музе́й совреме́нного иску́сства «Гара́ж». Reread the article in 1–36 and find Russian equivalents for the following words and word combinations:

1. audio guide –
2. concert –
3. conference –
4. film screening –
5. general public –
6. grant support –
7. idea –
8. information desk –
9. integration –
10. lecture –
11. organization –
12. performance –
13. philanthropic –
14. regularly –
15. training –
16. young talent –

1–38 | Музе́й совреме́нного иску́сства «Гара́ж». Skim the article about Garage in 1–36 and choose the correct statements. There may be more than one correct statement.

1. Музе́й «Гара́ж» занима́ется . . .
   a. вы́ставочной де́ятельностью.
   b. изда́тельской де́ятельностью.
   c. интегра́цией росси́йских худо́жников в междунаро́дное сообщество.
   d. нау́чно-иссле́довательской де́ятельностью.
   e. образова́тельной де́ятельностью.
   f. театра́льной де́ятельностью.
   g. филантропи́ческой де́ятельностью.
2. В Музе́е «Гара́ж» есть . . .
   a. библиоте́ка.
   b. кафе́.
   c. кни́жный магази́н.
   d. мастерски́е худо́жников, диза́йнеров.
   e. образова́тельный центр.
   f. теа́тр.
   g. шоу-ру́мы мо́дной оде́жды.

3. В Музе́е «Гара́ж» регуля́рно прохо́дят . . .
   a. вы́ставки.
   b. кинопока́зы.
   c. конфере́нции.
   d. конце́рты.
   e. ле́кции.
   f. перфо́рмансы.
   g. тре́нинги.
   h. фестива́ли.

1–39 | Видеорепорта́ж о музе́е «Гара́ж». Watch the video clip and mark whether the statements below correspond to the information provided in the video.

Музе́й совреме́нного иску́сства «Гара́ж»

Да Нет	1.	Музе́й совреме́нного иску́сства «Гара́ж» откры́лся в Па́рке Го́рького.
Да Нет	2.	Музе́й «Гара́ж» тепе́рь нахо́дится в зда́нии бы́вшего сове́тского рестора́на «Времена́ го́да».
Да Нет	3.	Рестора́н «Времена́ го́да» реконструи́ровал изве́стный архите́ктор Рем Ко́лхас.
Да Нет	4.	Рем Ко́лхас – изве́стный неме́цкий архите́ктор.
Да Нет	5.	Музе́й «Гара́ж» нахо́дится в двухэта́жном зда́нии, пло́щадь кото́рого пять ты́сяч квадра́тных ме́тров.
Да Нет	6.	Сейча́с в Музе́е «Гара́ж» откры́ты 8 вы́ставок.
Да Нет	7.	В Музе́е «Гара́ж» та́кже есть медиате́ка, кинотеа́тр, лекто́рий, образова́тельные аудито́рии, де́тская тво́рческая сту́дия, большо́е фойе́ для инсталля́ций.
Да Нет	8.	В фойе́ для инсталля́ций мо́жно уви́деть 11-метро́вую рабо́ту Эрика Була́това, крупне́йшую его́ рабо́ту за после́дние го́ды.

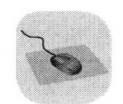

1–40 | Музе́й «Гара́ж» онла́йн. Find the following information on the internet, write it down and be ready to talk about it in class.

1. **Вы́ставки.**
   a. Каки́е вы́ставки совреме́нного иску́сства прохо́дят сейча́с в Музе́е «Гара́ж»?
   b. На каку́ю вы́ставку вы хоти́те пойти́? Почему́? Прочита́йте об э́той вы́ставке и вы́пишите основну́ю информа́цию о ней. Расскажи́те об э́том в кла́ссе.
2. **Ле́кции, конце́рты и т.п.[4]**
   a. Каки́е ле́кции, конце́рты и т.п. бу́дут проходи́ть в «Гараже́» в сле́дующем ме́сяце?

    b. На какую лекцию, концерт и т.п. вы хотите пойти? Почему? Прочитайте об этом, выпишите основную информацию и расскажите об этом в классе.

3. Книги.

    a. Какие книги изданы Музеем «Гараж» (5–6 книг).

    b. Какую книгу вы хотите прочитать? Почему? Прочитайте об этой книге, выпишите основную информацию. Расскажите об этом в классе.

1–41 | Дискуссия. In pairs or small groups, discuss the following question. Write down the arguments for and against the proposed idea and compare them with the other groups in the class.

Можно ли назвать Музей современного искусства «Гараж» не музеем, а центром современного искусства? Почему?

Аргументы ЗА	Аргументы ПРОТИВ

1–42 | Аукционы искусства. Scan the article for the answers to the following questions:

1. Какой аукционный дом продаёт только русское искусство?
2. Какой аукционный дом помог императрице Екатерине II купить коллекцию искусства, которая стала основой Эрмитажа?
3. Сколько раз в год обычно проходят аукционы Christie's, Sotheby's и MacDougall's?

Аукционы искусства

декоративно-прикладное искусство – arts and crafts
единственный, -ая, -ое, -ые – (the) only *adj.*
основной, -ая, -ое, -ые – main
отдел – department
предлагать/предложить что? – to offer
проводить/провести аукцион – to hold an auction
редкий, -ая, -ое, -ие – rare
состояться *pfv.* – to take place
торговать *impf.* **чем?** – to sell, deal in

Christie's

Аукцио́нный дом Christie's явля́ется одни́м из крупне́йших аукцио́нных домо́в в ми́ре. Джеймс Кри́сти (James Christie), основа́тель до́ма, провёл свой пе́рвый аукцио́н в Ло́ндоне 5 декабря́ 1766-го го́да. Интере́сно, что Джеймс Кри́сти помо́г императри́це Екатери́не II купи́ть знамени́тую колле́кцию сэ́ра Ро́берта Уо́лпола, кото́рая явля́ется одно́й из основны́х колле́кций в собра́нии Госуда́рственного Эрмита́жа.

Christie's име́ет 85 о́фисов в 43 стра́нах ми́ра, а та́кже 14 торго́вых площа́док (salerooms) в таки́х города́х, как Ло́ндон, Нью-Йо́рк, Лос-Анджелес, Пари́ж, Дуба́й и др.[5]

Christie's име́ет постоя́нный ру́сский отде́л. Ру́сский отде́л Christie's ка́ждый год прово́дит аукцио́ны в апре́ле (Нью-Йо́рк) и в ноябре́ (Ло́ндон). На аукцио́не продаю́тся ру́сские кни́ги и ру́кописи, ико́ны, предме́ты изобрази́тельного и декорати́вно-прикладно́го иску́сства и др.

Sotheby's

Пе́рвый аукцио́н Sotheby's состоя́лся 11 ма́рта 1744-го го́да. На нём продава́ли ре́дкие кни́ги. Сего́дня Sotheby's – э́то крупне́йший в ми́ре аукцио́нный дом. Есть бо́лее 100 о́фисов Sotheby's по всему́ ми́ру на всех пяти́ контине́нтах.

Sotheby's име́ет ру́сские отде́лы в Ло́ндоне и Нью-Йо́рке. Они́ предлага́ют иску́сство с середи́ны XVIII ве́ка до на́ших дней: ико́ны, передви́жников, «Мир иску́сства», ру́сский футури́зм, ру́сский аванга́рд, совреме́нное иску́сство и др.

MacDougall's Auctions

MacDougall's – брита́нский аукцио́нный дом, кото́рый был осно́ван в 2004 году́ Уи́льямом и Екатери́ной Макду́галл. MacDougall's явля́ется еди́нственным аукцио́ном, кото́рый специализи́руется то́лько на ру́сском изобрази́тельном иску́сстве.

Аукцио́нный дом торгу́ет жи́вописью и други́ми произведе́ниями иску́сства с XVIII ве́ка до на́ших дней. Головно́й о́фис нахо́дится в Ло́ндоне, есть о́фисы в Пари́же, Москве́ и Ки́еве. Аукцио́ны прохо́дят два ра́за в год.

Материа́л подгото́влен на осно́ве информа́ции откры́тых исто́чников

1–43 | Аукцио́ны иску́сства. Reread the article in 1–42 and find Russian equivalents for the following words:

1. auction –   2. avant-garde –

3. British –   4. continent –

5. futurism –   6. icon –

7. office –   8. to specialize –

1–44 | Аукцио́ны иску́сства. Reread the article in 1–42. 1) Answer the questions below. 2) Compare the auction houses using the following constructions: **Как** Christie's, **так и** Sotheby's. . .; **И** Christie's, **и** Sotheby's. . .; **В отли́чие от** Sotheby's, MacDougall's . . . 3) Record yourself and send the recording to your instructor.

Сравни́те:	Christie's	Sotheby's	MacDougall's
1. Когда́ аукцио́нный дом был осно́ван?			
2. Что продаю́т на аукцио́не?			
3. Ско́лько о́фисов по всему́ ми́ру?			
4. Что продаю́т из ру́сского иску́сства?			

1–45 | Аукцио́ны иску́сства онла́йн. Find the following information on the MacDougall's Auctions website, write it down and be ready to talk about it in class.

1. Каки́е предлага́ются аукцио́ны?
2. Когда́ бу́дут проводи́ться аукцио́ны?
3. Что бы вы хоте́ли купи́ть? Како́й лот? Почему́?

1–46 | Презента́ция. Choose a topic and give a short multimedia presentation (2 minutes) about Russian modern art museums, galleries or Russian art auctions. Use the expressions from 1–30.

ЗАКЛЮЧЕНИЕ

1–47 | Самоконтро́ль. Review parts 1–3. Choose the correct statements. There may be more than one correct statement.

1. Собира́ть колле́кцию предме́тов иску́сства в 18 ве́ке . . .
   a. начала́ императри́ца Екатери́на Втора́я.
   b. на́чал купе́ц Па́вел Третьяко́в.
   c. на́чал импера́тор Пётр Пе́рвый.
2. Большу́ю колле́кцию ру́сского иску́сства в 19 ве́ке собра́л моско́вский купе́ц . . .
   a. Па́вел Третьяко́в.
   b. Ива́н Крамско́й.
   c. Ива́н Турге́нев.
3. Большо́е собра́ние ру́сского иску́сства нахо́дится . . .
   a. в музе́е «Эрмита́ж».
   b. в Третьяко́вской галере́е в Москве́.
   c. в Госуда́рственном ру́сском музе́е в Санкт-Петербу́рге.

4. В Зи́мнем дворце́ нахо́дится . . .
    a. Госуда́рственный ру́сский музе́й.
    b. Третьяко́вская галере́я.
    c. Музе́й «Эрмита́ж».
5. Большо́е собра́ние зарубе́жного иску́сства нахо́дится . . .
    a. в Эрмита́же.
    b. в Третьяко́вской галере́е в Москве́.
    c. в Госуда́рственном ру́сском музе́е в Санкт-Петербу́рге.
6. Бартоломе́о Франче́ско Растре́лли – э́то . . .
    a. изве́стный италья́нский архите́ктор, кото́рый постро́ил Миха́йловский дворе́ц.
    b. изве́стный италья́нский архите́ктор, кото́рый постро́ил Зи́мний дворе́ц.
    c. изве́стный худо́жник, кото́рый написа́л портре́т Па́вла Третьяко́ва.
7. Карл Ива́нович Ро́сси – э́то . . .
    a. италья́нский архите́ктор, кото́рый постро́ил Миха́йловский дворе́ц, в кото́ром нахо́дится Госуда́рственный ру́сский музе́й.
    b. изве́стный худо́жник, кото́рый написа́л портре́т Екатери́ны Второ́й.
    c. изве́стный италья́нский архите́ктор, кото́рый постро́ил Зи́мний дворе́ц, в кото́ром нахо́дится Эрмита́ж.
8. Эрмита́ж был осно́ван в . . .
    a. 1754 году́.
    b. 1772 году́.
    c. 1882 году́.
9. Третьяко́вская Галере́я была́ откры́та в . . .
    a. 1850 году́.
    b. 1881 году́.
    c. 1874 году́.
10. Музе́й совреме́нного иску́сства «Гара́ж» нахо́дится в Па́рке Го́рького . . .
    a. в Петербу́рге.
    b. в Сама́ре.
    c. в Москве́.
11. Императри́це Екатери́не Второ́й помо́г купи́ть колле́кцию иску́сства, кото́рая ста́ла осно́вой Эрмита́жа, . . .
    a. аукцио́нный дом Sotheby's.
    b. аукцио́нный дом Christie's.
    c. MacDougall's Auctions.
12. Брита́нский аукцио́нный дом MacDougall's специализи́руется на . . .
    a. ру́сском изобрази́тельном иску́сстве.
    b. ру́сских ико́нах.
    c. ру́сской скульпту́ре.

1–48 | Расскажи́те. Be ready to talk about the following:

1. Колле́кции изобрази́тельного иску́сства в Росси́и.
2. Росси́йские колле́кционеры и мецена́ты.
3. Изве́стные музе́и в Росси́и.
4. Изве́стные це́нтры, музе́и, галере́и совреме́нного иску́сства в Росси́и.
5. Аукцио́ны ру́сского иску́сства.

СЛОВАРЬ

актуа́льная пробле́ма – pressing (societal) issue

бере́чь *impf.* **кого́? что?** – to take care of something or someone

вещь *f.* – thing, stuff

волнова́ть *impf.* **кого́?** – to excite

встреча́ться/встре́титься – to get together, meet

вы́ставка – exhibition, art show

гра́фик – graphic artist

гра́фика – graphic arts

да́нные *pl.only* – data

декорати́вно-прикладно́е иску́сство – arts and crafts

еди́нственный, -ая, -ое, -ые – (the) only *adj.*

жи́вопись – painting (as artistic medium, not a picture)

занима́ться/заня́ться чем? – to engage in

зарубе́жное иску́сство – foreign art

зда́ние – building

знамени́тый, -ая, -ое, -ые – famous, renowned

изве́стный, -ая, -ое, -ые – well known, famous

изда́тельская де́ятельность – publishing

иску́сство – art

карти́на – picture, painting

ка́сса – ticket office

колле́кция – collection

купе́ц – merchant

ку́ча чего́? *col.* – lots of something

любова́ться *impf.* **кем? чем?** – to admire

мастерска́я – workroom, studio

междунаро́дный – international

ме́сто – place

мецена́т – patron of the arts, philanthropist

мир – world

нау́чно-иссле́довательская де́ятельность – research

находи́ться где? – to be located

нова́торство – innovation

о́бласть *f.* – region

образова́ние – education

образова́тельная де́ятельность – educational activities

о́бщество – society

ока́зывать/оказа́ть подде́ржку – to support

опра́шивать/опроси́ть кого́? – to interview, survey

осмо́тр чего́? – viewing, tour

основа́тель – founder

основно́й, -а́я, -о́е, -ы́е – main

отде́л – department

отмеча́ть/отме́тить что? – to note, notice, mark

отраже́ние – reflection

о́чередь *f.* – line, queue

перекýсывать/перекусúть – to have a snack, to grab a bite to eat
посетúтель – visitor
посещáть/посетúть когó? что? – to visit
посещéние – visit
послéдние словá – someone's last words
похорóнен, -а, -о, -ы – buried
предлагáть/предложúть что? – to offer
предмéт – object
предпринимáтель – businessman, entrepreneur
проводúть/провестú аукциóн – to hold an auction
произведéние искýсства – work of art
происходúть/произойтú – to happen
промы́шленник – industrialist
развúтие – development
рéдкий, -ая, -ое, -ие – rare
рóдственник – relative
скýльптор – sculptor
скульптýра – sculpture
собирáть/собрáть что? – to collect
собрáние искýсства – art collection
соглáсно чемý? – according to
создавáть/создáть – to create, develop, organize
сообщество – community
состоя́ть *impf.* **из чего́?** – to consist of
состоя́ться *pfv.* – to take place
считáть *impf.* – to believe, think
твóрчество – artistic work
торговáть *impf.* **чем?** – to sell, deal in
худóжник – artist
экспозúция – museum exhibition
экспонáт – exhibit

Примечания Endnotes

1 В рáмках рабóт по рестáврации и реконстрýкции Лéтнего сáда (2009–2011 гг.)
все мрáморные скульптýры бы́ли отреставрúрованы и перемещены́ в
зáлы Михáйловского зáмка на постоя́нное музéйное хранéние. На их мéсте в
садý устанóвлены кóпии из искýсственного мрáмора.
2 ВЦИОМ – Всероссúйский цéнтр изучéния общéственного мнéния
3 Передвúжники (Товáрищество передвижны́х худóжественных вы́ставок) –
объединéние россúйских худóжников, существовáвшее в послéдней трéти XIX
вéка.
4 и т.п. – и томý подóбное
5 и др. – и другúе

ГЛАВА 2 | ЖИВОПИСЬ 19 ВЕКА – НАЧАЛА 20 ВЕКА

ВВЕДЕНИЕ

В э́той главе́ мы бу́дем говори́ть о ру́сской жи́вописи 19 ве́ка – нача́ла 20 ве́ка. В пе́рвой ча́сти вы узна́ете об основны́х жа́нрах ру́сской жи́вописи, таки́х как портре́т, пейза́ж и др. Во второ́й ча́сти мы подро́бно расска́жем о худо́жниках-передви́жниках и их тво́рчестве. Вы узна́ете о Ре́пине, Савра́сове, Левита́не, Су́рикове и др., познако́митесь с их изве́стными карти́нами. В тре́тьей ча́сти мы расска́жем о ру́сском аванга́рде и тво́рчестве таки́х изве́стных во всём ми́ре худо́жников, как Мале́вич, Шага́л и др.

ЖИВОПИСЬ   PAINTING

genre painting портрет
marine историческая
пейзаж индустриальный
икона icon религиозная
painting portrait
industrial натюрморт life
urban живопись rural still
landscape religious historical
городской animalistic морской
анималистика сельский
бытовая живопись

2–1 | Жи́вопись. Study the Word Cloud above and find English equivalents for the following words and word combinations:

анималистика –

городско́й пейза́ж –

индустриа́льный пейза́ж –

морско́й пейза́ж –

пейза́ж –

религио́зная жи́вопись –

бытова́я жи́вопись –

ико́на –

истори́ческая жи́вопись –

натюрмо́рт –

портре́т –

2–2 | Жи́вопись. Study the Word Cloud one more time and complete the following sentences.

1. Изображе́ние челове́ка – э́то _____.
2. Изображе́ние приро́ды – э́то _____.
3. Изображе́ние обы́чной жи́зни, бы́та люде́й – э́то _____ жи́вопись.
4. Изображе́ние овоще́й, фру́ктов, предме́тов – э́то _____.
5. Изображе́ние мо́ря – э́то _____ пейза́ж.
6. Изображе́ние го́рода – э́то _____ пейза́ж.
7. Изображе́ние заво́дов, фа́брик – это _____ пейза́ж.
8. Изображе́ние истори́ческих собы́тий – э́то _____ жи́вопись.
9. Изображе́ние религио́зных сюже́тов – э́то _____ жи́вопись.
10. Изображе́ние живо́тных – э́то _____.

2–3 | Опро́с. In small groups, ask each other whether you can paint and what you would like to paint. Explain to the class what you discussed with your partners.

ЧАСТЬ 1. СЛУШАЕМ ЛЕКЦИЮ

2–4 | Ле́кция «Ру́сская жи́вопись». Read the summary of the lecture and answer the question: **О како́м перио́де в разви́тии ру́сской жи́вописи бу́дет идти́ речь в ле́кции «Ру́сская жи́вопись»?**

Ле́кция «Ру́сская жи́вопись»

бытова́я сце́на – scene from everyday life
зри́тель – viewer
изобража́ть/изобрази́ть что? – to depict, paint
обстано́вка – setting

повседне́вная жизнь – everyday life
пока́зывать/показа́ть кому́? что? – to show
предме́ты бы́та – everyday household objects
причёска – hairdo
рассма́тривать/рассмотре́ть что? – to inspect, look closely at
чу́вствовать/почу́вствовать что? – to feel

Те́ма сего́дняшней ле́кции – жи́вопись. Основны́м жа́нром ру́сского иску́сства в 18 ве́ке был портре́т. Худо́жники писа́ли два ти́па портре́та: пара́дный и ка́мерный. На пара́дном портре́те челове́к был изображён в официа́льной обстано́вке, была́ пока́зана роль челове́ка в о́бществе. А ка́мерный портре́т пока́зывал челове́ка до́ма таки́м, как его́ ви́дели друзья́ и семья́. В 19-м ве́ке стал популя́рен пейза́ж. Есть ра́зные ти́пы пейза́жа: се́льский, морско́й, городско́й, индустриа́льный и др. Когда́ худо́жник рису́ет пейза́ж, он изобража́ет приро́ду, мо́ре, го́род. Если мы рассмо́трим пейза́ж внима́тельно, мы смо́жем почу́вствовать атмосфе́ру дере́вни, го́рода . . . Ещё оди́н распространённый жанр жи́вописи – э́то бытовы́е сце́ны, кото́рые пока́зывают обы́чную, повседне́вную жизнь люде́й. Мы види́м, как лю́ди одева́лись, причёски, кото́рые они́ де́лали, предме́ты бы́та. И, наконе́ц, в конце́ 19-го ве́ка в Росси́и появи́лся натюрмо́рт, кото́рый был уже́ давно́ популя́рен в европе́йском иску́сстве.

2–5 | Ле́кция «Ру́сская жи́вопись». Reread the summary in 2–4 and choose the correct statements. There may be more than one correct answer.

1. Ру́сская жи́вопись начина́лась с . . .
    a. пейза́жа.
    b. портре́та.
    c. натюрмо́рта.
2. На ка́мерном портре́те челове́к изобража́ется . . .
    a. в дома́шней обстано́вке.
    b. в официа́льной обстано́вке.
    c. в неофициа́льной обстано́вке.
3. В те́ксте говори́тся о . . .

    a. городско́м пейза́же.   b. па́рковом пейза́же.

    c. се́льском пейза́же.   d. романти́ческом пейза́же.

    e. индустриа́льном пейза́же.   f. морско́м пейза́же.

4. В Росси́и натюрмо́рты появи́лись то́лько в . . .
    a. нача́ле 19-го ве́ка.
    b. конце́ 19-го ве́ка.
    c. нача́ле 20-го ве́ка.

2-6 | **Лéкция «Рýсская жúвопись».** 1) Listen to the lecture and choose the correct answers. 2) Summarize the lecture in five to six sentences using the correct answers. Make sure to include the following cohesive devices in your summary: **интерéсно, что; крóме тогó; при э́том; а тáкже; бóлее тогó.**

1. Какáя основнáя тéма лéкции?
    a. Основнáя тéма лéкции – изобразúтельное искýсство.
    b. Основнáя тéма лéкции – жúвопись.
    c. Основнáя тéма лéкции – собрáния искýсства в Россúи.
2. О какúх жáнрах жúвописи говорúт лéктор?
    a. Об исторúческой и религиóзной жúвописи.
    b. О портрéте, пейзáже, натюрмóрте, бытовóй жúвописи.
    c. О бытовóй жúвописи, анималúстике и морскóм пейзáже.
3. О какúх тúпах пейзáжа идёт речь в лéкции?
    a. Об архитектýрном и пáрковом пейзáже.
    b. О романтúческом и эпúческом пейзáже.
    c. О сéльском, городскóм, морскóм, индустриáльном пейзáже.
4. О какúх тúпах портрéтов говорúтся в лéкции?
    a. Об автопортрéте и группóвом портрéте.
    b. О парáдном и кáмерном портрéте.
    c. О семéйном и дéтском портрéте.
    d. О мужскóм и жéнском портрéте.
5. Какóй жанр был основны́м с начáла развúтия рýсского искýсства?
    a. Пейзáж.
    b. Портрéт.
    c. Бытовáя жúвопись.
    d. Исторúческая жúвопись.
    e. Натюрмóрт.
    f. Морскóй пейзáж.
    g. Религиóзная жúвопись.
    h. Анималúстика.
6. Когдá в Россúи сформировáлся натюрмóрт как жанр жúвописи?
    a. В 19 вéке.
    b. К 20 вéку.
    c. В 20 вéке.

2-7 | **Лéкция «Рýсская жúвопись».** 1) Listen to the lecture again and mark the names that are mentioned. 2) Go to the textbook website and study the Chapter 2 Lecture Images. Familiarize yourself with the images, the artists' names and the titles of the artworks.

___ Екатерúна Вторáя
___ Елизавéта Пéрвая
___ Алексáндр Пýщин
___ Алексáндр Пýшкин
___ Лев Толстóй
___ Алексéй Саврáсов

___ Фёдор Алексе́ев
___ Фёдор Шаля́пин
___ Влади́мир Маяко́вский
___ Влади́мир Мако́вский
___ Константи́н Коро́вин
___ Константи́н Станисла́вский
___ Ива́н Айвазо́вский

2–8 | Ле́кция «Ру́сская жи́вопись». Listen to the lecture again, find the segments below and fill in the blanks.

1. А сейча́с мы посмо́трим на _____ портрет Алекса́ндра Серге́евича Пу́шкина. Поэ́т _____ в дома́шнем хала́те, кото́рые _____ в то вре́мя. В э́том ка́мерном или инти́мном портре́те, так иногда́ называ́ют ка́мерный портре́т, нет диста́нции ме́жду _____ и _____, мы мо́жем чу́вствовать себя́ бли́зкими друзья́ми, кото́рые пришли́ _____.

2. Пейза́ж. В пейза́же худо́жник изобража́ет _____, ра́зные _____ и передаёт определённое чу́вство, _____. Быва́ет _____ пейза́ж, _____ пейза́ж, _____ пейза́ж и ещё _____ пейза́ж.

3. Городско́й пейза́ж открыва́ет пе́ред _____ не то́лько красоту́ _____, но и _____ простра́нство: пло́щади, зда́ния, _____ го́рода. Дава́йте посмо́трим на карти́ну Фёдора Алексе́ева; э́тот живопи́сец – оди́н из пе́рвых выпускнико́в Акаде́мии Худо́жеств. На его́ карти́не _____ городско́й пейза́ж. Мы ви́дим Кра́сную пло́щадь в Москве́ _____, како́й она́ была́ 250 лет наза́д. Дава́йте попро́буем _____ э́тот пейза́ж внима́тельно и _____ атмосфе́ру Москвы́ 18 ве́ка.

2–9 | Ле́кция «Ру́сская жи́вопись». Translate the paragraphs below into idiomatic English. Translate ideas, not words. Compare your translation with the translations of your classmates.

Натюрмо́рт

выража́ть/вы́разить что? – to express
кра́ска, кра́с|о|к *gen.pl.* – paint
мастерство́ – artistic skill, artistry
освеще́ние – lighting
отноше́ние кого? к кому? к чему? – attitude
ощуще́ние – sensation, feeling
представле́ние о ком? о чём? – idea, impression, notion
свет – light
цвет – color
чу́вство – feeling

Натюрмо́рт, как отде́льный жанр, офо́рмился в ру́сской жи́вописи лишь к 20 ве́ку. Пе́ред на́ми натюрмо́рт Константи́на Коро́вина, по́лный кра́сок и со́лнечного све́та. Когда́ худо́жник пи́шет натюрмо́рт, он рабо́тает с цве́том, све́том и фо́рмой. Изобража́ть свет – освеще́ние всегда́ о́чень тру́дно, и в э́том мастерство́ худо́жника.

Карти́на – э́то всегда́ результа́т тво́рческого труда́ худо́жника. В карти́не вы́ражено отноше́ние худо́жника к ми́ру, его́ чу́вства, его́ мы́сли, его́ фанта́зии, его́ представле́ния о ми́ре. Карти́на перено́сит, даёт поня́ть и нам э́ти ощуще́ния и стано́вится достоя́нием зри́телей.

 **2–10 | Ле́кция «Ру́сская жи́вопись».** 1) Listen to the lecture once more and take notes on the following questions. 2) Using your notes, answer the questions and record yourself. Send the recording to your instructor.

1. О чём идёт речь в ле́кции?
2. Каки́е основны́е жа́нры жи́вописи называ́ет ле́ктор?
3. Како́й был основно́й жанр в ру́сской жи́вописи?
4. В чём разли́чие ме́жду пара́дным и ка́мерным портре́тами?
5. Каки́е пейза́жи писа́ли ру́сские худо́жники?
6. Что тако́е морско́й пейза́ж?
7. Когда́ в ру́сском иску́сстве появи́лся натюрмо́рт?
8. Что изобража́ют бытовы́е сце́ны?
9. Каку́ю карти́ну с изображе́нием бытово́й сце́ны опи́сывает ле́ктор?
10. Како́й из э́тих жа́нров жи́вописи (портре́т, пейза́ж, натюрмо́рт, бытова́я сце́на) вам наибо́лее интере́сен? Объясни́те почему́.

 2–11 | Ле́кция «Ру́сская жи́вопись».

1) Summarize the lecture in writing (300 words) using the expressions provided below.
2) Be ready to talk about the history and genres of Russian painting in class.

В ле́кции речь шла о . . .	*The lecture was about . . .*
Мы узна́ли о том, что . . .	
Во-пе́рвых, во-вторы́х . . .	*First(ly), second(ly) . . .*
Мы уви́дели . . .	
Кро́ме того́, . . .	*Besides that . . .*
Бо́лее того́, . . .	*Moreover . . .*
При э́том . . .	*At the same time, at that . . .*
Интере́сно, что . . .	*It's interesting that . . .*
Из э́той ле́кции я узна́л/а, что . . .	

Сло́вом, . . .	*In a word. . .*
Ле́кция была́ . . . (не)информати́вной, (не) познава́тельной.	*The lecture was (un)informative.*

2–12 | Ле́кция «Ру́сская жи́вопись». Imagine that you are an artist. Describe a landscape **пейза́ж** or a still life **натюрмо́рт** that you would like to paint. Use the words below in your description. You can start using the following example phrases:

- Я хоте́л/а бы нарисова́ть . . .
- На карти́не бу́дет изображено́ . . .
- Зри́тель уви́дит . . .

Пейза́ж		Натюрмо́рт	
авто́бус	парк	арбу́з	о́вощи
во́лны	песо́к	бана́ны	огурцы́
го́род	пло́щадь	буты́лка	помидо́ры
дождь	река́	ва́за	посу́да
дома́	снег	гру́ши	стол
зда́ния	со́лнце	капу́ста	фру́кты
лес	такси́	корзи́на	цветы́
лю́ди	трамва́й	кувши́н	я́блоки
мо́ре	у́лица	ли́стья	
океа́н			

ЧАСТЬ 2. ПЕРЕДВИЖНИКИ

2–13 | Передви́жники. Guess the meaning of the word 'передвижник', 'передвижной'. Передвигать – *to move something from one place to another*. In English this group of artists is known as the Wanderers.

2–14 | Передви́жники. 1) Scan the text below for the information necessary to complete the following statements. 2) Read the completed sentences out loud and memorize the basic facts about the Wanderers.

Передви́жники

Передви́жники – худо́жники, входи́вшие в росси́йское объедине́ние Това́рищество передвижны́х худо́жественных вы́ставок, со́зданное в 1870 году́.

Пе́рвая вы́ставка Това́рищества откры́лась в Петербу́рге весно́й 1871 го́да. На ней бы́ло предста́влено 46 карти́н и рису́нков. Из Петербу́рга вы́ставка перее́хала в Москву́, зате́м в Ки́ев и Ха́рьков и везде́ собира́ла ты́сячи посети́телей. Успе́х был огро́мный. После́дняя 48-я вы́ставка Това́рищества передви́жных худо́жественных вы́ставок состоя́лась в 1923 году́.

Передви́жники бы́ли реали́стами и писа́ли карти́ны ру́сской жи́зни: портре́ты, пейза́жи, истори́ческие, бытовы́е и жа́нровые сце́ны. Са́мыми изве́стными среди́ них ста́ли Илья́ Ре́пин, Васи́лий Су́риков, Ви́ктор Васнецо́в, Исаа́к Левита́н. Мно́гие карти́ны э́тих худо́жников бы́ли ку́плены Па́влом Третьяко́вым для его́ галере́и. Карти́ны передви́жников мо́жно уви́деть не то́лько в Третьяко́вской галере́е в Москве́, но и в Ру́сском музе́е в Петербу́рге, а та́кже в други́х росси́йских музе́ях.

1. Това́рищество передви́жников бы́ло со́здано в _____ году́.
2. Пе́рвая вы́ставка Това́рищества состоя́лась в _____ году́.
3. Всего́ бы́ло ____ вы́ставок передви́жников.
4. Передви́жники писа́ли карти́ны _____ жи́зни в таки́х жа́нрах, как _____
_____.
5. Мно́гие карти́ны передви́жников бы́ли ку́плены _____.
6. Карти́ны худо́жников-передви́жников мо́жно уви́деть в _____
_____.

2–15 | Передви́жники. Reread the text in 2–14 and write down the names of the best-known artists who belonged to **Това́рищество передвижны́х худо́жественных вы́ставок**.

_____

2–16 | Передви́жники. The text you will read is a typical example of Russian discourse about art. Scan the text and mark in the table whether each artist is best known for painting portraits, landscapes, still life or other.

Худо́жники-передви́жники

быт и нра́вы – life and customs
верши́на тво́рчества – the pinnacle of one's achievement
заставля́ть/заста́вить кого́? – to compel, make, force
кисть *f.* – brush
красота́ – beauty
полотно́, поло́т|е|н *gen.pl.* – canvas
принадлежа́ть *impf.* **кому́? чему́?** – to belong
расцве́т тво́рчества – the height of one's artistic career
соверша́ть/соверши́ть откры́тие – to make a discovery
социа́льная напра́вленность – social awareness
уме́ть/суме́ть + *inf.* – to know how

Передви́жники соверши́ли откры́тия в пейза́жной жи́вописи. Так, Алексе́й Савра́сов (1830–1897) суме́л показа́ть красоту́ ру́сского пейза́жа. Его́ карти́на «Грачи́ прилете́ли» (1871) заста́вила мно́гих люде́й по-но́вому посмотре́ть на родну́ю приро́ду. Верши́на ру́сской пейза́жной жи́вописи XIX ве́ка – э́то тво́рчество Исаа́ка Левита́на (1860–1900), кото́рый был ученико́м А. К. Савра́сова.

Исаа́к Левита́н – ма́стер споко́йных, ти́хих пейза́жей. Ма́ленький городо́к Плёс на Во́лге – одно́ из люби́мых мест в тво́рчестве Левита́на. Здесь он со́здал свои́ поло́тна: «По́сле дождя́», «Хму́рый день» и др. Там же бы́ли напи́саны вече́рние пейза́жи: «Ве́чер на Во́лге», «Вече́рний звон» и др.

Во второ́й полови́не XIX ве́ка са́мыми знамени́тыми худо́жниками ста́ли И. Е. Ре́пин, В. И. Су́риков и В. А. Серо́в. Илья́ Ре́пин (1844–1930) – са́мый изве́стный из худо́жников э́того пери́ода. Ки́сти Ре́пина принадлежи́т ряд монумента́льных жа́нровых поло́тен, наприме́р, «Бурлаки́ на Во́лге» и «Кре́стный ход в Ку́рской губе́рнии». Мно́гие из его́ карти́н име́ют социа́льную напра́вленность: «Не жда́ли», «Аре́ст пропаганди́ста». Ре́пин писа́л и на истори́ческие те́мы: «Ива́н Гро́зный и сын его́ Ива́н», «Запоро́жцы, сочиня́ющие письмо́ туре́цкому султа́ну» и др. Кро́ме того́, он созда́л це́лую галере́ю портре́тов. Ре́пин написа́л портре́ты учёных Пирого́ва и Се́ченова, писа́телей Толсто́го и Турге́нева, компози́торов Гли́нки и Му́соргского, худо́жников Крамско́го и Су́рикова и др. Есть у Ре́пина и натюрмо́рты, наприме́р, «Я́блоки и ли́стья».

Васи́лий Су́риков (1848–1916) роди́лся в Краснoя́рске. Расцве́т его́ тво́рчества пришёлся на 80-е го́ды, когда́ он созда́л три свои́ са́мые знамени́тые истори́ческие карти́ны: «Утро стреле́цкой ка́зни», «Ме́ншиков в Берёзове» и «Боя́рыня Моро́зова». Су́риков хорошо́ знал быт и нра́вы про́шлых эпо́х, уме́л дава́ть я́ркие психологи́ческие характери́стики. Кро́ме того́, он был прекра́сным колори́стом, ма́стером цве́та.

Материа́л подгото́влен на осно́ве информа́ции откры́тых исто́чников

Фами́лия художника	Портре́ты	Пейза́жи	Натюрмо́рты	Бытовы́е, жа́нровые сце́ны	Истори́ческие карти́ны
А. Савра́сов					
И. Левита́н					
В. Су́риков					
И. Ре́пин					

2–17 | Передви́жники. 1) Skim the text in 2–16 and match the names of the artists and their paintings. 2) Go to the textbook website and study the Chapter 2, Part 2 Images. Familiarize yourself with the images, the artists' names and the titles of the artworks.

Худо́жник	Назва́ние карти́ны, кото́рую он написа́л
1. И. Левита́н 2. В. Су́риков 3. И. Ре́пин 4. А. Савра́сов	___ «Ива́н Гро́зный и сын его́ Ива́н» ___ Портре́т И. Турге́нева ___ «Бурлаки́ на Во́лге»[1] ___ «Я́блоки и ли́стья» ___ «Кре́стный ход в Ку́рской губе́рнии»[2] ___ «По́сле дождя́» ___ Портре́т Л. Толсто́го ___ Портре́т М. Гли́нки ___ «Утро стреле́цкой ка́зни»[3] ___ «Не жда́ли» ___ «Грачи́ прилете́ли»[4] ___ «Ве́чер на Во́лге» ___ «Боя́рыня Моро́зова»[5]

2–18 | Передви́жники. 1) Scan the text in 2–16 for the information necessary to fill in the blanks. 2) Read the sentences out loud. 3) In pairs or small groups, discuss the following: **Како́й из худо́жников (И. Ре́пин, А. Савра́сов, И. Левита́н ог В. Су́риков) вам понра́вился бо́льше всего́? Почему́?**

    Илья́ Ре́пин – са́мый изве́стный из худо́жников второ́й полови́ны _____ ве́ка. Ки́сти Ре́пина принадлежи́т ряд монумента́льных _____ полоте́н, карти́ны _____ напра́вленности. Он писа́л на _____ те́мы и со́здал це́лую _____ портре́тов. Есть у Ре́пина и _____.

    Алексе́й Савра́сов суме́л показа́ть _____. Его́ карти́на «Грачи́ прилете́ли» заста́вила мно́гих люде́й _____ _____ на родну́ю приро́ду.

    Исаа́к Левита́н – ма́стер _____. Ма́ленький городо́к Плёс на Во́лге – _____.

    Васи́лий Су́риков со́здал _____ карти́ны. Он хорошо́ знал _____ про́шлых эпо́х, уме́л дава́ть _____ характери́стики. Су́риков был ма́стером _____ .

2–19 | Передви́жники: что вы уже́ зна́ете? In pairs or small groups, discuss the following questions:

1. Кто таки́е передви́жники?
2. Когда́ откры́лась пе́рвая вы́ставка передви́жников?
3. Ско́лько всего́ бы́ло вы́ставок худо́жников-передви́жников?
4. Кто покупа́л карти́ны передви́жников для свое́й галере́и?
5. Где сейча́с мо́жно уви́деть карти́ны передви́жников?
6. О чём передви́жники писа́ли свои́ карти́ны?
7. Кого́ из худо́жников-передви́жников вы зна́ете?
8. Что вы зна́ете об Илье́ Ре́пине? В каки́х жа́нрах он рабо́тал? Каки́е карти́ны Ре́пина вы зна́ете?
9. Кто ещё писа́л карти́ны на истори́ческие те́мы? Каки́е его́ карти́ны вы зна́ете?
10. Что вы зна́ете об Алексе́е Савра́сове и Исаа́ке Левита́не? В како́м жа́нре они́ рабо́тали? Каки́е их карти́ны вы зна́ете?

2–20 | Видеосюже́т «Илья́ Ре́пин». Watch the video clip several times. Choose the correct statements. There may be more than one correct answer.

Илья́ Ре́пин

1. Ре́пин роди́лся . . .
    a. в ру́сском городке́ Чугу́еве в бе́дной семье́.
    b. в украи́нском городке́ Чугу́еве в бе́дной семье́.
    c. в украи́нском городке́ Черни́гове в бога́той семье́.
2. Ре́пин поступи́л и око́нчил с большо́й золото́й меда́лью . . .
    a. Акаде́мию Худо́жеств в Москве́.
    b. Акаде́мию Худо́жеств в Петербу́рге.
    c. Акаде́мию Худо́жеств в Чугу́еве.

Image 2.2 Па́мятник И. Е. Ре́пину в Москве́

3. Сла́ву ему́ принесла́ карти́на . . .
   a. «Не жда́ли».
   b. «Аре́ст пропаганди́ста».
   c. «Бурлаки́ на Во́лге».
4. Са́мая его́ изве́стная истори́ческая карти́на . . .
   a. «Боя́рыня Моро́зова».
   b. «Иван Гро́зный и сын его́ Ива́н».
   c. «Бурлаки́ на Во́лге».

5. На карти́не «Ива́н Гро́зный и сын его́ Ива́н» изображено́, как . . .
   a. царь убива́ет своего́ сы́на.
   b. царь спаса́ет своего́ сы́на.
   c. царь обнима́ет своего́ сы́на.
6. Карти́ну «Ива́н Гро́зный и сын его́ Ива́н» купи́л . . .
   a. коллекционе́р Па́вел Третьяко́в.
   b. коллекционе́р Са́вва Ма́монтов.
   c. госуда́рь Алекса́ндр III.
7. Ре́пин был изве́стен как замеча́тельный . . .
   a. пейзажи́ст.
   b. портрети́ст.
   c. анимали́ст.
8. По́сле револю́ции 1917-го го́да Ре́пин жил . . .
   a. в Москве́, в Росси́и.
   b. в Петербу́рге, в Росси́и.
   c. в Куо́ккале, в Финля́ндии.
9. Верну́ться в Росси́ю . . .
   a. ему́ не дава́л страх пе́ред коммуни́стами.
   b. ему́ абсолю́тно не хоте́лось.
   c. ему́ не разреша́ло но́вое прави́тельство.
10. О его́ карти́нах писа́тель Л. Толсто́й говори́л: . . .
    a. «Мастерство́ тако́е, что и не ви́дел никто́».
    b. «Мастерство́ тако́е, что не вида́ть мастерства́».
    c. «Мастерство́ тако́е, что легко́ всё поня́ть».

 **2–21 | Видеосюже́т «Илья́ Ре́пин».** Watch the video clip again and fill in the blanks. Read the sentences out loud.

Илья́ Ре́пин

1. Илья́ Ефи́мович Ре́пин роди́лся в _____ году́.
2. Он на́чал рисова́ть, когда́ ему́ бы́ло _____ лет.
3. В _____ лет он уе́хал из Чугу́ева в Петербу́рг.
4. Когда́ он уе́хал в Петербу́рг, у него́ бы́ло _____ рубле́й.
5. Сла́ва пришла́ к Ре́пину, когда́ ему́ не бы́ло ещё и _____ лет.
6. Он рабо́тал над карти́ной «Бурлаки́ на Во́лге» о́коло _____ лет.
7. Ре́пин написа́л полотно́ «Ива́н Гро́зный» в _____ году́.
8. Эта карти́на была́ вы́ставлена публи́чно то́лько в _____ году́.
9. В _____ лет он познако́мился с же́нщиной, кото́рая ста́ла его́ бли́зким дру́гом и второ́й жено́й.
10. В Куо́ккале, в _____ часа́х езды́ от Петербу́рга, жена́ Ре́пина купи́ла име́ние «Пена́ты».
11. По́сле _____ го́да Куо́ккала отошла́ Финля́ндии, и худо́жник оказа́лся эмигра́нтом понево́ле.
12. Ре́пин у́мер _____ сентября́ _____ го́да в «Пена́тах», в Куо́ккале.

2–22 | Видеосюже́т «Илья́ Ре́пин». Watch the video again and write a summary (about 80 words). Use the expressions below and underline them in your summary once you have finished writing.

В э́том документа́льном фи́льме идёт речь о . . .	*This documentary is about . . .*
Он был изве́стен (чем?) . . .	*He was famous for . . .*
До сих пор . . .	*Up to now, still . . .*
По́сле того́ как . . .	*After . . .*
Когда́ . . .	*When . . .*
Кро́ме того́. . .	*Besides that . . .*
Бо́лее того́. . .	*Moreover . . .*
При э́том . . .	*At the same time, at that . . .*
Интере́сно, что . . .	*It is interesting that . . .*
С тех пор . . .	*Since . . .*
Сло́вом . . .	*In a word . . .*

2–23 | Презента́ция. Choose an artist from the list below and give a short multimedia presentation about him (2 minutes). Use the questions below as an outline for your presentation. Be sure to use the expressions from 2–22. You can start and end with the following: **Говоря́ о . . ., я хочу́ нача́ть с того́, что . . .** *Speaking about . . . I would like to start with . . .*; **В заключе́ние можно́ сказа́ть, что . . .** *In conclusion, we can say that . . .*

1. Когда́ худо́жник роди́лся и у́мер?
2. Где он жил и учи́лся?
3. Каки́е фа́кты его́ биогра́фии вы нашли́ ва́жными и интере́сными?
4. Каки́е у э́того худо́жника са́мые знамени́тые карти́ны и в како́м музе́е их мо́жно уви́деть?

Возмо́жные те́мы презента́ций

1. Валенти́н Серо́в	2. Васи́лий Су́риков
3. Исаа́к Левита́н	4. Алексе́й Савра́сов
5. Ви́ктор Васнецо́в	6. Влади́мир Мако́вский
7. Константи́н Коро́вин	8. Ива́н Ши́шкин
9. Архи́п Куи́нджи	10. Васи́лий Перо́в
11. Васи́лий Поле́нов	

2–24 | Описа́ние карти́ны: бытова́я, жа́нровая сце́на. The description below is from the lecture you listened to in Chapter 2, Part 1. Read the description of Makovsky's painting "Morning Tea" and answer the following questions:

1. Как называ́ется карти́на по-ру́сски?
2. К како́му жа́нру э́та карти́на отно́сится?
3. В како́м году́ карти́на была́ напи́сана?
4. Кто худо́жник?
5. Что изображено́ на карти́не?
6. Благодаря́ чему́ мы мо́жем почу́вствовать атмосфе́ру конца́ 19 ве́ка?

Карти́на Влади́мира Мако́вского «Утренний чай» (1891)

Ча́стная колле́кция

Бытова́я сце́нка, кото́рую написа́л Влади́мир Мако́вский, пока́зывает нам обы́чную ситуа́цию, кото́рая случа́ется на ка́ждом шагу́. Супру́ги пьют чай у себя́ до́ма, в э́том нет ничего́ необы́чного. Одна́ко э́тот жанр жи́вописи позволя́ет нам прикосну́ться к атмосфе́ре того́ вре́мени. Мы мо́жем рассмотре́ть дома́шнюю обстано́вку, ме́бель, посу́ду, кото́рой по́льзовались лю́ди в те времена́. Мы ви́дим причёски, кото́рые де́лали мужчи́ны и же́нщины, и оде́жду, кото́рую они́ носи́ли.

2–25 | Описа́ние карти́ны: бытова́я, жа́нровая сце́на. Reread the description of Makovsky's "Morning Tea" in 2–24 and compare it to the image of the painting provided on the textbook website (Chapter 2 Lecture Images). Is the description accurate (то́чное, дета́льное)? What could you add?

2–26 | Кото́рый. 1) Reread the text in 2–24, find and underline the conjunction **кото́рый** and explain what case it is used in and why. 2) Use **кото́рый** to connect the sentences below.

1. Карти́на Влади́мира Мако́вского, о _____ мы говори́м, изобража́ет му́жа и жену́, _____ пьют чай у себя́ до́ма.
2. Кро́ме того́, мы ви́дим, что муж и жена́, _____ чита́ет кни́гу, сидя́т за столо́м, на _____ стои́т ра́зная посу́да и еда́.
3. На карти́не изображена́ та́кже ко́шка, _____ стои́т о́коло жены́.
4. Карти́на напи́сана в бытово́м жа́нре, _____ пока́зывает обы́чную каждодне́вную жизнь, быт люде́й.
5. Вообще́, обстано́вка ко́мнаты, _____ пока́зана на карти́не, о́чень бе́дная и проста́я.
6. Мы ви́дим оде́жду, _____ носи́ли в то вре́мя, ме́бель в ко́мнате, на _____ сидя́т лю́ди, и чу́вствуем атмосфе́ру, в _____ они́ живу́т.

2–27 | Описа́ние карти́ны: пейза́ж. The description below is from the lecture you listened to in Chapter 2, Part 1. 1) Read the description of Savrasov's painting "Country Road" and compare it to the image of the painting provided on the textbook website (Chapter 2 Lecture Images). 2) Translate the description of the painting into idiomatic English. Translate ideas, not words.

Карти́на Алексе́я Савра́сова «Просёлок» (1873)

Госуда́рственная Третьяко́вская галере́я, Москва́

о́тзыв – review
ощуща́ть/ощути́ть – to feel
передава́ть/переда́ть настрое́ние – to express a mood
передава́ть/переда́ть чу́вство – to express a feeling, an emotion

Из исто́рии карти́ны

Алексе́й Савра́сов написа́л карти́ну «Просёлок» в 1873-м году́. Когда́ карти́на была́ гото́ва, Савра́сов не посла́л её на вы́ставку передви́жников, а подари́л своему́ дру́гу – худо́жнику Илларио́ну Пря́нишникову. То́лько через два́дцать лет, в 1893-м году́, карти́ну показа́ли на одно́й из вы́ставок, и она́ получи́ла мно́го хоро́ших о́тзывов. В том же 1893-м году́ Илларио́н Пря́нишников подари́л карти́ну «Просёлок» Третьяко́вской галере́е.

Описа́ние

Пейза́ж. В пейза́же худо́жник изобража́ет приро́ду, ра́зные времена́ го́да и передаёт определённое чу́вство, настрое́ние.

Дава́йте посмо́трим на карти́ну Алексе́я Савра́сова. Ра́нняя весна́. Пе́ред на́ми гря́зная, размы́тая дождём доро́га, снег неда́вно раста́ял. Мы ощуща́ем холо́дный ве́тер разбушева́вшейся непого́ды. Но и со́лнце уже́ мо́жно уви́деть из-за туч, в лу́жах отража́ется не́бо, а проро́сшая трава́ сия́ет изумру́дным цве́том, и э́то наво́дит нас на мысль о приближа́ющемся тёплом ле́те по́сле до́лгой, холо́дной зимы́.

2–28 | Описа́ние карти́ны: пейза́ж. Reread the description of Savrasov's painting "Country Road" in 2–27 and answer the following questions:

1. Как называ́ется карти́на по-ру́сски?
2. К како́му жа́нру эта карти́на отно́сится?
3. В како́м году́ карти́на была́ напи́сана?
4. Кто худо́жник?
5. Кому́ худо́жник подари́л э́ту карти́ну?
6. В како́м году́ «Просёлок» показа́ли пе́рвый раз на вы́ставке?
7. Каки́е о́тзывы получи́ла карти́на?
8. В како́м музе́е карти́на нахо́дится сейча́с?
9. Что изображено́ на карти́не?
10. Как вы ду́маете, како́е чу́вство, настрое́ние передаёт э́тот пейза́ж А. Савра́сова? (Useful words: чу́вство гру́сти, чу́вство ску́ки, чу́вство ра́дости, чу́вство наде́жды)
11. Вам понра́вилась э́та картина? Почему́?

2–29 | Описа́ние карти́ны: натюрмо́рт. Study Korovin's painting "Roses and Apples" on the textbook website (Chapter 2 Lecture Images) and choose the correct statements. There may be more than one correct answer.

Карти́на Константи́на Коро́вина «Ро́зы и я́блоки» (1917)

> **на пере́днем пла́не** – in the foreground
> **на за́днем пла́не** – in the background

1. Пе́ред на́ми знамени́тая карти́на Алексе́я Коро́вина. Это . . .
   a. морско́й пейза́ж.
   b. натюрмо́рт.
   c. бытова́я жи́вопись.
   d. истори́ческая жи́вопись.
   e. се́льский пейза́ж.
2. Эта карти́на полна́. . .
   a. я́рких кра́сок.
   b. тёмных кра́сок.
   c. се́рых кра́сок.
   d. со́лнечного све́та.
   e. тепла́.
   f. ра́дости и сча́стья.
   g. гру́сти.
3. На пере́днем пла́не мы ви́дим стол, на кото́ром . . .
   a. стои́т ла́мпа и лежа́т кни́ги.
   b. стои́т корзи́на с фру́ктами.
   c. стоя́т цветы́ в ва́зе, ро́зы.
   d. стои́т стака́н с водо́й.
   e. стои́т таре́лка с я́блоками.
   f. лежа́т я́блоки.
   g. стои́т ча́шка с блю́дцем.
4. На за́днем пла́не мы ви́дим . . .
   a. лес.
   b. о́зеро.
   c. си́нее мо́ре.
   d. скалу́.
   e. бе́лый па́русник.
   f. голубо́е не́бо.
   g. со́лнце.

2–30 | Описа́ние карти́ны: натюрмо́рт. The description below is from the lecture you listened to in Chapter 2, Part 1. 1) Read the description of Korovin's painting "Roses and Apples" and compare it to the image of the painting provided on the textbook website (Chapter 2 Lecture Images). 2) What details can you add to better describe this painting?

Карти́на Константи́на Коро́вина «Ро́зы и я́блоки» (1917)

Ча́стная колле́кция

вдохновля́ть/вдохнови́ть кого́? – to inspire
придава́ть/прида́ть значе́ние чему́? – to attach significance to
среди́ кого́? чего́? – among
твори́ть *impf.* – to create
чуде́сный, -ая, -ое, -ые – wonderful, marvelous
шеде́вр – masterpiece

О худо́жнике

Константи́н Коро́вин ещё в мо́лодости сказа́л: «В иску́сстве ну́жно то́лько писа́ть и де́лать люби́мое». Худо́жник люби́л Крым, а в Крыму́ – бо́льше всего́ Гурзу́ф, где и постро́ил да́чу по со́бственному прое́кту. Начина́я с 1910-го го́да и до нача́ла револю́ции, худо́жник живёт подо́лгу в своём но́вом до́ме и мно́го рабо́тает. В 1917-м году́ Константи́н Коро́вин покида́ет Гурзу́ф.

Среди́ карти́н, кото́рые бы́ли напи́саны в э́тот пери́од, – жа́нровые сце́нки, база́ры, городски́е пейза́жи, портре́ты. Южное со́лнце, мо́ре, чуде́сная приро́да вдохновля́ли худо́жника рабо́тать, твори́ть, создава́ть но́вые шеде́вры. В Крыму́ Коро́вин всё ча́ще обраща́ется к жа́нру натюрмо́рта и ча́ще всего́ в его́ натюрмо́ртах изображены́ ро́зы.

Описа́ние

Пе́ред на́ми натюрмо́рт Константи́на Коро́вина «Ро́зы и я́блоки», по́лный кра́сок и со́лнечного све́та. Когда́ худо́жник пи́шет натюрмо́рт, он рабо́тает с цве́том, све́том и фо́рмой. Константи́н Коро́вин придава́л большо́е значе́ние цве́ту – кра́скам, и све́ту – освеще́нию. Изобража́ть свет – освеще́ние всегда́ о́чень тру́дно, и в э́том мастерство́ худо́жника.

 **2–31 | Описа́ние карти́ны: натюрмо́рт.** Reread the description of Korovin's painting "Roses and Apples" in 2–30 and answer the following questions:

1. Как называ́ется карти́на по-ру́сски?
2. В како́м музе́е карти́на нахо́дится сейча́с?
3. К како́му жа́нру э́та карти́на отно́сится?
4. В како́м году́ карти́на была́ напи́сана?
5. Кто худо́жник?
6. Где худо́жник написа́л э́ту карти́ну?
7. Каки́е карти́ны написа́л худо́жник, когда́ он жил в Гурзу́фе?
8. Что вдохновля́ло худо́жника?
9. Чему́ Коро́вин придава́л большо́е значе́ние?
10. Что изображено́ на карти́не?
11. Вам понра́вилась э́та карти́на? Почему́?

Image 2.3 В. Серо́в «Де́вочка с пе́рсиками»

 **2–32** | **Вы́ставка В. Серо́ва.** Scan the text for the answers to the following questions: **Что? Где? Когда́? Почему́?**

МОСКВА́, 31 января́ – РИА Но́вости

Вы́ставка Валенти́на Серо́ва в Третьяко́вской галере́е на Кры́мском валу́

> **зака́нчиваться/зако́нчиться** – to end, close
> **ключево́й, -а́я, -о́е, -ы́е** – key *adj.*
> **начина́ться/нача́ться** – to start, open
> **продлева́ть/продли́ть что?** – to extend
> **произведе́ние** – work of art or literature
> **устра́ивать/устро́ить что?** – to organize

Тако́й грандио́зной экспози́ции карти́н Валенти́на Серо́ва в Москве́ ещё не́ было: бо́лее 100 (ста) произведе́ний жи́вописи и о́коло 150 (ста пяти́десяти) произведе́ний гра́фики! Вы́ставка была́ откры́та к 150-ле́тию (стопятидесятиле́тию) со дня рожде́ния гениа́льного худо́жника.

Экспози́ция начина́лась са́мой знамени́той карти́ной Валенти́на Серо́ва «Де́вочка с пе́рсиками» (1887). Че́рез живопи́сный, графи́ческий и театра́льный разде́лы вы́ставки посети́тель шёл к ключево́му произведе́нию тво́рчества В. Серо́ва – портре́ту актрисы Иды Рубенште́йн (1910). Этим портре́том экспози́ция зака́нчивалась.

Вы́ставка Валенти́на Серо́ва была́ откры́та в Третьяко́вской галере́е 7 октября́. Вы́ставку плани́ровали закры́ть снача́ла 17 января́, а пото́м 24 января́. Но когда́ до оконча́ния рабо́ты экспози́ции оста́лось два дня, ста́ло поня́тно, что далеко не все смогли её посетить. Люди стояли на морозе в огромной очереди. Тогда Министерство культуры продлило выставку до 1 февраля. Кроме того, чтобы все смогли посмотреть на шедевры Валентина Серова, Третьяковская галерея устроила «Ночь Серова» в предпоследний день работы выставки, 30 января. В этот день кассы галереи работали до последнего посетителя. Последний посетитель ушёл из галереи около 3-х часов ночи.

За четыре месяца выставку произведений Валентина Серова посетили около полумиллиона человек.

Материал подготовлен на основе информации открытых источников

2–33 | Выставка В. Серова. Skim the text in 2–32 and choose the correct statements. There may be more than one correct answer.

1. Выставка В. Серова работала . . .
   a. 3 месяца в Третьяковской галерее в Москве.
   b. 4 месяца в Русском музее в Петербурге.
   c. 4 месяца в Третьяковской галерее в Москве.
2. На выставку В. Серова . . .
   a. пришло мало людей, очереди за билетами не было.
   b. пришло очень много людей, люди стояли в очереди, чтобы войти.
   c. никто не пришёл.
3. Министерство культуры . . .
   a. закрыло выставку 24 января, так как было мало людей, которые хотели посмотреть выставку.
   b. продлило работу выставки до 1 февраля, так как было много людей, которые хотели посмотреть выставку.
   c. закрыло выставку 17 января, как и планировали.
4. Самая знаменитая картина В. Серова . . .
   a. «Девочка с персиками».
   b. портрет Иды Рубенштейн.
   c. «Просёлок».
5. «Ночь Серова» была 30 января, и . . .
   a. кассы галереи работали всю ночь.
   b. кассы галереи работали до 3-х часов ночи.
   c. кассы галереи работали до последнего посетителя.

2–34 | В. Серов «Девочка с персиками». Read the description of Serov's painting "A Girl with Peaches" and compare it to the image of the painting provided on the textbook website (Chapter 2, Part 2 Images). Add some details that are not mentioned in the description.

«Девочка с персиками»

> **освещать/осветить кого? что?** – to illuminate, light up
> **идти к чему?** – to suit, match

«Девочка с персиками» – один из самых известных портретов Валентина Серова. Портрет был написан летом 1887-го года. Серов писал его целый месяц. **В центре картины** Вера Мамонтова, дочь известного предпринимателя и мецената искусства Саввы Мамонтова. Вера сидит и смотрит на зрителя. Кажется, что она готова встать и побежать в сад, который мы видим за окном **на заднем плане. На переднем плане** стол, на котором лежат персики и нож, а один персик у Веры в руках. Лицо Веры освещает свет из окна, а розовый цвет платья очень идёт к её чёрным волосам. О чём она думает? Что она собирается делать?

2–35 | В. Серов «Девочка с персиками». Watch the video clip used to advertise the exhibition of Serov's works in Moscow. Jot down the main things that the actress portraying the girl in the painting says.

1. Конечно, я была очень рада, когда Валентин Александрович . . . _____
   _____
   _____
   _____.

2. Поначалу, всё было просто замечательно. Но понимаете, . . . _____
   _____
   _____
   _____.

3. Но Валентин Александрович всегда приговаривал . . . _____
   _____
   _____.

   Ну как откажешься!

2–36 | В. Серов «Девочка с персиками». Review 2–32 through 2–35 and answer the questions below:

1. Когда Валентин Серов написал картину «Девочка с персиками»?
2. Сколько времени В. Серов писал этот портрет?
3. Кто и что изображено на картине (в центре картины, на переднем плане, на заднем плане)?
4. Какое освещение и какие цвета на этой картине?
5. О чём девочка думает? Что она собирается делать?
6. Как вы думаете, почему эта девочка вдохновила Серова-художника?

2–37 | Презентация. Prepare a short presentation (2 min.) about one of Serov's or Repin's portraits using information gathered from the internet. Use the questions below as an outline. Be sure to use the expressions in 2–22 and 2–23.

Теги: *портреты Ильи Репина, портреты Валентина Серова, портрет императора Николая II, портрет Саввы Мамонтова, портрет Ивана Морозова, портрет хирурга Пирогова, портреты писателей Толстого, Тургенева, портреты композиторов Глинки, Мусоргского, Рубинштейна, портреты художников Крамского и Сурикова*

1. Как называ́ется карти́на? Кто худо́жник?
2. В како́м музе́е карти́на нахо́дится сейча́с?
3. Когда́ карти́на была́ напи́сана?
4. Кто и что на карти́не изображено́ (в це́нтре карти́ны, на пере́днем пла́не, на за́днем пла́не)?
5. Что вы узна́ли о челове́ке, кото́рый изображён на карти́не?
6. Что изве́стно об исто́рии созда́ния карти́ны?
7. Каки́е цвета́ испо́льзует худо́жник?
8. Како́е освеще́ние на карти́не?
9. Како́й э́то портре́т, пара́дный и́ли ка́мерный? Почему́ вы так ду́маете?
10. Как вы ду́маете, како́е чу́вство, настрое́ние передаёт э́та карти́на?
11. Что вам понра́вилось в э́той карти́не? Почему́ вы её вы́брали?

2–38 | Рекла́ма вы́ставки. 1) In pairs or small groups, choose one of the portraits by Serov or Repin and write an imagined monologue from the perspective of the person depicted in the portrait. 2) Create a video to advertise an exhibition featuring paintings by either Serov or Repin.

ЧАСТЬ 3. РУССКИЙ АВАНГАРД 10-Х – 20-Х ГОДОВ 20-ГО ВЕКА

2–39 | Аванга́рд. Guess the meaning of the word combinations 'беспредме́тная жи́вопись' and 'беспредме́тная фо́рма'. Предме́т – *a thing, an object; prefix* без/бес – *without.* How do you understand these terms?

2–40 | Аванга́рд. Match the English terms in the left column to their Russian equivalents in the right column. Read the Russian equivalents out loud and make sure you get the stress right.

1. abstract art	___	конструктиви́зм
2. collage	___	тради́ция
3. constructivism	___	колла́ж
4. form, shape	___	реали́зм, реалисти́ческое иску́сство
5. geometric figure	___	абстракциони́зм
6. idea	___	фотомонта́ж
7. line	___	геометри́ческая фигу́ра
8. object	___	систе́ма
9. photomontage	___	супремати́зм
10. realism	___	иде́я

11. reality   ___ объе́кт

12. suprematism   ___ фо́рма

13. system   ___ ли́ния

14. tradition   ___ реа́льность

2–41 | Аванга́рд. Scan the short descriptions below for the information to answer the following questions and then discuss them in class.

1. О каки́х из э́тих направле́ний в жи́вописи вы слы́шали ра́ньше?
2. О каки́х из э́тих направле́ний в жи́вописи вы слы́шите в пе́рвый раз?
3. Каки́х худо́жников вы зна́ли ра́ньше?
4. Каки́е имена́ для вас но́вые?

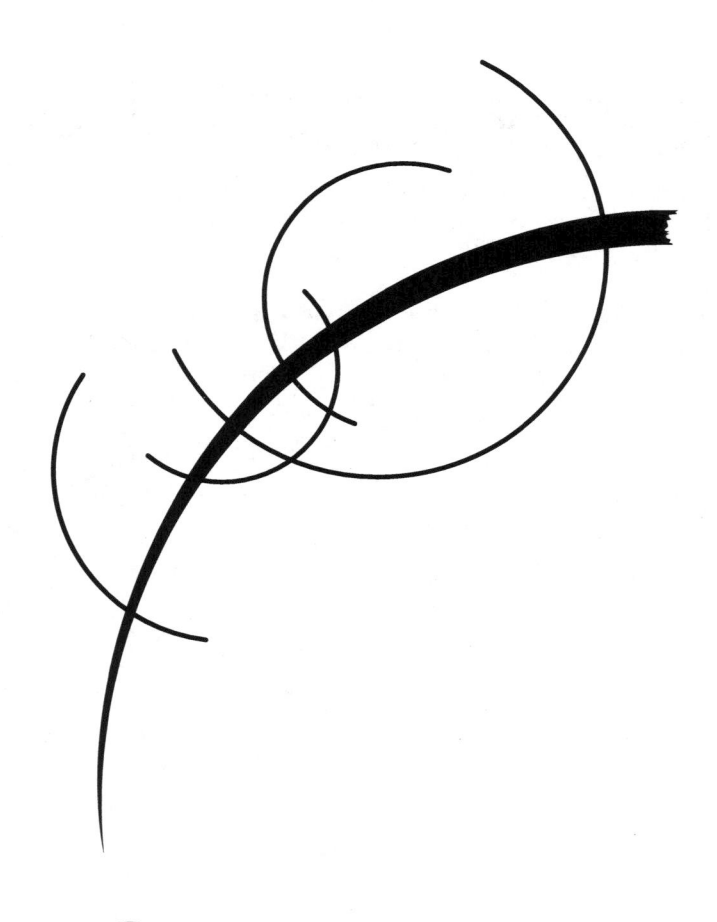

Image 2.4 Аванга́рд

Ру́сский аванга́рд

включа́ть/включи́ть что? – to include, encompass
квадра́т – square *n.*
круг – circle
луч – ray
направле́ние (в жи́вописи) – artistic trend, movement (in painting)
отража́ться/отрази́ться от чего? – to reflect off of
отрица́ть *impf.* **что?** – to deny, disclaim
получа́ть/получи́ть разви́тие – to be developed
поня́тие – notion, concept, term
появля́ться/появи́ться где? – to appear
развива́ть/разви́ть что? – to develop
сочета́ться *impf.* **с чем?** – to combine with
треуго́льник – triangle
характеризова́ться *impf.* **чем?** – to be characterized by
я́ркий, -ая, -ое, -ие – bright, colorful

Ру́сский аванга́рд получи́л разви́тие в нача́ле 20-го ве́ка. Худо́жники-авангарди́сты отрица́ли ста́рое класси́ческое и реалисти́ческое иску́сство. Но при э́том в их тво́рчестве но́вые фо́рмы нере́дко сочета́лись с ру́сскими тради́циями в изобрази́тельном иску́сстве. Аванга́рд о́чень широ́кое поня́тие. В Росси́и он включа́л таки́е направле́ния в жи́вописи, как абстракциони́зм, супремати́зм, конструктиви́зм и мно́гие други́е.

Абстракциони́зм – э́то одно́ из основны́х направле́ний аванга́рда. Объе́кт абстра́ктного иску́сства – э́то цвет, ли́ния и фо́рма, а не изображе́ние реа́льности. Основа́телем абстра́ктной жи́вописи был Васи́лий Канди́нский. Пе́рвым абстра́ктным произведе́нием счита́ется его́ «Карти́на с кру́гом» (1911). Для тво́рчества Канди́нского типи́чны я́ркие цвета́: кра́сный, си́ний, жёлтый, зелёный.

В 1912–1915 года́х появи́лись абстра́ктные живопи́сные систе́мы: **супремати́зм** (Мале́вич, 1915) и **лучи́зм** (Ларио́нов, 1912).

Супремати́зм (от лат. *supremus* – «наивы́сший») – направле́ние, со́зданное Казими́ром Мале́вичем. Са́мая изве́стная карти́на Мале́вича «Чёрный квадра́т» име́ет геометри́ческую беспредме́тную фо́рму. Для супремати́зма типи́чны прямы́е ли́нии и просты́е геометри́ческие фигу́ры: квадра́т, круг, треуго́льник.

В 1920-м году́ Марк Шага́л пригласи́л Мале́вича в Ви́тебск. Мале́вич прие́хал в Ви́тебск, где преподава́л жи́вопись и развива́л иде́й супремати́зма.

Лучи́зм (**райони́зм**, от фр. *rayon* – «луч»), одно́ из пе́рвых направле́ний беспредме́тной жи́вописи, был со́здан Михаи́лом Ларио́новым к 1912-му го́ду. Худо́жник изобража́л не предме́ты, а то́лько лучи́, кото́рые па́дали и отража́лись от предме́тов. Одна́ из пе́рвых карти́н М. Ларио́нова в но́вом сти́ле – э́то карти́на «Стекло́», кото́рая нахо́дится в Нью-Йо́рке, в музе́е Соломо́на Гуггенха́йма. Худо́жники э́того направле́ния: Ната́лья Гончаро́ва, бра́тья Дави́д и Влади́мир Бурлюки́ и др.

Конструктиви́зм появи́лся в Росси́и в 1913-м году́ и получи́л разви́тие по́сле Октя́брьской револю́ции 1917-го го́да как направле́ние но́вого, аванга́рдного, пролета́рского иску́сства. Конструктиви́зм в жи́вописи и гра́фике характеризу́ется абстра́ктным геометри́змом, испо́льзованием колла́жа, букв и слов, фотомонтажа́. Отцо́м ру́сского конструктиви́зма счита́ют Влади́мира Та́тлина. Худо́жники э́того направле́ния: А. Ро́дченко, Л. Попо́ва, Э. Лиси́цкий, В. Степа́нова и др.

2–42 | Аванга́рд. 1) Reread the text in 2–41 and choose the correct statements. There may be more than one correct answer. 2) Using the statements you chose, talk about the Russian avant-garde as an artistic movement. Make sure to include the following cohesive devices: **интере́сно, что; кро́ме того; при э́том; а та́кже; бо́лее того́.**

1. Те́рмин «ру́сский аванга́рд» опи́сывает . . .
    a. то́лько абстра́ктное иску́сство.
    b. то́лько конструктиви́зм.
    c. мно́го направле́ний в иску́сстве.
2. Беспредме́тная жи́вопись включа́ет в себя́. . .
    a. абстра́ктную жи́вопись.
    b. лучи́зм.
    c. реали́зм.
    d. супремати́зм.
3. Пе́рвым абстра́ктным произведе́нием счита́ется . . .
    a. карти́на Мале́вича «Чёрный квадра́т».
    b. карти́на Канди́нского «Карти́на с кру́гом».
    c. карти́на Ларио́нова «Стекло́».
4. Направле́ние в жи́вописи, кото́рое характеризу́ется испо́льзованием колла́жа, букв и слов, фотомонтажа́, называ́ется . . .
    a. супремати́зм.
    b. конструктиви́зм.
    c. лучи́зм.
5. Направле́ние в жи́вописи, кото́рое характеризу́ется изображе́нием не предме́тов, а то́лько луче́й, кото́рые па́дают и отража́ются от предме́тов, называ́ется . . .
    a. супремати́зм.
    b. конструктиви́зм.
    c. лучи́зм.
6. Направле́ние в жи́вописи, для кото́рого типи́чны прямы́е ли́нии и просты́е геометри́ческие фигу́ры, называ́ется . . .
    a. супремати́зм.
    b. абстракциони́зм.
    c. лучи́зм.
7. Направле́ние в жи́вописи, кото́рое характеризу́ется изображе́нием цве́та, ли́нии и фо́рмы, а не изображе́нием реа́льности, называ́ется . . .
    a. супремати́зм.
    b. абстракциони́зм.
    c. лучи́зм.

2–43 | Аванга́рд. Skim the text in 2–41 and match the left and the right columns: 1) the Russian avant-garde's artistic directions with their founders' names and 2) the artists' names with their paintings. Study the pictures on the textbook website (Chapter 2 Part 2 Images).

Ру́сский аванга́рд

Направле́ние	**Худо́жник, кото́рый со́здал э́то направле́ние**
1. Абстракциони́зм	___ Казими́р Мале́вич
2. Лучи́зм	___ Влади́мир Та́тлин
3. Супремати́зм	___ Михаи́л Ларио́нов
4. Конструктиви́зм	___ Васи́лий Канди́нский

Худо́жник	**Карти́на, кото́рую он написа́л**
1. Васи́лий Канди́нский	___ «Чёрный квадра́т»
2. Михаи́л Ларио́нов	___ «Карти́на с кру́гом»
3. Казими́р Мале́вич	___ «Стекло́»

2–44 | Описа́ние карти́ны. Read through the words below and circle the ones that describe Kandinsky's watercolor "The Great Gate of Kiev" (*Вели́кие воро́та Ки́ева*). To see the watercolor, go to the textbook website (Chapter 2, Part 3 Images). There may be more than one correct answer.

1. На э́той карти́не мы ви́дим . . .
   a. треуго́льник.
   b. квадра́т.
   c. прямоуго́льник.
   d. круг.
   e. полукру́г.
2. На за́днем пла́не . . .
   a. це́рковь.
   b. лю́ди.
   c. со́лнце.
   d. луна́.
   e. воро́та.
3. Ско́лько треуго́льников вы ви́дите?
   a. оди́н треуго́льник.
   b. два треуго́льника.
   c. три треуго́льника.
   d. четы́ре и́ли бо́льше треуго́льников.
4. Ско́лько круго́в вы ви́дите?
   a. оди́н круг.
   b. два кру́га.
   c. три кру́га.
   d. четы́ре и́ли бо́льше круго́в.

2–45 | Описа́ние карти́ны. Read the description of Vasily Kandinsky's "The Great Gate of Kiev" and compare it with the image of the watercolor provided on the textbook website (Chapter 2, Part 3 Images): 1) Indicate which statements in the description you disagree with; 2) add details that are not mentioned in the description, including details about colors; and 3) try to explain what the artist tried to express. Use the following words and phrases: **коне́чно** – of course; **наве́рное** – probably; **возмо́жно, мо́жет быть** – perhaps; **ка́жется** – it seems.

Васи́лий Канди́нский «Вели́кие воро́та Ки́ева»

> **акваре́ль** *f.* – watercolor
> **воро́та** *pl. only* – gate
> **геро́й** – protagonist
> **декора́ции** – sets
> **зада́ча** – task
> **к сожале́нию** – unfortunately
> **ста́вить/поста́вить что?** – to stage
> **успе́шно** – successfully

В 1928 году́ Васи́лий Канди́нский успе́шно поста́вил «Карти́нки с вы́ставки» в Герма́нии. «Карти́нки с вы́ставки» – э́то цикл пьес для фортепиа́но, кото́рый был напи́сан знамени́тым ру́сским компози́тором Моде́стом Петро́вичем Му́соргским. Зада́чей Канди́нского бы́ло перевести́ му́зыку на язы́к абстра́ктной жи́вописи. Таки́м о́бразом, геро́ями его́ постано́вки ста́ли свет, цвет и геометри́ческие фо́рмы. К сожале́нию, театра́льные декора́ции э́той постано́вки не сохрани́лись, нет и фотогра́фий. Всё, что оста́лось, э́то шестна́дцать акваре́лей Канди́нского, одна́ из кото́рых называ́ется «Вели́кие воро́та Ки́ева».

«Вели́кие воро́та Ки́ева» – абстра́ктная акваре́ль, но в ней есть не́сколько реалисти́ческих элеме́нтов. Наприме́р, мы ви́дим це́рковь (и́ли, мо́жет быть, две це́ркви) на за́днем пла́не. Кро́ме того́, на одно́й полови́не карти́ны све́тит луна́, а на друго́й со́лнце. На карти́не мно́го круго́в и треуго́льников. На пере́днем пла́не полукру́г, кото́рый, наве́рное, изобража́ет воро́та. Но, мо́жет быть, воро́та на за́днем пла́не, а полукру́г помога́ет нам смотре́ть пря́мо на це́рковь. Како́е вре́мя дня на карти́не? День и́ли ночь? Возмо́жно, здесь две карти́ны, и мы ви́дим го́род и но́чью, и днём. Луна́ освеща́ет го́род но́чью, а со́лнце днём.

2–46 | Описа́ние карти́ны. 1) Reread the description of Kandinsky's "The Great Gate of Kiev" in 2–45 and listen to Modest Mussorgsky's "Pictures at an Exhibition" (the textbook website, Chapter 2). Answer the questions below:

1. Кто написа́л «Карти́нки с вы́ставки»?
2. Где и когда́ В. Канди́нский поста́вил «Карти́нки с вы́ставки»?
3. Сохрани́лись ли декора́ции и́ли фотогра́фии э́той постано́вки?
4. Кака́я была́ зада́ча у В. Канди́нского?
5. Как вы ду́маете, реши́л ли В. Канди́нский э́ту зада́чу?
6. Кто стал геро́ями постано́вки В. Канди́нского?

2–47 | Описа́ние карти́ны. Choose a painting by Malevich, Kandinsky or Larionov from the Chapter 2, Part 3 Images and describe it in writing. Use the questions below as an outline. Use the following words and phrases: **коне́чно** – of course; **наве́рное** – probably; **возмо́жно, мо́жет быть** – perhaps; **ка́жется** – it seems.

1. Как называ́ется карти́на? Кто худо́жник?
2. Како́е направле́ние аванга́рда?
3. Когда́ карти́на была́ напи́сана?
4. Что изве́стно об исто́рии созда́ния карти́ны?
5. Что изображено́ на карти́не? (в це́нтре карти́ны, на пере́днем пла́не, на за́днем пла́не)?
6. Каки́е цвета́ испо́льзует худо́жник?
7. Как вы ду́маете, како́е чу́вство, настрое́ние передаёт э́та карти́на?
8. Что вам понра́вилось в э́той карти́не? Почему́ вы её вы́брали?

2–48 | Марк Шага́л: лета́ющие лю́ди. Marc Chagall is famous for depictions of people flying in his paintings. Study Chagall's pictures «Над го́родом», «Прогу́лка», «День рожде́ния», «Здра́вствуй, Ро́дина! » (the textbook website, Chapter 2, Part 3 Images). In pairs or small groups, discuss the following:

1. Что име́л в виду́ М. Шага́л, говоря́: «Я ходи́л по Луне́, когда́ ещё не существова́ли космона́вты. В мои́х карти́нах персона́жи бы́ли в не́бе и в во́здухе . . . »?
2. Как вы понима́ете выраже́ния: «лета́ть/лете́ть на кры́льях (wings) любви́», «лета́ть/лете́ть на кры́льях сча́стья», «лета́ть от сча́стья», «быть на седьмо́м не́бе»? Как перевести́ на англи́йский язы́к э́ти выраже́ния?
3. Как вы ду́маете, како́е чу́вство Марк Шага́л хоте́л переда́ть в э́тих карти́нах? Почему́ вы так ду́маете? Useful words: чу́вство гру́сти, чу́вство ра́дости, чу́вство наде́жды, чу́вство любви́.

2–49 | Марк Шага́л «Над го́родом». Skim the short article about Marc Chagall and his painting "Over the Town" and number the paragraphs in the logical order.

Марк Шага́л «Над го́родом»

влюблённые – lovers
вско́ре – shortly, soon
земна́я жизнь – earthly life
многогра́нность *f.* – versatility
награ́да – award
означа́ть *impf.* **что?** – to mean, signify, symbolize
раскрыва́ться/раскры́ться в чём? – to be revealed
соединя́ть/соедини́ть что? с чем? – to join, unite
сохраня́ть/сохрани́ть (любо́вь) – to preserve (one's love)

____ Одни́м из шеде́вров Шага́ла явля́ется карти́на «Над го́родом», кото́рая нахо́дится в Третьяко́вской галере́е. На пере́днем пла́не карти́ны фигу́ры летя́щих в не́бе мужчи́ны и же́нщины. Это сам Марк Шага́л и его́ жена́ Бе́лла. Им хорошо́ вдвоём, и они́ летя́т на кры́льях любви́ над Ви́тебском. Го́род мо́жет означа́ть обы́чную, моното́нную жизнь. Летя́щие над го́родом влюблённые вы́ше обы́чной земно́й жи́зни.

____ 6 июля 1887 го́да в го́роде Ви́тебске (Росси́йская импе́рия, сейча́с Белару́сь) роди́лся знамени́тый росси́йский и францу́зский худо́жник Марк Шага́л. Он был одни́м из ли́деров мирово́го аванга́рда XX ве́ка и суме́л соедини́ть тради́ции евре́йской культу́ры, в кото́рой он вы́рос, с остросовреме́нным нова́торством. Худо́жник про́жил до́лгую и интере́сную жизнь, рабо́тал в Росси́и, во Фра́нции и в США. В 1977 году́ Марк Шага́л получи́л вы́сшую награ́ду Фра́нции – Большо́й крест Почётного легио́на,[6] в э́том же году́ устро́или вы́ставку рабо́т худо́жника к его́ 90-ле́тию в Лу́вре.[7]

____ Иногда́ говоря́т, что вся многогра́нность тво́рчества Шага́ла раскрыва́ется и́менно в э́той карти́не: тут и куби́ческие фо́рмы домо́в, и футуристи́ческие больши́е фигу́ры, и его́ любо́вь к жене́, кото́рую он сохрани́л на всю жизнь.

____ Рабо́та над карти́ной начала́сь в 1914 году́, а была́ зако́нчена в 1918. За э́то вре́мя Марк и Бе́лла пожени́лись, и у них родила́сь дочь. А вско́ре по́сле того́, как карти́на была́ зако́нчена, они́ навсегда́ уе́хали из Росси́и. Мо́жет быть, э́то был после́дний взгляд Шага́ла на го́род, в кото́ром он роди́лся и вы́рос.

____ Цветова́я пали́тра карти́ны заставля́ет внима́тельно рассма́тривать дета́ли: оде́жда влюблённых зелёного и си́него цве́та, зелёные дере́вья, зелёный козёл, цветны́е дома́ и жёлтые о́кна. На пере́днем пла́не чёрный забо́р. На за́днем пла́не, на горизо́нте, – бе́лый собо́р. Всё э́то мо́жет не отража́ть реа́льность, но выража́ет ви́дение ми́ра худо́жником.

Материа́л подгото́влен на осно́ве информа́ции откры́тых исто́чников

2–50 | Ма́рк Шага́л «Над го́родом». Reread the article in 2–49 and find Russian equivalents for the following words:

1. color palette –
2. detail –
3. figure –
4. futuristic –
5. horizon, skyline –
6. Jewish –
7. leader –
8. monotone –

2–51 | Ма́рк Шага́л «Над го́родом». Reread the article in 2–49 and answer the following questions:

1. Где Марк Шага́л роди́лся?
2. Где он жил и рабо́тал?
3. Каки́е тради́ции Шага́л соедини́л с нова́торством в своём тво́рчестве?

Image 2.5 Марк Шага́л

Image 2.6 Бе́лла Шага́л (Розенфе́льд)

4. В како́м музе́е у Шага́ла была́ вы́ставка в 1977 году́? Ско́лько Шага́лу бы́ло тогда́ лет?
5. Как зва́ли его́ жену́?
6. Каки́е у Шага́ла бы́ли отноше́ния с жено́й?
7. Кто и что изображено́ на карти́не «Над го́родом»?
8. Над каки́м го́родом они́ летя́т?

9. Ско́лько лет Шага́л писа́л карти́ну «Над го́родом»?
10. В како́м музе́е нахо́дится карти́на «Над го́родом»?
11. Вам нра́вится карти́на «Над го́родом»? Почему́?

 **2–52 | Видеосюже́т «Марк Шага́л».** Watch the video clip and mark whether the statements below correspond to the information provided in the video.

Марк Шага́л

Да Нет	1.	Шага́л и его́ семья́ узна́ли об освобожде́нии Пари́жа во Второ́й мирово́й войне́[8] в конце́ а́вгуста 1944 го́да, когда́ они́ жи́ли в Нью-Йо́рке.
Да Нет	2.	Шага́л реши́л не возвраща́ться в Пари́ж, он хоте́л оста́ться рабо́тать в Нью-Йо́рке.
Да Нет	3.	Семья́ Шага́ла сра́зу ста́ла собира́ться в Пари́ж.
Да Нет	4.	Но жена́ Ма́рка Шага́ла, Бе́лла, неожи́данно умерла́.
Да Нет	5.	Смерть жены́ была́ большо́й поте́рей для Шага́ла.
Да Нет	6.	Шага́л жил с Бе́ллой бо́лее 30 лет.
Да Нет	7.	Бе́лла была́ для Шага́ла не то́лько жено́й, но и подру́гой жи́зни.
Да Нет	8.	Бе́лла вдохновля́ла Шага́ла, была́ его́ исто́чником вдохнове́ния.
Да Нет	9.	С Бе́ллой и благодаря́ Бе́лле он стал изве́стным во всём ми́ре худо́жником.
Да Нет	10.	По́сле сме́рти жены́ Шага́л нарисова́л её но́вый портре́т.
Да Нет	11.	По́сле сме́рти Бе́ллы Шага́л поста́вил на мольбе́рт её портре́т, кото́рый он написа́л ещё в Росси́и.
Да Нет	12.	По́сле сме́рти Бе́ллы Шага́л попроси́л дочь Иду вы́бросить все его́ ки́сти и кра́ски.

 **2–53 | Аванга́рд.** Take a look at some examples of paintings by Russian avant-garde artists on the internet (*теги: русский авангард, Малевич, Кандинский, Ларионов, Бурлюк, Родченко и т.д.)* and think of a painting you would like to paint in one of these styles. Describe the picture you would like to paint to your classmates. You can even paint it!

ЗАКЛЮЧЕНИЕ

2–54 | Самоконтро́ль. Review Parts 1–3 and choose the correct statements below. There may be more than one correct answer.

1. В ру́сской жи́вописи портре́т появи́лся в . . .
   a. 17-м ве́ке.
   b. 18-м ве́ке.
   c. 19-м ве́ке.

2. В 19-м ве́ке стал популя́рен . . .
    a. пейза́ж.
    b. истори́ческий жанр.
    c. натюрмо́рт.
3. Са́мым изве́стным ру́сским худо́жником конца́ 19-го ве́ка мо́жно счита́ть . . .
    a. Васнецо́ва.
    b. Серо́ва.
    c. Ре́пина.
4. Ре́пин рабо́тал . . .
    a. то́лько в жа́нре портре́та.
    b. во мно́гих жа́нрах.
    c. то́лько в истори́ческом жа́нре.
5. Исаа́к Левита́н – са́мый изве́стный ру́сский . . .
    a. портрети́ст.
    b. худо́жник бытовы́х сцен.
    c. пейзажи́ст.
6. Передви́жники – э́то . . .
    a. гру́ппа худо́жников, кото́рые писа́ли карти́ны ру́сской жи́зни.
    b. худо́жники, кото́рые е́здили с вы́ставками по Росси́и.
    c. худо́жники, кото́рые е́здили с вы́ставками по европе́йским стра́нам.
7. Передви́жники бы́ли . . .
    a. импрессиони́стами.
    b. реали́стами.
    c. абстракциони́стами.
8. Основа́телем абстра́ктной жи́вописи счита́ют . . .
    a. Канди́нского.
    b. Мале́вича.
    c. Шага́ла.
9. Сле́дующие направле́ния жи́вописи вхо́дят в ру́сский аванга́рд . . .
    a. лучи́зм.
    b. импрессиони́зм.
    c. куби́зm.
10. Марк Шага́л написа́л карти́ну . . .
    a. «Чёрный квадра́т».
    b. «Над го́родом».
    c. «Де́вочка с пе́рсиками».

2–55 | Перево́д. Translate the following descriptions of art movements into Russian. Translate ideas, not words.

Abstract art: Art that does not attempt to represent external, recognizable reality but seeks to achieve its effect using shapes, forms and colors.

Suprematism: The Russian abstract art movement developed by Kazimir Malevich, characterized by simple geometric shapes.

2–56 | Я – искусствовéд! Study the pictures by Natalia Goncharova on the textbook website (Chapter 2, Part 3 Images) and answer the following questions:

1. Какóго жáнра эти картúны: портрéт, жáнровая сцéна, пейзáж, натюрмóрт?
2. По вáшему мнéнию, к какóму направлéнию в жúвописи принадлежúт Натáлья Гончарóва: классицúзм, реалúзм, импрессионúзм, авангáрд? Аргументúруйте, почемý вы так дýмаете.

2–57 | Расскажúте. Be ready to talk about the following:

1. Основны́е жáнры рýсской жúвописи в 18 и 19 векáх.
2. Передвúжники.
3. Рýсский авангáрд.
4. Рýсский худóжник, котóрый произвёл на вас сáмое большóе впечатлéние.
5. Картúна, котóрая произвелá на вас сáмое большóе впечатлéние.

СЛОВАРЬ

акварéль *f.* – watercolor
быт – everyday life
быт и нрáвы – life and customs
бытовáя сцéна – scene from everyday life
вдохновля́ть/вдохновúть когó? – to inspire
вершúна твóрчества – the pinnacle of one's achievement
включáть/включúть что? – to include, encompass
влюблённые – lovers
ворóта *pl. only* – gate
вскóре – shortly, soon
выражáть/вы́разить что? – to express
герóй – protagonist
декорáции – sets
задáча – task
закáнчиваться/закóнчиться – to stop, end
заставля́ть/застáвить когó? – to compel, make, force
земнáя жизнь – earthly life
зрúтель – viewer
идтú к чемý? – to suit, match
изображáть/изобразúть что? – to depict, paint
к сожалéнию – unfortunately
квадрáт – square *n.*
кисть *f.* – brush
ключевóй, -áя, -óе, -ы́е – key *adj.*

кра́ска, кра́с|о|к *gen.pl.* – paint
красота́ – beauty
круг – circle
луч – ray
мастерство́ – artistic skill, artistry
многогра́нность *f.* – versatility
на за́днем пла́не – in the background
на пере́днем пла́не – in the foreground
награ́да – award
направле́ние (в жи́вописи) – artistic trend, movement (in painting)
натюрмо́рт – still life
начина́ться/нача́ться – to start
обстано́вка – setting
meanśть *impf.* **что?** – to mean, signify, symbolize
означа́ть *impf.* **что?** – to mean, signify, symbolize
освеща́ть/освети́ть кого́? что? – to illuminate, light up
освеще́ние – lighting
о́тзыв – review
отноше́ние кого́? к кому́? к чему́? – attitude
отража́ться/отрази́тся от чего́? – to reflect off of
отрица́ть *impf.* **что?** – to deny, disclaim
ощуща́ть/ощути́ть что? – to feel
ощуще́ние – sensation, feeling
пейза́ж – landscape
передава́ть/переда́ть настрое́ние – to express a mood
передава́ть/переда́ть чу́вство – to express a feeling, an emotion
повседне́вная жизнь – everyday life
пока́зывать/показа́ть кому́? что? – to show
полотно́, поло́т|е|н *gen. pl.* – canvas
получа́ть/получи́ть разви́тие – to be developed
поня́тие – notion, concept, term
портре́т – portrait
появля́ться/появи́ться где? – to appear
предме́ты бы́та – everyday household objects
представле́ние о ком? о чём? – idea, impression, notion
придава́ть/прида́ть значе́ние чему́? – to attach significance to
принадлежа́ть *impf.* **кому́? чему́?** – to belong
причёска – hairdo
продлева́ть/продли́ть что? – to extend
произведе́ние – work of art or literature
развива́ть/разви́ть что? – to develop
раскрыва́ться/раскры́ться в чём? – to be revealed
рассма́тривать/рассмотре́ть что? – to inspect, look closely at
расцве́т тво́рчества – the height of one's artistic career
свет – light
соверша́ть/соверши́ть откры́тие – to make a discovery
соединя́ть/соедини́ть что? с чем? – to join, unite
сохраня́ть/сохрани́ть (любо́вь) – to preserve (one's love)
социа́льная напра́вленность – social awareness
сочета́ться *impf.* **с чем?** – to combine with

среди́ кого? чего? – among
ста́вить/поста́вить что? – to stage
твори́ть *impf.* – to create
треуго́льник – triangle
уме́ть/суме́ть + inf. – to know how
успе́шно – successfully
устра́ивать/устро́ить что? – to arrange, organize
характеризова́ться impf. чем? – be characterized by
цвет – color
чу́вство – feeling, emotion
чу́вствовать/почу́вствовать что? – to feel, experience
чуде́сный, -ая, -ое, -ые – wonderful, marvelous
шеде́вр – masterpiece
я́ркий, -ая, -ое, -ие – bright

Примечания Endnotes

1 «Бурлаки́ на Во́лге» – "Barge Haulers on the Volga"
2 «Кре́стный ход в Ку́рской губе́рнии» – "An Easter Procession in Kursk Province"
3 «Утро стреле́цкой ка́зни» – "The Morning of the Execution of the Streltsy"
4 «Грачи́ прилете́ли» – "The Rooks Have Come Back"
5 «Боя́рыня Моро́зова» – "Boyarina Morozova"
6 Большо́й крест Почётного легио́на – Grand Cross of the Legion of Honor
7 Лувр – The Louvre or the Louvre Museum is the world's largest museum and a historic monument in Paris, France.
8 Втора́я мирова́я война́ – World War II

ГЛАВА 3 | ИСКУССТВО 20 И 21 ВЕКА

ВВЕДЕНИЕ

В э́той главе́ мы бу́дем говори́ть о ру́сском иску́сстве 20-го и 21-го ве́ка. В пе́рвой ча́сти вы узна́ете об объедине́нии худо́жников «Мир иску́сства» и всеми́рно изве́стной бале́тной тру́ппе «Ру́сский бале́т» Серге́я Дя́гилева, гастро́ли кото́рой называ́лись «Ру́сские сезо́ны». Худо́жники, кото́рые вошли́ в объедине́ние «Мир иску́сства», хоте́ли развива́ть но́вые фо́рмы жи́вописи, гра́фики, театра́льного иску́сства. Они́ не то́лько писа́ли карти́ны, но и оформля́ли кни́ги и де́лали декора́ции для теа́тра. «Ру́сский бале́т» стал знамени́т и́менно тем, что в нём рабо́тали не то́лько танцо́ры, хорео́графы, музыка́нты, компози́торы, но и худо́жники из «Ми́ра иску́сства». Во второ́й ча́сти э́той главы́ вы узна́ете о гла́вном направле́нии иску́сства в Сове́тском Сою́зе – соцреали́зме, а та́кже о том, что тако́е соца́рт и как он отлича́ется от соцреали́зма. И, наконе́ц, в тре́тьей ча́сти речь пойдёт о ра́зных ви́дах совреме́нного иску́сства, включа́я стрит-а́рт и инсталля́цию.

МИР ИСКУ́ССТВА

опера *dancer* балерина
composer создание костюмов
труппа модельер
theater постановка *poster*
designer *sets musician*
певец
singer design company choreography
афиша танцор *tour production*
балет гастроли *opera* эскиз
композитор хореография
ballet музыкант
costume design декорации

3–1 | Мир иску́сства. Study the Word Cloud above and find English equivalents for the following words:

афи́ша –	балери́на –
бале́т –	гастро́ли –
декора́ции –	компози́тор –
модельéр –	музыка́нт –
о́пера –	певе́ц –
постано́вка –	танцо́р –
тру́ппа –	хореогра́фия –
эски́з –	

3–2 | Мир иску́сства. Study the Word Cloud one more time and find the English equivalents for the following word combinations:

гастро́ли тру́ппы –
постано́вка бале́та –
постано́вка о́перы –
созда́ние костю́мов –
созда́ние афи́ши –
созда́ние декора́ций –
тру́ппа о́перы и бале́та –
эски́з декора́ций –
эски́з костю́ма –

 **3–3 | Опро́с.** In small groups, ask each other the following questions and write down your answers. Sum up the information gathered by your group and compare it with the other groups in your class.

Вопро́сы

1. Каки́е бале́ты вы смотре́ли? Найди́те в интерне́те, как они́ называ́ются по-ру́сски.

2. Каки́е ру́сские бале́ты вы зна́ете?

3. Каки́е о́перы вы слу́шали? Найди́те в интерне́те, как они́ называ́ются по-ру́сски.

4. Каки́е ру́сские о́перы вы зна́ете?

ЧАСТЬ 1. СЛУШАЕМ ЛЕКЦИЮ

3–4 | Ле́кция «Ру́сские сезо́ны». Read the summary of the lecture and answer the question: **Почему́ о́перные и бале́тные постано́вки называ́ют си́нтезом иску́сств?**

Ле́кция «Ру́сские сезо́ны»

> **влия́ть/повлия́ть на что? кого́?** – to influence, have an influence on
> **мо́да** – fashion
> **модельёр** – fashion designer
> **называ́ть/назва́ть что? чем?** – to name (v.)
> **называ́ться** *impf.* – to be named; the name is
> **под руково́дством кого́?** – under the direction of
> **по́льзоваться успе́хом** – to be popular, successful
> **проходи́ть/пройти́ где?** – to take place, be held
> **совме́стная рабо́та** – collaboration; collaborative work
> **спекта́кль** – performance

В ле́кции идёт речь о «Ру́сских сезо́нах». «Ру́сскими сезо́нами» называ́лись гастро́ли ру́сской тру́ппы о́перы и бале́та под руково́дством Серге́я Дя́гилева, кото́рые проходи́ли в Евро́пе, в США и в Лати́нской Аме́рике в нача́ле 20-го ве́ка и по́льзовались больши́м успе́хом. Над о́перными спекта́клями и бале́тными постано́вками рабо́тали изве́стные компози́торы, худо́жники, музыка́нты, певцы́, танцо́ры и модельёры. Таку́ю совме́стную рабо́ту мастеро́в называ́ют **си́нтез иску́сств**.

Мно́гие счита́ют, что «Ру́сские сезо́ны» повлия́ли на разви́тие мирово́й культу́ры, а и́менно, на разви́тие му́зыки, изобрази́тельного иску́сства, та́нца и мо́ды.

3–5 | Ле́кция «Ру́сские сезо́ны». Reread the summary of the lecture and complete the statements below. Read each completed statement out loud.

1. В ле́кции речь идёт о (чём?) . . .
2. «Ру́сские сезо́ны» – э́то (что?) . . .
3. Гастро́ли ру́сской тру́ппы о́перы и бале́та бы́ли организо́ваны (кем?) . . .
4. Гастро́ли проходи́ли (где?) в . . . в нача́ле (чего́?) . . .
5. «Ру́сские сезо́ны» по́льзовались (чем?) . . .
6. О́перные спекта́кли и бале́тные постано́вки под руково́дством Дя́гилева – э́то совме́стная рабо́та (кого́?) . . .
7. «Ру́сские сезо́ны» повлия́ли на (что?) . . .

3–6 | Ле́кция «Ру́сские сезо́ны». Listen to the lecture and choose the correct statements. There may be more than one correct statement.

1. В ле́кции «Ру́сские сезо́ны» речь идёт о гастро́лях ру́сской тру́ппы о́перы и бале́та . . .
   a. с 1908 по 1929 год в Евро́пе, в се́верной и ю́жной Аме́рике.
   b. с 1928 по 1929 год в Евро́пе и в се́верной Аме́рике.
   c. с 1918 по 1929 год в Евро́пе, в се́верной и ю́жной Аме́рике.

Image 3.2 Серге́й Дя́гилев

2. В постано́вках под руково́дством Дя́гилева сочета́лись . . .
   a. то́лько му́зыка с хореогра́фией.
   b. то́лько о́перное пе́ние с изобрази́тельным иску́сством.
   c. хореогра́фия, о́перное пе́ние и изобрази́тельное иску́сство.
3. С Дя́гилевым рабо́тали . . .
   a. изве́стные компози́торы и певцы́.
   b. компози́торы, музыка́нты, танцо́ры, певцы́, худо́жники и
      модельѐры.
   c. компози́торы, музыка́нты и танцо́ры.
4. Но́вые приёмы хореогра́фии . . .
   a. показа́ла зри́телям гениа́льная танцо́вщица Мати́льда
      Кшеси́нская.
   b. показа́ла зри́телям гениа́льная балери́на Анна Па́влова.
   c. показа́л зри́телям гениа́льный танцо́р и постано́вщик
      Ва́цлав Нижи́нский.
5. В бале́тной тру́ппе Серге́я Дя́гилева рабо́тал Джордж Баланчи́н,
   кото́рый . . .
   a. стал основа́телем но́вой бале́тной шко́лы в Аме́рике.
   b. стал основа́телем но́вой бале́тной шко́лы в Англии.
   c. стал основа́телем но́вой бале́тной шко́лы в Копенга́гене, в
      Да́нии.
6. Худо́жник Лев Бакст . . .
   a. создава́л декора́ции к постано́вкам «Ру́сских сезо́нов».
   b. создава́л костю́мы к постано́вкам «Ру́сских сезо́нов».
   c. создава́л афи́ши к постано́вкам «Ру́сских сезо́нов».

7. Костюмы для балéта «Голубóй экспрéсс» . . .
   a. создалá Кокó Шанéль, котóрая считáла себя блúзким дрýгом Сергéя Дягилева.
   b. сóздал Лев Бакст, котóрый стал знаменúтым модельéром 30-х годóв 20-го вéка.
   c. сóздал Алексáндр Бенуá, одúн из основáтелей грýппы худóжников «Мир искýсства».

3–7 | Лéкция «Рýсские сезóны». 1) Listen to the lecture again and match the names in the left column with the descriptions in the right column. Read the names out loud and make sure the stresses are placed correctly. 2) Go to the textbook website and study the Chapter 3 Lecture Images. Make sure you are familiar with all images and their titles.

1. Лев Бакст   ____ танцóр, основáтель нóвой балéтной шкóлы в Амéрике.

2. Анна Пáвлова   ____ худóжник.

3. Вáцлав Нижúнский   ____ худóжник по костюмам.

4. Джордж Баланчúн   ____ руководúтель трýппы.

5. Сергéй Дягилев   ____ танцóр.

6. Кокó Шанéль   ____ балерúна.

3–8 | Лéкция «Рýсские сезóны». Summarize the lecture in 8–10 sentences. Make sure to include the following cohesive devices in your summary: **интерéсно что**; **крóме того**; **при э́том**; **а тáкже**; **бóлее того**.

3–9 | Лéкция «Рýсские сезóены». Listen to the lecture again, find the following segment and fill in the blanks.

Над óперными и балéтными _____ под руковóдством Дягилева рабóтали _____, худóжники _____, певцы́ и _____.
Композúторы сочиня́ли _____. Худóжники рабóтали над создáнием _____, декорáций и _____. Пéред нáми сáмая знаменúтая афúша, изображáющая _____ Анну Пáвлову. Музыкáнты, _____ и танцóры исполня́ли свой пáртии, и такáя совмéстная рабóта мастерóв _____ **сúнтез искýсств**.

3–10 | Лéкция «Рýсские сезóны». Translate the following excerpts from the lecture into idiomatic English. Translate ideas, not words.

Над óперными и балéтными постанóвками нéкоторое врéмя рабóтала знаменúтая модельéр Кокó Шанéль, котóрая считáла себя блúзким дрýгом Сергéя Дягилева. Сóзданные Кокó Шанéль костюмы для балéта «Голубóй экспрéсс» мóжно считáть начáлом спортúвной мóды.

Дава́йте посмо́трим на фотогра́фии: сле́ва – танцо́ры, оде́тые в костю́мы, кото́рые создала́ э́та знамени́тая модельѐр, а ря́дом фотогра́фия совреме́нных моде́лей спорти́вной оде́жды. Мы ви́дим здесь мно́го о́бщего, не пра́вда ли?

Гео́ргий Баланчива́дзе начина́л своё тво́рчество в Марии́нском теа́тре Санкт-Петербу́рга, но произоше́дшая в Росси́и револю́ция заста́вила его́ уе́хать заграни́цу и нача́ть рабо́ту в тру́ппе Серге́я Дя́гилева. Впосле́дствии Джордж Баланчи́н, он измени́л своё труднопроизноси́мое для европе́йского у́ха и́мя, стал основа́телем но́вой бале́тной шко́лы в Аме́рике.

3–11 | Ле́кция «Ру́сские сезо́ны». 1) Listen to the lecture once more and take notes on the following questions. 2) Record your answers and send the recording to your instructor.

1. Что тако́е «Ру́сские сезо́ны»?
2. Кто тако́й Серге́й Дя́гилев?
3. Где и когда́ проходи́ли гастро́ли тру́ппы Серге́я Дя́гилева?
4. Кто рабо́тал над о́перными и бале́тными постано́вками?
5. Что тако́е си́нтез иску́сств?
6. На что повлия́ли «Ру́сские сезо́ны»?
7. Кто тако́й Ва́цлав Нижи́нский? Что он показа́л зри́телям?
8. Кто тако́й Джордж Баланчи́н? Что он со́здал в Аме́рике?
9. Кто из худо́жников и модельѐров рабо́тал над созда́нием костю́мов для о́перных и бале́тных постано́вок «Ру́сских сезо́нов»?

Image 3.3 Ва́цлав Нижи́нский

3-12 | Лекция «Русские сезоны». 1) Summarize the lecture in writing (300 words) using the expressions provided below. 2) Prepare to discuss Diaghilev's «Русские сезоны» in class.

В лекции речь шла о . . .	*The lecture was about . . .*
Мы узнали о том, что . . .	
Во-первых, во-вторых . . .	*First(ly), second(ly) . . .*
Мы увидели . . .	
Кроме того, . . .	*Besides . . .*
Более того, . . .	*Moreover . . .*
При этом . . .	*At the same time*
Интересно, что . . .	*It is interesting that . . .*
Из этой лекции я узнал/а, что . . .	
Словом, . . .	*In a word . . .*
Лекция была . . . (не)информативной, (не) познавательной.	*The lecture was (un)informative.*

3-13 | Мир искусства. Skim the article and answer the question: **Почему оперные и балетные постановки «Русских сезонов» пользовались большим успехом на Западе?** Mention at least two or three reasons, using the following conjunctions: **поскольку** – because; **благодаря тому, что** – thanks to; **в результате того, что** – *as a result of.*

Мир искусства

внутри – within, among
идея (у кого? появляется идея) – idea (someone got an idea)
издавать/издать что? – to publish
личность *f.* – personality, persona
несмотря на что? – despite
представитель – representative
проводить/провести что? – to organize, hold
разногласие – disagreement
стремиться *impf.* – to strive for
творец – creator, author
успех – success
член – member
экспонировать *impf.* **что?** – to exhibit
эстетическое начало – aesthetic principle

#1| Оперные спекта́кли и бале́тные постано́вки «Ру́сских сезо́нов» под руково́дством Серге́я Дя́гилева ста́ли знамени́ты на За́паде благодаря́ тому́, что над ни́ми рабо́тали не то́лько знамени́тые танцо́ры, хорео́графы, музыка́нты, компози́торы, но и изве́стные худо́жники из «Мира иску́сства», таки́е как Бакст, Бенуа́, Коро́вин, Серо́в, Ре́рих и др.

#2| «Мир иску́сства» – э́то объедине́ние ру́сских худо́жников, кото́рое бы́ло организо́вано Серге́ем Дя́гилевым и худо́жником Алекса́ндром Бенуа́ в Росси́и в конце́ 1890-х годо́в. Под таки́м же назва́нием был та́кже со́здан журна́л, кото́рый чле́ны гру́ппы издава́ли с 1898-го го́да. Там впервы́е и появи́лись вме́сте лу́чшие представи́тели молодо́го ру́сского иску́сства: Вру́бель, Серо́в, Не́стеров, Коро́вин и др.

#3| Худо́жники, кото́рые вошли́ в объедине́ние «Мир иску́сства», хоте́ли развива́ть но́вые фо́рмы жи́вописи, гра́фики, театра́льного иску́сства. Они́ счита́ли, что са́мое ва́жное в иску́сстве – э́то эстети́ческое нача́ло. Они́ стреми́лись к моде́рну и символи́зму и отрица́ли иде́и передви́жников. Иску́сство, по их мне́нию, должно́ выража́ть ли́чность худо́жника. С. Дя́гилев в одно́м из номеро́в журна́ла «Мир иску́сства» писа́л: «Произведе́ние иску́сства ва́жно не само́ по себе́, а лишь как выраже́ние ли́чности творца́».

#4 | Журна́л «Мир иску́сства» организо́вывал худо́жественные вы́ставки, кото́рые по́льзовались больши́м успе́хом. Пе́рвая вы́ставка была́ организо́вана С. Дя́гилевым в 1899-м году́ в Петербу́рге. Это была́ междунаро́дная вы́ставка, на кото́рой наряду́ с произведе́ниями ру́сских худо́жников бы́ли экспони́рованы карти́ны 42 (сорока́ двух) европе́йских худо́жников, в том числе́ Моро́, Ренуа́ра, Дега́ и Моне́. В феврале́ 1903-го го́да в Петербу́рге состоя́лась пя́тая вы́ставка журна́ла «Мир иску́сства». Несмотря́ на успе́х э́той вы́ставки, в конце́ 1904-го го́да журна́л был закры́т и́з-за разногла́сий внутри́ гру́ппы.

#5| В феврале́-ма́рте 1906 го́да С. Дя́гилев прово́дит ещё одну́ вы́ставку «Ми́ра иску́сства» в Петербу́рге. А уже́ в 1907-м году́ у него́ появля́ется но́вая иде́я – проводи́ть «Ру́сские сезо́ны», показа́ть ру́сскую о́перу и бале́т на За́паде. Он создаёт о́перную и бале́тную тру́ппу, а худо́жники из «Ми́ра иску́сства» рабо́тают над созда́нием костю́мов, декора́ций и афи́ш.

Материа́л подгото́влен на осно́ве информа́ции откры́тых исто́чников

3–14 | **Мир иску́сства.** The paragraphs in the text in 3–13 are numbered. Reread the article and find the paragraph in which:

1) речь идёт об организа́ции в конце́ 1890-х годо́в гру́ппы ру́сских худо́жников «Мир иску́сства».
Абза́ц 1-2-3-4-5

2) речь идёт об основны́х це́лях и эстети́ческих при́нципах гру́ппы худо́жников «Мир иску́сства».
Абза́ц 1-2-3-4-5

3) речь идёт о созда́нии в 1898 году́ журна́ла «Мир иску́сства».
Абза́ц 1-2-3-4-5

4) речь идёт о вы́ставках, кото́рые проводи́л журна́л «Мир иску́сства».
Абза́ц 1-2-3-4-5

5) речь идёт об идее С. Дягилева проводить «Русские сезоны» на Западе.
   Абзац 1-2-3-4-5
6) речь идёт о причинах успеха «Русских сезонов» на Западе.
   Абзац 1-2-3-4-5

3–15 | Мир искусства. Reread the article in 3–13 and mark whether the statements below correspond to the content.

Да Нет	1.	«Мир искусства» – это объединение русских художников, созданное в конце 1890-х годов, чтобы показать русскую оперу и балет на Западе.
Да Нет	2.	«Мир искусства» – это журнал группы художников «Мир искусства».
Да Нет	3.	«Мир искусства» создал Сергей Дягилев вместе с художником Александром Бенуа.
Да Нет	4.	Дягилев считал, что произведения художников должны рассказывать о жизни и проблемах простого народа.
Да Нет	5.	Художники объединения «Мир искусства» продолжали традиции передвижников, были реалистами и писали картины русской жизни.
Да Нет	6.	Художники объединения «Мир искусства» стремились к модерну и символизму и отрицали идеи передвижников.
Да Нет	7.	Художники, которые вошли в объединение «Мир искусства», хотели развивать новые формы живописи, графики, театрального искусства.
Да Нет	8.	Художники объединения «Мир искусства» считали, что искусство должно выражать личность художника.
Да Нет	9.	Журнал «Мир искусства» был закрыт в конце 1904 года из-за разногласий внутри группы.
Да Нет	10.	Журнал «Мир искусства» был закрыт в конце 1904 года из-за того, что у Дягилева появляется новая идея – проводить «Русские сезоны», показать русскую оперу и балет на Западе.

3–16 | Презентация. Prepare to talk about one of the artists affiliated with «Мир искусства» and «Русские сезоны». Provide a short biographical sketch and describe the artist's contribution to the arts. Create a multimedia presentation to accompany your talk.

Возможные темы презентаций

1. Сергей Дягилев
2. Анна Павлова
3. Вацлав Нижинский
4. Сергей Лифарь
5. Джордж Баланчин
6. Александр Бенуа
7. Лев Бакст
8. Николай Рёрих
9. Валентин Серов
10. Константин Коровин
11. Игорь Стравинский
12. Сергей Прокофьев

ЧАСТЬ 2. СОЦРЕАЛИЗМ И СОЦ-АРТ

3–17 | Соцреали́зм. Scan the text below for the answers to the following questions and discuss them in class:

1. Каки́е направле́ния в иску́сстве бы́ли в Росси́и до револю́ции 1917 го́да?
2. Когда́ появи́лся социалисти́ческий реали́зм?
3. Кака́я гла́вная конце́пция соцреали́зма?
4. Как госуда́рство реша́ло, что хорошо́, а что пло́хо в иску́сстве?
5. Каки́е ви́ды иску́сства бы́ли соцреалисти́ческими?
6. Кто из изве́стных худо́жников уе́хал и́ли не верну́лся в Росси́ю по́сле 1917 го́да?

Социалисти́ческий реали́зм

> **вид иску́сства** – art form
> **госуда́рство** – state, government
> **ло́зунг** – slogan
> **отвеча́ть** *impf.* **чему? интере́сам** – to serve someone's interests
> **прославле́ние** – glorification
> **разрешён, разрешена́, разрешено́, разрешены́** – allowed
> **служи́ть** *impf.* **кому? чему? чем?** – to serve
> **худо́жественная конце́пция** – artistic concept
> **худо́жественный ме́тод** – artistic method, style
> **цензу́ра** – censorship

Нача́ло 20-го ве́ка в Росси́и бы́ло вре́менем нова́торства и экспериме́нта в иску́сстве. В э́то вре́мя получи́ли разви́тие таки́е направле́ния в жи́вописи, как абстракциони́зм, супремати́зм, конструктиви́зм и мно́гие други́е. В тече́ние не́скольких лет по́сле револю́ции 1917 го́да[1] э́ти направле́ния продолжа́ли развива́ться, но в нача́ле 30-х годо́в основны́м худо́жественным ме́тодом, кото́рый был разрешён в иску́сстве в Сове́тском Сою́зе, стал социалисти́ческий реали́зм (соцреали́зм).

Основна́я худо́жественная конце́пция соцреали́зма – э́то прославле́ние идеа́лов социали́зма. Худо́жник свои́ми произведе́ниями до́лжен был служи́ть строи́тельству социалисти́ческого о́бщества. Ло́зунги соцреали́зма: «Иску́сство принадлежи́т наро́ду», «Иску́сство должно́ быть поня́тно наро́ду». Соцреалисти́ческими бы́ли литерату́ра, жи́вопись, скульпту́ра, кино́, теа́тр, т.е. все ви́ды иску́сства. Была́ введена́ цензу́ра, кото́рая реша́ла, бы́ло ли произведе́ние иску́сства соцреалисти́ческим, то есть отвеча́ло ли оно́ интере́сам госуда́рства.

Мно́гие худо́жники, кото́рые до револю́ции 1917 го́да писа́ли в ра́зных жа́нрах, ста́ли писа́ть карти́ны в сти́ле соцреали́зма. Други́е, как наприме́р, Шага́л и Мале́вич, эмигри́ровали. Ре́пин оста́лся жить в Финля́ндии. Гончаро́ва и Ларио́нов не верну́лись в Росси́ю из Фра́нции.

Материа́л подгото́влен на осно́ве информа́ции откры́тых исто́чников

3–18 | Соцреали́зм. Translate these slogans into idiomatic English. Explain in Russian how you understand these slogans.

1. «Иску́сство принадлежи́т наро́ду».
2. «Иску́сство должно́ быть поня́тно наро́ду».

3–19 | Соцреали́зм. In pairs or small groups, discuss the following question: **Почему́ мно́гие изве́стные худо́жники эмигри́ровали из Росси́и по́сле револю́ции 1917 го́да?** Mention two or three reasons, using the following conjunctions in your answers: **в связи́ с тем, что** – in connection with; **в результа́те того́, что** – as a result of; **всле́дствие того́, что** – as a consequence of.

3–20 | Худо́жники-соцреали́сты. In pairs or small groups, discuss the following questions.

Вы уже́ зна́ете, что основна́я худо́жественная конце́пция соцреали́зма – э́то прославле́ние идеа́лов социали́зма, при э́том «иску́сство должно́ быть поня́тно наро́ду». Как вы ду́маете,

      1) что изобража́ли худо́жники-соцреали́сты в свои́х произведе́ниях?
      2) кто был геро́ем карти́н худо́жников-соцреали́стов?

3–21 | Худо́жники-соцреали́сты. Scan the text below to see how your answers in 3–20 compare to the information in the text.

Худо́жники-соцреали́сты

восприя́тие – perception
образе́ц – example
пережива́ние – emotional experience
признава́ть/призна́ть кого́? что? – to acknowledge, accept, recognize
проспе́кт – avenue
публикова́ть/опубликова́ть что? – to publish
сюже́т – plot

    Одни́м из са́мых изве́стных худо́жников-соцреали́стов был Алекса́ндр Дейне́ка. Основны́е те́мы его́ рабо́т – патриоти́зм, прославле́ние коммунисти́ческого труда́, изображе́ние идеализи́рованного сове́тского челове́ка. Геро́и его́ карти́н – си́льные, молоды́е, счастли́вые сове́тские лю́ди. Наибо́лее изве́стные его́ карти́ны: «Оборо́на Петрогра́да»[2] (1928), «Бу́дущие лётчики» (1938), «Оборо́на Севасто́поля» (1942).
    Одни́м из са́мых интере́сных поло́тен худо́жника-соцреали́ста Ю́рия Пи́менова явля́ется его́ карти́на «Но́вая Москва́» (1937). Городско́й пейза́ж в

карти́не пока́зан че́рез восприя́тие же́нщины, кото́рая е́дет по Москве́ на маши́не и любу́ется панора́мой проспе́кта. В то вре́мя маши́н почти́ не́ было, а же́нщины не води́ли маши́ны, но и́менно э́то и де́лает карти́ну соцреалисти́ческой: она́ напи́сана в сти́ле реали́зма, но не пока́зывает реа́льную жизнь.

Ещё одни́м представи́телем соцреали́зма явля́ется худо́жник Фёдор Решётников. Он не признава́л никако́й друго́й жанр. В 1952 году́ худо́жник пи́шет карти́ну «Опя́ть дво́йка», кото́рая ста́ла одно́й из са́мых изве́стных его́ рабо́т в СССР. В э́той карти́не ма́льчик прихо́дит домо́й из шко́лы. Худо́жник изобража́ет пережива́ние ма́льчика по по́воду опя́ть полу́ченной дво́йки. Он уже́ обеща́л ма́ме хорошо́ учи́ться и всегда́ де́лать дома́шние зада́ния, но кро́ме уро́ков в его́ ми́ре есть сто́лько интере́сного . . . Карти́на «Опя́ть дво́йка» по своему́ сюже́ту о́чень близка́ к реа́льной жи́зни шко́льников, и благодаря́ э́тому её репроду́кции бы́ли опублико́ваны в шко́льных уче́бниках, как образе́ц сове́тской бытово́й жи́вописи.

Материа́л подгото́влен на осно́ве информа́ции откры́тых исто́чников

3–22 | Худо́жники-соцреали́сты. Reread 3–21 and find Russian equivalents for the following words:

1. communist *adj.* –
2. idealized –
3. panorama –
4. patriotism –
5. real –
6. reproduction –
7. socialist *adj.* –
8. soviet –

3–23 | Худо́жники-соцреали́сты. 1) Skim the text in 3–21 and match the names of the artists in the left column with their paintings in the right column. 2) Go to the textbook website (Chapter 3, Part 2 Images) and study the paintings.

Худо́жник	Назва́ние карти́ны, кото́рую он написа́л
1. Алекса́ндр Дейне́ка	___ «Но́вая Москва́»
2. Фёдор Решётников	___ «Оборо́на Петрогра́да»
3. Юрий Пи́менов	___ «Бу́дущие лётчики»
	___ «Оборо́на Севасто́поля»
	___ «Опя́ть дво́йка»

3–24 | Худо́жники-соцреали́сты. Skim the text in 3–21 and choose the correct answers below. There may be more than one correct answer.

1. Каки́е основны́е те́мы рабо́т Алекса́ндра Дейне́ки?
   a. Идеализи́рованный сове́тский челове́к.
   b. Истори́ческие собы́тия в СССР.
   c. Прославле́ние коммунисти́ческого труда́.
   d. Патриоти́зм.

2. Что изображено на картине «Новая Москва»?
   a. Портрет женщины.
   b. Городской пейзаж.
   c. Индустриальный пейзаж.
   d. Натюрморт.
3. Почему картина «Новая Москва» относится к соцреализму?
   a. Поскольку картина прославляет жизнь в СССР.
   b. Благодаря тому, что картина прославляет советскую женщину.
   c. Так как картина написана в стиле реализма, но не показывает реальную жизнь.
   d. Поскольку картина показывает новую, советскую Москву.
4. Кто написал картину «Опять двойка»?
   a. Александр Дейнека.
   b. Фёдор Решётников.
   c. Юрий Пименов.
   d. Марк Шагал.
5. Почему картина «Опять двойка» была особенно известна в СССР?
   a. Поскольку по сюжету картина очень близка к реальной жизни школьников.
   b. Благодаря тому, что эта картина была образцом бытовой живописи.
   c. Так как репродукции картины были опубликованы в школьных учебниках.
   d. По причине того, что сюжет картины был всем понятен.

3–25 | Описание картины. Study the painting «Будущие лётчики» on the textbook website (Chapter 3, Part 2 Images) and read the description of the painting below. Underline the sentences that do not start with the grammatical subject of the sentence. The word order you see in these sentences is typical of descriptions in Russian.

«Будущие лётчики»

> **верить/поверить во что?** – believe in
> **содержание** – content

Картина «Будущие лётчики» создана Александром Дейнека в 1938 году. В 30-е годы он часто ездил в Крым. После поездки в Севастополь и появилась эта картина. На переднем плане, спиной к зрителю, сидят три мальчика. На заднем плане море, небо и самолёт. Мальчики смотрят на самолёт и, возможно, мечтают стать лётчиками. В то время Дейнека увлекался авиацией и назвал картину «Будущие лётчики». Главное содержание этой картины – счастливое будущее, которое ждало всех людей того времени. Каждый советский человек в это верил.

Материал подготовлен на основе информации открытых источников

 **3–26 | Описа́ние карти́ны.** Look at the pictures on the textbook website (Chapter 3, Part 2 Images) and describe one of them using the questions below as your guideline: **1) Кто нарисо́ван? 2) Что мы ви́дим на за́днем пла́не? 3) Что на пере́днем пла́не? 4) Како́е настрое́ние карти́ны?** Use the word order that is typical of descriptions (see 3–25).

1. Алекса́ндр Дейне́ка «Эстафе́та».
2. Юрий Пи́менов «Но́вая Москва́».
3. Фёдор Реше́тников «Опять дво́йка».

 **3–27 | Видеорепорта́ж «Романти́ческий реали́зм».** Watch the video clip and mark whether the statements below correspond to the information in the video.

Романти́ческий реали́зм

Да Нет	1.	Вы́ставка «Романти́ческий реали́зм» – э́то вы́ставка сове́тских худо́жников соцреали́стов.
Да Нет	2.	Таки́е вы́ставки уже́ устра́ивали за рубежо́м, но в Москве́ таку́ю вы́ставку организова́ли впервы́е.
Да Нет	3.	Карти́ны сове́тских худо́жников на вы́ставке расска́жут, как создава́лся Сове́тский Сою́з, создава́лась но́вая страна́ и но́вая реа́льность.
Да Нет	4.	«Мы наш, мы но́вый мир постро́им» – стро́чка из пролета́рского ги́мна ста́ла рабо́чим назва́нием вы́ставки.
Да Нет	5.	«Мы наш, мы но́вый миф постро́им» – стро́чка из пролета́рского ги́мна ста́ла рабо́чим назва́нием вы́ставки.
Да Нет	6.	Сове́тские худо́жники ча́сто писа́ли свои́ карти́ны по зака́зу госуда́рства, по госзака́зу.
Да Нет	7.	Сове́тские худо́жники никогда́ не писа́ли свои́ карти́ны по зака́зу госуда́рства, госуда́рство не име́ло влия́ния на тво́рчество худо́жников в сове́тское вре́мя.

 **3–28 | Видеорепорта́ж «Романти́ческий реали́зм».** 1) Watch the video clip again and fill in the blanks. Translate the paragraphs below into idiomatic English. Translate ideas, not words. 2) Search the internet to find what these words mean: **колхо́зник, ма́йская демонстра́ция, суббо́тник, Кра́сная а́рмия**.

Торжество́ соцреали́зма: в Мане́же откры́лась вы́ставка постреволюцио́нного иску́сства

Как _____ но́вая страна́ и но́вая реа́льность, об э́том расска́жут деся́тки _____ сове́тских худо́жников, предста́вленные в э́ти дни в Мане́же.

Там _____ вы́ставка «Романти́ческий реали́зм». Репорта́ж Анастаси́и Ка́шинцевой.

«Мы наш, мы _____ миф постро́им» – стро́чка из пролета́рского ги́мна, есте́ственно, перефрази́рованная, ста́ла рабо́чим _____ вы́ставки. Она́ – о том, как в са́мом нача́ле пути́ в коммунисти́ческое далеко́ худо́жники писа́ли _____ карти́ну ми́ра. Ча́сто – по госзака́зу.

Сы́тые колхо́зники, _____ демонстра́ции, дру́жные суббо́тники – рома́нтика того́ _____. Вы́ставку раздели́ли на 12 темати́ческих зон. Здесь и поэ́тика труда́, и _____, кото́рые не оставля́ют сомне́ний, что в здоро́вом те́ле – здоро́вый дух, и по́двиги Кра́сной а́рмии, кото́рая, разуме́ется, всех _____.

Подо́бные вы́ставки уже́ _____ за рубежо́м, но в Москве́ са́мые зна́ковые _____ того́ вре́мени под одно́й кры́шей _____ впервы́е.

3–29 | Презента́ция. Using information gathered from the internet, prepare a short presentation (2–3 minutes) about one of the following Soviet socialist realist artists and his best-known paintings:

1. А. М. Гера́симов
2. А. А. Дейне́ка
3. Б. В. Йога́нсо́н
4. Д. П. Ко́рин
5. Д. С. Мо́ор
6. А. А. Пласто́в
7. И. И. Бро́дский
8. Кукрыни́ксы
9. На ваш вы́бор

3–30 | Соц-а́рт. Read the article and 1) make an outline in the form of questions, then 2) discuss these questions in pairs or small groups.

Соц-а́рт

власть *f.* – authority
вне – outside
издева́ться *impf.* **над кем? чем?** – to mock, sneer at
иронизи́ровать *impf.* **над чем?** – to comment ironically on
испо́льзовать *impf. & pfv.* – to use
нахо́дка – *here:* new idea
о́браз – image
образова́ться *pfv.* – to be formed
признава́ть/призна́ть кого́? – to recognize, acknowledge
противостоя́ть *impf.* **кому́? чему́?** – to resist
разделя́ть *impf.* **взгля́ды** – to share views
ра́мки *pl.:* **в ра́мках** – framework: within the framework
серп и мо́лот – sickle and hammer
цита́та – quote, citation
уничтожа́ть/уничто́жить – to destroy

Image 3.4 Вита́лий Ко́мар

Соц-а́рт – э́то одно́ из наибо́лее изве́стных направле́ний сове́тского иску́сства 70–80-х годо́в. Это направле́ние образова́лось в ра́мках альтернати́вной культу́ры, кото́рая противостоя́ла госуда́рственной идеоло́гии тех лет.

Назва́ние *соц-арт* образо́вано из двух слов: *соц*, социалисти́ческий, и *арт*, что в перево́де с англи́йского означа́ет иску́сство. Оно́ бы́ло приду́мано в 1972 году́ моско́вскими худо́жниками Ко́маром и Мелами́дом, вокру́г кото́рых сложи́лся круг худо́жников, разделя́ющих их взгля́ды. Это таки́е худо́жники, как Алекса́ндр Косола́пов, Леони́д Со́ков, Дми́трий При́гов, Бори́с Орло́в, уча́стники арт-гру́пп «Гнездо́» и «Мухомо́ры».

Соц-а́рт иронизи́ровал, издева́лся над идеоло́гией СССР и пароди́ровал о́бразы соцреали́зма и ма́ссовой культу́ры. В свои́х рабо́тах худо́жники 1970–80-х годо́в с иро́нией испо́льзовали о́бразы Ле́нина и Ста́лина, социалисти́ческую симво́лику, наприме́р, серп и мо́лот, кра́сные звёзды, кра́сный флаг, а та́кже социалисти́ческие ло́зунги и изве́стные цита́ты, таки́е как «На́ша цель-коммуни́зм!», «Вперёд к побе́де коммуни́зма!», «Не болта́й!» и др.

Соц-а́рт – э́то паро́дия на соцреали́зм, кото́рый был официа́льным направле́нием в иску́сстве того́ вре́мени. Но, как говори́ли В. Ко́мар и А. Мелами́д, «*соц-а́рт* – э́то не про́сто паро́дия, это всегда́ автопаро́дия [т.е. паро́дия на самого́ себя́], потому́ что мы все проду́кты [сове́тской] систе́мы, и всё это в нас, а не вне нас . . . »

В связи́ с тем что *соц-а́рт* был альтернати́вным, неофициа́льным, иску́сством, вы́ставки *соц-а́рта* не могли́ устра́ивать в галере́ях и́ли музе́ях. Их устра́ивали на кварти́рах. Вита́лий Ко́мар писа́л, что «кварти́рные вы́ставки бы́ли уника́льной нахо́дкой второ́го аванга́рда». Весно́й 1974 го́да на одно́й из таки́х вы́ставок во вре́мя перфо́рманса все зри́тели и уча́стники бы́ли аресто́ваны. «Кульмина́цией исто́рии неофициа́льного иску́сства» ста́ла вы́ставка худо́жников на пустыре́ в Беля́ево, кото́рую 15 сентября́ 1974 го́да вла́сти разогна́ли бульдо́зерами, а рабо́ты мно́гих худо́жников, включа́я рабо́ты Алекса́ндра Мелами́да и Вита́лия Ко́мара, бы́ли уничто́жены. Эта вы́ставка получи́ла назва́ние – «бульдо́зерная».

Большинство́ карти́н *соц-а́рта* бы́ли вы́везены за грани́цу и нахо́дятся в музе́ях и ча́стных колле́кциях. В середи́не 70-х мно́гие представи́тели *соц-а́рта* уе́хали из СССР и сейча́с рабо́тают в ра́зных стра́нах ми́ра, а Ко́мар и Мелами́д при́знаны одни́ми из са́мых популя́рных и изве́стных совреме́нных ру́сских худо́жников за рубежо́м, у них бы́ло бо́лее 60-ти персона́льных вы́ставок, мно́гие музе́и и ча́стные колле́кции купи́ли их рабо́ты.

Материа́л подгото́влен на осно́ве информа́ции откры́тых исто́чников

3–31 | Соц-а́рт. Reread the article in 3–30 and find English equivalents for the following Russian words:

1. идеоло́гия –
2. альтернати́вный –
3. пароди́ровать –
4. ма́ссовая культу́ра –
5. социалисти́ческая симво́лика –
6. перфо́рманс –
7. проду́кт –
8. паро́дия –
9. арестова́ть –
10. иро́ния –

3–32 | Соц-а́рт. 1) Scan the text below for the information necessary to complete the following statements. 2) Read the completed sentences out loud and memorize some of the basic facts about Sots Art.

1. *Соц-а́рт* образова́лся в ра́мках . . .
2. Назва́ние *соц-а́рт* образо́вано из двух слов . . .
3. Ко́мар и Мелами́д приду́мали назва́ние *соц-арт* в . . .
4. Худо́жниками, кото́рые разделя́ли взгля́ды Ко́мара и Мелами́да, бы́ли . . .
5. *Соц-а́рт* иронизи́ровал, издева́лся над . . .
6. *Соц-а́рт* – э́то паро́дия на . . . и автопаро́дия на . . .
7. В свои́х рабо́тах худо́жники с иро́нией испо́льзовали . . .
8. Вы́ставки *соц-а́рта* устра́ивали . . .
9. Кульмина́цией исто́рии неофициа́льного иску́сства ста́ла . . .
10. Большинство́ карти́н *соц-а́рта* бы́ли вы́везены . . .
11. Ко́мар и Мелами́д при́знаны одни́ми из . . .

Image 3.5 Виталий Комар

3–33 | Соц-арт. Study the paintings by Komar & Melamid on the textbook website (Chapter 3, Part 2 Images), read the questions below and choose the correct answers. There may be more than one correct answer.

1. Какую социалистическую символику используют Комар и Меламид в своих картинах?
    a. Красный флаг.
    b. Красные звёзды.
    c. Серп и молот.
2. Образы каких людей используют Комар и Меламид в этих картинах?
    a. Образ Ленина.
    b. Образ Сталина.
    c. Образ Брежнева.
3. Кем подписан лозунг «Вперёд к победе коммунизма» на картине?
    a. Лозунг подписан Лениным.
    b. Лозунг подписан Сталиным.
    c. Лозунг подписан Комаром и Меламидом.

3–34 | Соц-арт. Review the texts in 3–17 and 3–30 and discuss the following questions in class:

1. Когда возник соцреализм, и когда возник соц-арт?
2. Какая была основная задача художников-соцреалистов?

3. Что хотéли показáть представи́тели соц-áрта?
4. Чем отличáется соц-áрт от соцреали́зма?
5. Каку́ю симвóлику испóльзовали худóжники-соцреали́сты, а каку́ю симвóлику испóльзовали в карти́нах представи́тели соц-áрта?
6. Каки́х представи́телей соцреали́зма и соц-áрта вы знáете?

3–35 | Презентáция. Prepare a short presentation about one of the Sots Art artists or an art group using information gathered from the internet. Be sure to use the following expressions:

1. Тéма моегó доклáда – . . .	*In my presentation, I will discuss . . .*
2. В своём выступлéнии я хочý останови́ться на слéдующих основны́х момéнтах . . .	*In this talk I will discuss the following points . . .*
3. В пéрвую óчередь слéдует обрати́ть внимáние на то, что . . .	*First and foremost, we should address the fact that . . .*
4. Крóме тогó, необходи́мо отмéтить, что . . .	*In addition, I should note that . . .*
5. На мой взгляд . . .	*In my opinion . . .*
6. Таки́м óбразом, как мы ви́дим . . .	*We can thus conclude that . . .*
7. В заключéние мóжно сдéлать вы́вод о том, что . . .	*To sum up . . .*
8. А тепéрь я готóв/а отвéтить на вопрóсы.	*I will now be happy to answer questions.*

ЧАСТЬ 3. ВИДЫ СОВРЕМЕННОГО ИСКУССТВА

3–36 | Совремéнное иску́сство. In pairs or small groups, discuss the following questions. Sum up the information agreed upon by your group and compare it with what the other groups have discussed.

1. Что такóе совремéнное иску́сство?
2. Что отнóсится к совремéнному иску́сству?
3. Что повлия́ло на совремéнное иску́сство?
4. Каки́е ви́ды совремéнного иску́сства вы знáете?

3–37 | Совремéнное иску́сство: опрóс. Read the results of the public opinion poll and discuss the following questions:

1. Как россия́не отнóсятся к совремéнному иску́сству?
2. Что россия́не отнóсят к совремéнному иску́сству?
3. Каки́е ви́ды совремéнного иску́сства россия́не знáют?

Опрос: «Что такое современное искусство?»

> **безобра́зие** – outrage, ugliness
> **выясня́ть/вы́яснить что?** – to find out
> **нова́торство** – innovation
> **опро́с** – poll
> **опро́шенный, -ая, -ое, -ые** – respondent
> **относи́ться/отнести́сь к кому́? чему́?** – *here:* to feel about, think about
> **относи́ть/отнести́ что? к чему́?** – to relate; *here:* to consider as
> **отрица́тельно** – negatively
> **принима́ть/приня́ть уча́стие** – to participate
> **свя́зывать/связа́ть** – to associate, relate, connect

Год наза́д фонд «Обще́ственное мне́ние» провёл опро́с на те́му «Досу́г и совреме́нное иску́сство», чтобы вы́яснить, что же лю́ди понима́ют под совреме́нным иску́сством, как они́ отно́сятся к нему́. В опро́се при́няли уча́стие 1500 респонде́нтов из ра́зных городо́в Росси́и.

Что же лю́ди понима́ют под совреме́нным иску́сством?

Результа́ты опро́са

Как вы́яснилось, 48% респонде́нтов не зна́ют, что тако́е совреме́нное иску́сство. Из тех россия́н, кто зна́ет, что тако́е совреме́нное иску́сство, 53% отно́сят к нему́ всё иску́сство на́шего вре́мени, кото́рое мо́жно уви́деть в музе́ях и на вы́ставках, а та́кже в СМИ.[3] 13% опро́шенных отно́сят к совреме́нному иску́сству то, что со́здано с по́мощью нове́йших техноло́гий («иску́сство, со́зданное с по́мощью компью́тера», «хайте́к», «3D»). 6% респонде́нтов счита́ют, что э́то абстракциони́зм и аванга́рд. И 4% респонде́нтов свя́зывают совреме́нное иску́сство с конкре́тными фами́лиями, таки́ми как Пика́ссо, Мале́вич, Глазуно́в и други́е.

32% (тридцати́ двум проце́нтам) респонде́нтов нра́вится совреме́нное иску́сство («нова́торство в иску́сстве», «интере́сное иску́сство», «краси́во, симпати́чно»). 30% опро́шенных отно́сятся к совреме́нному иску́сству отрица́тельно («э́то не иску́сство», «безобра́зие»).

Среди́ ви́дов совреме́нного иску́сства называ́лись граффи́ти, инсталля́ции, бо́ди-арт и компью́терное иску́сство.

Материа́л подгото́влен на осно́ве информа́ции откры́тых исто́чников

3–38 | Совреме́нное иску́сство: опро́с. Reread the results of the public opinion poll in 3–37 and choose the correct statements. There may be more than one correct answer.

1. Опро́с о совреме́нном иску́сстве был проведён для того́, что́бы . . .
   a. поня́ть, как лю́ди понима́ют, что тако́е совреме́нное иску́сство.
   b. поня́ть, хо́дят ли они́ в музе́и совреме́нного иску́сства.
   c. поня́ть, зна́ют ли они́ имена́ совреме́нных худо́жников.
   d. поня́ть, как лю́ди отно́сятся к совреме́нному иску́сству.
2. Среди́ респонде́нтов не зна́ли, что тако́е совреме́нное иску́сство . . .
   a. 33%.
   b. бо́льше 50%.

    c. ме́ньше 50%.

    d. 48%.

3. Лю́ди понима́ют совреме́нное иску́сство, как . . .

    a. всё иску́сство на́шего вре́мени.

    b. реали́зм.

    c. абстракциони́зм и аванга́рд.

    d. то, что со́здано с по́мощью нове́йших технологи́й.

4. 32% респонде́нтов нра́вится совреме́нное иску́сство, поско́льку . . .

    a. э́то интере́сно, краси́во, симпати́чно.

    b. э́то то, что заставля́ет вас ду́мать.

    c. э́то то, что всем поня́тно и интере́сно.

    d. э́то нова́торство в иску́сстве.

5. 30% респонде́нтов не нра́вится совреме́нное иску́сство, в связи́ с тем что . . .

    a. э́то не краси́во.

    b. э́то не иску́сство.

    c. э́то безобра́зие.

    d. э́то сло́жно поня́ть.

6. Среди́ ви́дов совреме́нного иску́сства называ́лись . . .

    a. перфо́рманс.

    b. граффи́ти.

    c. инсталля́ции.

    d. компью́терное иску́сство.

3–39 | Совреме́нное иску́сство: опро́с. Conduct a poll in class.

Interviewer	Ask two or three classmates (interviewees) about their attitudes toward contemporary art: **Как вы отно́ситесь к совреме́нному иску́сству, положи́тельно и́ли отрица́тельно?** Write down their answers and talk about your results in class.
Interviewees	State your opinions on contemporary art and mention two or three reasons why you like it or not using the conjunctions provided below: **благодаря́ тому́, что** – thanks to; **и́з-за того́, что** – because of; **в связи́ с тем, что** – in connection with; **в результа́те того́, что** – as a result of; **всле́дствие того́, что** – as a consequence of.

3–40 |Ули́чное иску́сство. Scan the article for the answers to the following questions:

1. Когда́ стрит-а́рт появи́лся в Росси́и?

2. Каки́е прохо́дят фестива́ли у́личного иску́сства в Росси́и?

3. Где откры́лся пе́рвый в ми́ре музе́й у́личного иску́сства?

4. Каки́е вопро́сы за́дал журнали́ст у́личным худо́жникам?

5. Благодаря́ чему́ стрит-а́рт досту́пен всем?

6. Как отно́сятся у́личные худо́жники к тому́, что у́личное иску́сство начина́ет «переходи́ть» в галере́и?

Image 3.6 Уличное иску́сство

Что тако́е стрит-а́рт: интервью́ с у́личными худо́жниками

взаимоде́йствовать *impf.* – to interact
досту́п|е|н, -а, -о, -ы – accessible
любо́й, -а́я, -о́е, -ы́е – any
накле́йка – sticker
наоборо́т – vice versa
обма́нывать/обману́ть кого́? – to deceive
обраща́ть/обрати́ть внима́ние – to pay attention
определённый, -ая, -ое, -ые – certain
отме́чен, -а, -о, -ы – marked
переходи́ть/перейти́ куда́? на что? – *here:* to switch to
посре́дством – by, via, by means of
пыта́ться/попыта́ться – to try
све́жая кровь – «fresh blood»; *here:* innovative artists
скучнова́т, -а, -о, -ы – somewhat boring, not too exciting

В Росси́и стрит-а́рт появи́лся лишь в нача́ле 90-х и сра́зу стал о́чень популя́рным, хотя́ снача́ла рабо́ты ра́йтеров счита́ли ва́рварством и́ли вандали́змом. Но сейча́с всё поменя́лось: для молоды́х у́личных худо́жников организу́ют фестива́ли, а интервью́ с ни́ми печа́тают на пе́рвых страни́цах журна́лов. В Екатеринбу́рге не пе́рвый год прово́дят фестива́ль у́личного иску́сства «Стеногра́ффия», а Каза́нь отме́чена на ка́рте мирово́го стрит-а́рта фестива́лем «Like it! Art». В Петербу́рге да́же откры́ли пе́рвый в ми́ре музе́й у́личного иску́сства.

Журнали́ст: Что тако́е стрит-а́рт? Есть ли ра́зница ме́жду стрит-а́ртом и граффи́ти? Е́сли я ви́жу на́дпись A.C.A.B. на стене́ – э́то стрит-а́рт и́ли граффи́ти?

Капита́н: Стрит-а́рт – э́то любо́е иску́сство, кото́рое со́здано на у́лице. Мо́жно сказа́ть, что у́личные музыка́нты – э́то то́же стрит-а́рт. Стрит-а́ртом занима́ются худо́жники, кото́рые хотя́т взаимоде́йствовать со все́ми людьми́, а не то́лько с те́ми, кто хо́дит в музе́и и галере́и. Уличное иску́сство – э́то диало́г худо́жника с у́лицей.

Street_55: Граффи́ти – о бу́квах, имена́х, те́гах и шрифта́х. Просто́й зри́тель смо́трит на граффи́ти-тег и не понима́ет, что там изображено́. А вот стрит-а́рт досту́пен всем, благодаря́ тому́ что он говори́т на поня́тном зри́телю языке́.

Стрит-а́рт, как пра́вило, концептуа́лен. Он до́лжен обрати́ть внима́ние о́бщества на определённые иде́и посре́дством трафаре́тов, накле́ек, плака́тов, инсталля́ций и друго́го.

Журнали́ст: Каки́е есть ви́ды у́личного иску́сства? Накле́йки, по́стеры, трафаре́ты, граффи́ти и арт-объе́кты, что ещё?

Wall: Ули́чное иску́сство мо́жет быть в любо́м ви́де, в како́м хо́чет худо́жник. До тех пор, пока́ э́то на у́лице, э́то всё у́личное иску́сство.

Street_6: Да, на да́нный моме́нт в стрит-а́рте испо́льзуют всё, что мо́жно. Сейча́с, по-мо́ему, все на по́стеры перехо́дят. Ли́чно я перешёл.

Журнали́ст: Уличное иску́сство начина́ет «переходи́ть» в галере́и: рабо́ты Бэ́нкси продаю́тся в галере́е Нью-Йо́рка, неда́вно была́ вы́ставка ло́ндонских граффи́тчиков в Москве́, вы́ставка трафаре́тов Traforo. Стрит-а́рт не обма́нывает сам себя́? С са́мого нача́ла стрит-арт боро́лся с коммерциализа́цией, с консьюмери́змом. А что сейча́с? Сейча́с стрит-а́рт начина́ет зараба́тывать де́ньги?

Капита́н: Вы понима́ете, есть сформиро́ванный арт-ры́нок, и он сейча́с скучнова́т. Нужна́ све́жая кровь и эне́ргия. Кура́торы вы́ставок про́сто пыта́ются интегри́ровать у́личную эне́ргию в галере́и.

Ди́ма Кра́сов: Согла́сен с Капита́ном. Я не ви́жу ничего́ плохо́го в том, что сейча́с де́лают вы́ставки у́личных худо́жников в галере́ях. Бы́ло бы интере́сно, е́сли бы и галере́йные худо́жники на́чали занима́ться у́личным иску́сством. Галере́я как площа́дка даёт тако́й результа́т, кото́рый не мо́жет дать у́лица, и наоборо́т.

Материа́л подгото́влен на осно́ве информа́ции откры́тых исто́чников

3–41 | Уличное иску́сство. Reread the article in 3–40 and find Russian equivalents for the following words. Explain what they mean in your own words. Use the internet if needed.

1. art market –
2. art objects –
3. barbarism –
4. commercialization –
5. conceptual –
6. consumerism –
7. curator of the exhibition –
8. to integrate –
9. vandalism –
10. street artist, graffiti writer –

3–42 | Уличное искусство. 1) Reread the article in 3–40 and mark whether the statements below correspond to the information provided in the article. 2) In pairs or small groups, discuss street art in Russia using the correct statements.

Да Нет	
Да Нет	1. В России поменялось отношение людей к творчеству уличных художников (райтеров). Их работы больше не считают варварством или вандализмом.
Да Нет	2. Стрит-арт – это любое искусство, которое создано на улице, это диалог художника с улицей.
Да Нет	3. Стрит-арт не понятен простому зрителю.
Да Нет	4. Стрит-арт концептуален, то есть он несёт в себе какую-то идею.
Да Нет	5. Виды уличного искусства – это наклейки, постеры, трафареты, граффити, инсталляции и арт-объекты.
Да Нет	6. Уличное искусство может быть в любом виде, в каком хочет художник. Пока это на улице, это всё уличное искусство.
Да Нет	7. Граффити – о буквах, именах, тегах и шрифтах.
Да Нет	8. Стрит-арт боролся с коммерциализацией, с консюмеризмом.
Да Нет	9. Арт-рынок в России сейчас очень интересный, благодаря тому что много всего нового, много свежей крови и энергии.
Да Нет	10. В связи с тем что арт-рынок в России сейчас скучноват, кураторы выставок пытаются интегрировать уличную энергию в галереи.

3–43 | Видеорепортаж «Музей уличного искусства». Watch the video clip several times. Choose the correct statements. There may be more than one correct answer.

Музей уличного искусства

> **заявлять/заявить о ком? о чём?** – to make a statement
> **содержать** *impf.* **в себе** – to contain

1. Музей уличного искусства появился в . . .
   a. в 2013 году в Петербурге.
   b. в 2013 году в Москве.
   c. в 2003 году в Петербурге.

2. Музе́й де́лится на две ча́сти:...
   a. основно́й зал и публи́чная площа́дка.
   b. основна́я экспози́ция и публи́чная площа́дка.
   c. основна́я часть и публи́чная часть.
3. В основно́й экспози́ции музе́я сейча́с есть 20 рабо́т у́личных худо́жников ...
   a. из Росси́и и Евро́пы.
   b. из Ю́жной Аме́рики.
   c. из Австра́лии и А́фрики.
4. Музе́й со́здан на террито́рии ...
   a. па́рка.
   b. заво́да.
   c. фа́брики.
5. Музе́й приглаша́ет худо́жников, ...
   a. кото́рые созда́ют медитати́вные, созерца́тельные рабо́ты.
   b. создаю́щих рабо́ты, на кото́рых изображены́ пейза́жи, ба́бочки, цвето́чки.
   c. кото́рые заявля́ют о своём проте́сте, о свое́й пози́ции.
6. Для музе́я ва́жно, что́бы рабо́ты у́личных худо́жников ...
   a. бы́ли краси́выми, я́ркими.
   b. содержа́ли в себе́ каку́ю-то иде́ю.
   c. не бы́ли полити́ческой пропага́ндой.

 **3–44 | Интерне́т по́иск.** Find the following information on the internet, write it down and be ready to talk about it in class.

1. Найди́те информа́цию о фестива́лях у́личного иску́сства в Росси́и и худо́жниках/рабо́тах, кото́рые бы́ли там предста́влены.
2. Найди́те информа́цию об изве́стных ра́йтерах в Росси́и. Расскажи́те о рабо́тах, кото́рые вам бо́льше всего́ понра́вились.

 **3–45 | Инсталля́ция.** 1) In class, discuss what you know about installation art and artists who work in that genre. 2) Scan the article below for the answers to the following questions:

1. Чем отлича́ется инсталля́ция от карти́ны?
2. Чем отлича́ется инсталля́ция от скульпту́ры?

Инсталля́ция

> **представля́ть** *impf.* **собо́й** – to be, consist of
> **отлича́ться** *impf.* **от кого́? чего́?** – to differ from

Инсталля́ция (англ. *installation* – устано́вка, размеще́ние, монта́ж) – фо́рма совреме́нного иску́сства, кото́рая представля́ет собо́й компози́цию, со́зданную из разли́чных элеме́нтов. Ва́жно, что зри́тель не смо́трит на инсталля́цию со стороны́, как на карти́ну, а нахо́дится внутри́ неё. Не́которые инсталля́ции похо́жи на скульпту́ру, но отлича́ются от неё тем, что инсталля́ции монти́руют из ра́зных материа́лов.

Мастера́ инсталля́ции – Илья́ Кабако́в, Дми́трий При́гов. Совреме́нные росси́йские худо́жники, кото́рые рабо́тают в жа́нре инсталля́ции – Ири́на Ко́рина, Серге́й Шехо́вцев, Ники́та Када́н, Ма́рта Во́лкова и Сла́ва Шевеле́нко, Ки́ра Субо́тин и други́е.

По материа́лам Википе́дии

3–46 | Инсталля́ция. Илья́ Кабако́в. Scan the article for the answers to the following questions:

1. Что принесло́ Илье́ Кабако́ву сла́ву?
2. Как вы по́няли, что тако́е «тота́льная инсталля́ция»?
3. Что ва́жно учи́тывать при созда́нии тота́льной инсталля́ции?
4. Как тота́льная инсталля́ция мо́жет возде́йствовать на зри́теля?

Image 3.7 Илья́ Кабако́в

Илья́ Кабако́в – оте́ц тота́льной инсталля́ции

ваго́н – railway car
возде́йствовать *impf.* – to have an impact
воссоздава́ть/воссозда́ть что? – to re-create
выставля́ться *impf.* **где?** – to be displayed, exhibited
захва́тывать/захвати́ть кого? что? – to capture
крыльцо́ – porch
ме́лочь *f.* – detail, trifle
му́сор *sing only.* – garbage, trash
поднима́ться/подня́ться по ле́стнице – to climb up the stairs
приноси́ть/принести́ сла́ву кому? – to bring someone fame
пря́таться/спря́таться где? – to hide
распа́д чего? (СССР) – collapse (of the USSR)
рассчи́тывать *impf.* **на кого? что?** – to count on, rely upon
сотру́дничать *impf.* **с кем?** – to cooperate with
спуска́ться/спусти́ться (по ле́стнице) – to go down (the stairs)
учи́тывать/уче́сть что? – to take into account
экспони́роваться *impf.* **где?** – to be exhibited

Рабо́ты Ильи́ Кабако́ва выставля́ются по всему́ ми́ру, сто́ят миллио́ны, и це́ны на них расту́т с ка́ждым го́дом. Илья́ Кабако́в – оди́н из основа́телей жа́нра тота́льной инсталля́ции. Этот жанр принёс ему́ сла́ву на За́паде, куда́ он эмигри́ровал из Сове́тского Сою́за в 1987 году́. Тота́льная инсталля́ция – э́то больша́я по разме́рам констру́кция, кото́рая воссоздаёт каку́ю-то иллюзо́рную ситуа́цию. Кабако́в – ма́стер в созда́нии иллю́зий, он учи́тывает все ме́лочи: свет, звук и да́же за́пах.

В 1989 году́ Кабако́в начина́ет сотру́дничать со свое́й бу́дущей жено́й Эми́лией (они́ пожени́лись в 1992-м). С тех пор они́ рабо́тают вме́сте, Илья́ и Эми́лия Кабако́вы.

В 2000-е го́ды Илья́ и Эми́лия Кабако́вы ста́ли акти́вно выставля́ться в Росси́и. Так, в 2004 году́ в Госуда́рственном Эрмита́же в Петербу́рге прошла́ вы́ставка Ильи́ и Эми́лии Кабако́вых «Слу́чай в музе́е» и други́е инсталля́ции». Де́лали и открыва́ли вы́ставку са́ми худо́жники, кото́рые специа́льно для э́того прие́хали в Росси́ю по́сле пятна́дцати лет эмигра́ции. В Эрмита́же экспони́ровались три тота́льные инсталля́ции: «Слу́чай в музе́е», «Туале́т в углу́» и «Жизнь в шкафу́».

По́сле вы́ставки Илья́ Кабако́в подари́л Эрмита́жу «Туале́т в углу́» и «Жизнь в шкафу́». Эти две тота́льные инсталля́ции вы́ставлены сейча́с в «Ко́мнате Ильи́ Кабако́ва» (Эрмита́ж, Гла́вный штаб, зал №347). В своём письме́ Эрмита́жу худо́жник рассказа́л о том, что в де́тстве ча́сто сиде́л в шкафу́ и́ли пря́тался в туале́те, что́бы побы́ть одному́, так как они́ жи́ли впятеро́м (роди́тели, он с бра́том и де́душка) в одно́й ко́мнате коммуна́льной кварти́ры.[4]

Кро́ме инсталля́ций «Туале́т в углу́» и «Жизнь в шкафу́» Кабако́вы подари́ли Эрмита́жу инсталля́цию «Кра́сный ваго́н». Эта инсталля́ция – реа́кция худо́жников на распа́д Сове́тского Сою́за. Она́ состои́т из трёх элеме́нтов, кото́рые символизи́руют три пери́ода сове́тской исто́рии. Деревя́нная ле́стница – э́то пери́од построе́ния сове́тского о́бщества. Ваго́н – э́то сове́тское о́бщество. Небольшо́е крыльцо́, засы́панное строи́тельным му́сором, – э́то распа́д сове́тского о́бщества, распа́д СССР. Что интере́сно, э́ти три элеме́нта сде́ланы в ра́зных стилисти́ческих направле́ниях: ле́стница – в сти́ле аванга́рда, «ваго́н» – в сти́ле соцреали́зма, а крыльцо́ в сти́ле андергра́ундного концептуали́зма 70–80-х годо́в.

Посети́тель инсталля́ции «Кра́сный ваго́н» поднима́ется по ле́стнице и хо́чет войти́ в «ваго́н», но дверь закры́та. Тогда́ посети́тель спуска́ется обра́тно вниз и нахо́дит вход в «ваго́н». Внутри́ «ваго́на» зри́тели садя́тся и начина́ют рассма́тривать типи́чный соцреалисти́ческий пейза́ж, слу́шают пе́сни, кото́рые полны́ оптими́зма и теплоты́. «Это тота́льная инсталля́ция, кото́рая тебя́ по́лностью захва́тывает», – говори́т Эми́лия Кабако́ва.

Расска́зывая об инсталля́ции «Кра́сный ваго́н», Эми́лия Кабако́ва вспомина́ла замеча́тельный эпизо́д: «Когда́ инсталля́ция была́ вы́ставлена в Ве́не, пришли́ директора́ росси́йских музе́ев, посмотре́ли и хоте́ли сра́зу уйти́, но я им сказа́ла, что это тота́льная инсталля́ция, тут на́до посиде́ть. Они́ се́ли, на́чали разгова́ривать. Оди́н говори́т: «Каки́е бы́ли прекра́сные времена́! Мы все ве́рили в бу́дущее, бы́ли идеали́стами, все лю́ди бы́ли равны́». А друго́й говори́т: «Ты что, не по́мнишь Ста́лина? Ско́лько люде́й поги́бло! » Посиде́ли ещё, и тре́тий говори́т: «Заче́м мы ссо́римся? Дава́йте лу́чше танцева́ть! ». Они́ вста́ли и на́чали танцева́ть». По слова́м Кабако́вой, э́то и́менно тот эффе́кт, на кото́рый она́ и Илья́ рассчи́тывали – «возде́йствие на чу́вства, па́мять, эмо́ции челове́ка».

Материа́л подгото́влен на осно́ве информа́ции откры́тых исто́чников

3–47 | Инсталля́ция. Илья́ Кабако́в. Reread the article in 3–46 and find Russian equivalents for the following words:

1. structure –
2. element –
3. to emigrate –
4. idealist –
5. illusion –
6. illusionary –
7. optimism –
8. period –
9. reaction –
10. situation –
11. to symbolize –

3–48 | Инсталля́ция. Илья́ Кабако́в. Reread the article in 3–46 and choose the correct statements. There may be more than one correct statement.

1. С 1992 го́да Кабако́в рабо́тает . . .
   a. со свое́й сестро́й Эми́лией.
   b. со свое́й жено́й Эми́лией.
   c. со свое́й до́чкой Эми́лией.
2. Илья́ и Эми́лия Кабако́вы ста́ли акти́вно выставля́ться в Росси́и . . .
   a. в 2000-е го́ды.
   b. до распа́да Сове́тского Сою́за.
   c. по́сле распа́да Сове́тского Сою́за.
3. Кабако́вы подари́ли Эрмита́жу инсталя́ции . . .
   a. «Мы здесь живём».
   b. «Туале́т в углу́».
   c. «Жизнь в шкафу́».
   d. «Кра́сный ваго́н».

4. В Эрмита́же есть . . .
    a. «Зал Кабако́ва».
    b. «Вы́ставка Кабако́ва».
    c. «Ко́мната Кабако́ва».
5. Тота́льная инсталля́ция «Кра́сный ваго́н» – . . .
    a. э́то реа́кция худо́жников на перестро́йку в Сове́тском Сою́зе.
    b. э́то реа́кция худо́жников на распа́д Сове́тского Сою́за.
    c. э́то реа́кция худо́жников на эмигра́цию из Сове́тского Сою́за.
6. Инсталля́ция «Кра́сный ваго́н» состои́т из трёх элеме́нтов, кото́рые символизи́руют три пери́ода сове́тской исто́рии: . . .
    a. деревя́нная ле́стница – пери́од построе́ния сове́тского о́бщества.
    b. «ваго́н» – сове́тское о́бщество.
    c. крыльцо́, засы́панное строи́тельным му́сором, – сове́тское о́бщество.
    d. крыльцо́, засы́панное строи́тельным му́сором, – распа́д сове́тского о́бщества, распа́д СССР.

 **3–49 | Инсталля́ция. Илья́ Кабако́в.** Reread the article in 3–46 and discuss the following questions:

1. Почему́ Кабако́в в де́тстве ча́сто сиде́л в шкафу́ и́ли пря́тался в туале́те?
2. Как вы ду́маете, почему́ посети́тель инсталля́ции «Кра́сный ваго́н» поднима́ется по ле́стнице, хо́чет войти́ в «ваго́н», но дверь закры́та? Что э́то символизи́рует?
3. Как вы ду́маете, почему́ «ваго́н» явля́ется си́мволом сове́тского о́бщества?
4. Как вы ду́маете, почему́ ле́стница, кото́рая явля́ется си́мволом построе́ния сове́тского о́бщества, сде́лана в сти́ле аванга́рда, а «ваго́н», кото́рый символизи́рует сове́тское о́бщество, – в сти́ле соцреали́зма?
5. Что вам понра́вилось в исто́рии, кото́рую рассказа́ла Эми́лия Кабако́ва о директора́х росси́йских музе́ев, кото́рые пришли́ посмотре́ть инсталля́цию «Кра́сный ваго́н» в Ве́не?

 **3–50 | Видеосюже́т «Инсталля́ция».** Watch the video clip several times and mark whether the statements below correspond to the information provided in the video.

Инсталля́ция

живо́е существо́ – living creature
одино́чество – loneliness
тоскова́ть *impf.* **от одино́чества** – to suffer from loneliness
поко́й – rest, peace
поколе́ние – generation
соуча́стник – partner, co-participant
трёхме́рное простра́нство – three-dimensional space

Да Нет	1.	Инсталля́ция – иску́сство в трёхме́рном простра́нстве, где зри́тель попада́ет внутрь произведе́ния и стано́вится его́ ча́стью.
Да Нет	2.	Совреме́нного произведе́ния иску́сства нет без челове́ка. Зри́тель – соуча́стник, зри́тель – соа́втор.
Да Нет	3.	Совреме́нному произведе́нию иску́сства не ну́жен зри́тель. Оно́ мо́жет существова́ть без челове́ка.
Да Нет	4.	«Большо́й и Кра́сный» – э́то инсталля́ция Ири́ны На́ховой.
Да Нет	5.	«Большо́й и Кра́сный» – э́то инсталля́ция Ильи́ Кабако́ва.
Да Нет	6.	«Большо́й и Кра́сный» стано́вится больши́м, когда́ ря́дом с ним кто́-то есть. Это о́браз живо́го существа́, тоску́ющего от одино́чества.
Да Нет	7.	Геро́и Ильи́ Кабако́ва живу́т в шкафа́х и туале́тах, улета́ют в ко́смос пря́мо из свои́х ко́мнат.
Да Нет	8.	«Поко́й нам то́лько сни́тся» – э́то инсталля́ция програ́ммы Escape, но́вого поколе́ния худо́жников, кото́рые рабо́тают в э́том жа́нре.
Да Нет	9.	Инсталля́ция «Поко́й нам то́лько сни́тся» состои́т из ле́стницы и бо́кса. В бо́ксе нахо́дятся ва́нная, в кото́рой пла́вает кра́сная ры́ба, и я́йца.
Да Нет	10.	Вода́, ры́ба и я́йца – э́то дре́вние христиа́нские си́мволы.

3–51 | Видеосюже́т «Инсталля́ция». Watch the video clip one more time. In pairs or small groups, discuss the following questions:

1. Как инсталля́ция отлича́ется от други́х форм иску́сства?
2. Каки́е инсталля́ции, кото́рые вы уви́дели в видеосюже́те, вам понра́вились и́ли не понра́вились? Почему́?
3. Как вы ду́маете, что символизи́рует ле́стница в инсталля́ции «Поко́й нам то́лько сни́тся»?
4. Как вы ду́маете, кака́я иде́я инсталля́ции «Поко́й нам то́лько сни́тся»? Что зри́тель до́лжен поня́ть и́ли почу́вствовать, уви́дев э́ту инсталля́цию?

3–52 | Презента́ция. Prepare a short multimedia presentation about 1) one of the artists who works in the genre of installation art and 2) one of his/her works that you like (2 minutes) using information gathered from the internet. Be sure to use the expressions below.

Теги: Дмитрий Пригов, Ирина Корина, Сергей Шеховцев, Никита Кадан, Марта Волкова и Слава Шевеленко, Кира Суботин.

1. Говоря́ о тво́рчестве (кого́?), я хочу́ нача́ть с того́, что . . .
2. Я хоте́л/а бы останови́ться на . . ., во-пе́рвых, . . . во-вторы́х, . . .
3. Одно́й из гла́вных осо́бенностей его́/её рабо́т явля́ется . . .
4. По моему́ мне́нию, са́мой интере́сной его́/её рабо́той явля́ется . . .
5. Эта рабо́та была́ со́здана в . . . и экспони́руется сейча́с в . . .
6. Основна́я иде́я э́той рабо́ты состои́т в том, что . . .

7. При э́том . . .
8. На́до отме́тить, что . . .
9. Интере́сно, что . . .
10. Что говори́т о . . .
11. В заключе́ние мо́жно сказа́ть . . .
12. А тепе́рь я гото́в/а отве́тить на вопро́сы.

ЗАКЛЮЧЕНИЕ

3–53 | Самоконтро́ль. Review parts 1–3. Choose the correct statements. There may be more than one correct statement.

1. «Ру́сские сезо́ны» – э́то . . .
   a. объедине́ние худо́жников, организо́ванное Серге́ем Дя́гилевым и худо́жником Алекса́ндром Бенуа́ в Росси́и в конце́ 1890-х годо́в.
   b. гастро́ли всеми́рно изве́стной бале́тной тру́ппы «Ру́сский бале́т» Серге́я Дя́гилева.
   c. всеми́рно изве́стная бале́тная тру́ппа под руково́дством Серге́я Дя́гилева.
2. В постано́вках «Ру́сского бале́та» под руково́дством Дя́гилева сочета́лись . . .
   a. то́лько му́зыка с хореогра́фией.
   b. то́лько о́перное пе́ние с изобрази́тельным иску́сством.
   c. хореогра́фия, о́перное пе́ние и изобрази́тельное иску́сство.
3. С Дя́гилевым рабо́тали . . .
   a. изве́стные компози́торы и певцы́.
   b. компози́торы, музыка́нты, танцо́ры, певцы́, худо́жники и модельеры.
   c. компози́торы, музыка́нты и танцо́ры.
4. «Мир иску́сства» – . . .
   a. э́то объедине́ние ру́сских худо́жников, кото́рое бы́ло организо́вано Серге́ем Дя́гилевым и Алекса́ндром Бенуа́ в Росси́и в конце́ 1890-х годо́в.
   b. э́то журна́л ру́сских худо́жников, кото́рый издава́ли с 1898 го́да.
   c. э́то назва́ние вы́ставки ру́сских худо́жников, кото́рая была́ организо́вана в Пари́же.
5. Основна́я худо́жественная конце́пция соцреали́зма – . . .
   a. «иску́сство принадлежи́т наро́ду».
   b. э́то пароди́рование о́бразов соцреали́зма и ма́ссовой культу́ры.
   c. э́то прославле́ние идеа́лов социали́зма.
6. Са́мыми изве́стными худо́жниками-соцреали́стами явля́ются . . .
   a. Илья́ Ре́пин.
   b. Алекса́ндр Дейне́ка.
   c. Фёдор Реше́тников.
7. Соц-а́рт . . .
   a. прославля́л идеа́лы социали́зма.
   b. иронизи́ровал, издева́лся над идеоло́гией СССР.
   c. пароди́ровал о́бразы соцреали́зма и ма́ссовой культу́ры.
8. Ви́ды у́личного иску́сства:
   a. перфо́рманс.
   b. накле́йки, по́стеры, трафаре́ты.
   c. граффи́ти и арт-объе́кты.

9. Тота́льная инсталля́ция – . . .
   a. э́то иску́сство в трёхме́рном простра́нстве, когда́ зри́тель попада́ет внутрь произведе́ния и стано́вится его́ ча́стью.
   b. э́то больша́я по разме́рам констру́кция, кото́рая воссоздаёт каку́ю-то иллюзо́рную ситуа́цию.
   c. э́то больша́я скульпту́ра.

3–54 | Перево́д. Translate the following descriptions of art genres into Russian. Translate ideas, not words.

Sots Art (short for Socialist Art) originated in the Soviet Union in the early 1970s as a reaction against the official aesthetic doctrine of the state – "Socialist Realism". Socialist Realism was marked by depictions of workers, peasants living happily in their communes, and young, fit communist leaders.

Installation art is an artistic genre of three-dimensional works that are often site-specific and designed to transform the viewer's perception of a space. Installation art can be either temporary or permanent. Installation artworks have been constructed in exhibition spaces such as museums and galleries, as well as in public and private spaces.

(Based on Wikipedia)

3–55 | Расскажи́те. Prepare to talk about the following:

1. «Ру́сские сезо́ны».
2. «Мир иску́сства».
3. Социалисти́ческий реали́зм и худо́жники-соцреали́сты.
4. Соц-а́рт и его́ представи́тели.
5. Стрит-а́рт и у́личные худо́жники.
6. Инсталля́ции
7. Илья́ и Эми́лия Кабако́вы.

СЛОВАРЬ

афи́ша – poster
безобра́зие – outrage, ugliness
ваго́н – railway car
ве́рить/пове́рить во что? – to believe in
взаимоде́йствовать *impf.* – to interact
вид иску́сства – art form
власть *f.* – authority
влия́ть/повлия́ть на кого́? что? – to influence, have an influence on
вне – outside
внутри́ – within, among
возде́йствовать *impf.* – to have an impact
восприя́тие – perception
воссоздава́ть/воссозда́ть что? – to re-create
выставля́ться *impf.* **где?** – to be displayed, exhibited

выясня́ть/вы́яснить что? – to find out
гастро́ли – tour
госуда́рство – state, government
декора́ции – sets
досту́п|е|н, -а, -о, -ы – accessible
живо́е существо́ – living creature
захва́тывать/захвати́ть кого? что? – to capture
иде́я (у кого? появля́ется иде́я) – idea (someone got an idea)
издава́ть/изда́ть что? – to publish
издева́ться *impf.* **над кем? чем?** – to mock, sneer at
иронизи́ровать *impf.* **над чем?** – to comment ironically on
испо́льзовать *impf.* **&** *pfv.* – to use
ли́чность *f.* – personality, persona
ло́зунг – slogan
любо́й, -а́я, -о́е, -ы́е – any
ме́лочь *f.* – detail, trifle
мо́да – fashion
модельѐр – fashion designer
му́сор *sing. only* – garbage, trash
называ́ть/назва́ть что? чем? – to name
называ́ться *impf.* – to be named
накле́йка – sticker
наоборо́т – vice versa
нахо́дка – *here:* new idea
несмотря́ на что? – despite
нова́торство – innovation
обма́нывать/обману́ть кого? – to deceive
о́браз – image
образе́ц – example
образова́ться *pfv.* – to be formed
обраща́ть/обрати́ть внима́ние – to pay attention
одино́чество – loneliness
тоскова́ть *impf.* **от одино́чества** – to suffer from loneliness
определённый, -ая, -ое, -ые – certain
опро́с – poll
опро́шенный, -ая, -ое, -ые – respondent
отвеча́ть *impf.* **интере́сам** – to serve someone's interests
отлича́ться *impf.* **от кого? чего?** – to differ from
отме́чен, -а, -о, -ы – marked
относи́ться/отнести́сь к кому? чему? – *here:* to feel about, think about
относи́ть/отнести́ что? к чему? – to relate; *here:* consider as
отрица́тельно – negatively
певе́ц – singer
пережива́ние – emotional experience
переходи́ть/перейти́ куда? на что? – *here:* to switch to
под руково́дством кого? – under the direction of
поднима́ться/подня́ться по ле́стнице – to climb up the stairs
поко́й – rest, peace
поколе́ние – generation

по́льзоваться успе́хом – to be popular, successful
посре́дством – by, via, by means of
постано́вка – production
представи́тель – representative
представля́ть *impf.* **собо́й** – to be, consist of
признава́ть/призна́ть кого́? – to recognize, acknowledge, accept
принима́ть/приня́ть уча́стие – to participate
приноси́ть/принести́ сла́ву кому́? – to bring someone fame
проводи́ть/провести́ что? – to organize, hold
прославле́ние – glorification
проспе́кт – avenue
противостоя́ть *impf.* **кому́? чему́?** – to resist
проходи́ть/пройти́ где? – to take place, be held
пря́таться/спря́таться где? – to hide
публикова́ть/опубликова́ть что? – to publish
пыта́ться/попыта́ться – to try
разделя́ть *impf.* **взгля́ды** – to share views
разногла́сие – disagreement
разрешён, разрешена́, разрешено́, разрешены́ – allowed
ра́мки *pl.*: **в ра́мках** – framework: within the framework
распа́д чего? (СССР) – collapse (of the USSR)
рассчи́тывать *impf.* **на кого́? что?** – to count on, rely upon
све́жая кровь – "fresh blood," *here:* innovative artists
свя́зывать/связа́ть – to associate, relate, connect
серп и мо́лот – sickle and hammer
скучнова́т, -а, -о, -ы – somewhat boring, not very exciting
служи́ть *impf.* **кому́? чем?** – to serve
совме́стная рабо́та – collaboration, collaborative work
содержа́ние – content
созда́ние костю́мов – costume design
сотру́дничать *impf.* **с кем?** – to cooperate
соуча́стник – partner, co-participant
спекта́кль – performance
спуска́ться/спусти́ться (по ле́стнице) – to go down the stairs
стреми́ться *impf.* – to strive for
сюже́т – plot, story
танцо́р – dancer *m.*
творе́ц – creator, author
трёхме́рное простра́нство – three-dimensional space
тру́ппа – theater company
уничтожа́ть/уничто́жить – to destroy
успе́х – success
учи́тывать/уче́сть что? – to take into account
худо́жественная конце́пция – artistic concept
худо́жественный ме́тод – artistic method, style
цензу́ра – censorship
цита́та – quote
член – member
экспони́ровать *impf.* **что?** – to exhibit

экспони́роваться *impf.* **где?** – to be exhibited
эски́з – design, sketch, draft
эстети́ческое нача́ло – aesthetic principle

Примечания Endnotes

1 Револю́ция 1917 го́да – Вели́кая Октя́брьская социалисти́ческая револю́ция в
  Росси́и в октябре́ 1917 го́да.
2 «Оборо́на Петрогра́да» – "The Defense of Petrograd"
3 СМИ – сре́дства ма́ссовой информа́ции
4 Коммуна́льная кварти́ра – э́то кварти́ра, в кото́рой живёт не́сколько семе́й.
  У ка́ждой семьи́ своя́ ко́мната, но все по́льзуются одно́й ку́хней, ва́нной и
  туале́том.

ГЛАВА 4 | СКУЛЬПТУРА
ОТ НАРОДНОЙ ИГРУШКИ ДО ПАМЯТНИКОВ

В э́той главе́ мы бу́дем говори́ть о скульпту́ре и изве́стных росси́йских ску́льпторах. В пе́рвой ча́сти вы узна́ете о том, как и из каки́х материа́лов мастера́ де́лают скульпту́ру, а та́кже познако́митесь с традицио́нной ру́сской игру́шкой. Во второ́й ча́сти мы расска́жем вам о са́мых знамени́тых па́мятниках Росси́йской импе́рии, таки́х как па́мятник Петру́ Пе́рвому в Петербу́рге, па́мятник Ми́нину и Пожа́рскому в Москве́, па́мятник А.С. Пу́шкину в Москве́. И в тре́тьей ча́сти вы узна́ете о па́мятниках сове́тской эпо́хи. Кро́ме того́, мы расска́жем вам об уника́льном музе́е скульпту́ры под откры́тым не́бом «Музео́н».

ИЗ ЧЕГО́ ДЕ́ЛАЮТ СКУЛЬПТУ́РУ?

золото серебро бронза
stone гипс
clay wood silver
камень
gold
plaster
стекло *glass bronze*
глина дерево
cast

4–1 | Скульпту́ра: материа́лы. Study the Word Cloud above and find the English equivalents to the following words:

бро́нза –

гли́на –

зо́лото –

серебро́ –

гипс –

де́рево –

ка́мень –

стекло́ –

4–2 | Скульпту́ра. Study the verbs below and form complete sentences by matching the left and right columns. Read the sentences out loud and memorize them.

высека́ть/вы́сечь что? из чего? (ка́мня, мра́мора) – to carve, chisel out (in stone, marble)
лепи́ть/слепи́ть что? из чего? (гли́ны, ги́пса, пластили́на) – to sculpt (out of clay, plaster, plasticine)
отлива́ть/отли́ть что? из чего? (зо́лота, бро́нзы, серебра́) – to cast (gold, bronze, silver)
полирова́ть/отполирова́ть что? – to polish, buff
раскра́шивать/раскра́сить что? чем? (кра́сками) – to paint (with paints, colors)
ре́зать *impf.* **по де́реву; выреза́ть/вы́резать что? из де́рева** – to carve, to cut (out of wood)
чека́нить *impf.* **по мета́ллу** – to emboss (metal)

---

1. Из гли́ны скульпту́ру . . .   ___ отлива́ют, чека́нят и полиру́ют.

2. Из бро́нзы скульпту́ру . . .   ___ ле́пят и раскра́шивают.

3. Из ка́мня скульпту́ру . . .   ___ ле́пят.

4. Из пластили́на . . .   ___ отлива́ют, чека́нят и полиру́ют.

5. Из зо́лота скульпту́ру . . .   ___ высека́ют и полиру́ют.

6. Из де́рева скульпту́ру . . .   ___ ле́пят и раскра́шивают.

7. Из ги́пса скульпту́ру . . .   ___ отлива́ют, чека́нят и полиру́ют.

8. Из мра́мора скульпту́ру . . .   ___ выреза́ют и полиру́ют.

9. Из серебра́ скульпту́ру . . .   ___ высека́ют и полиру́ют.

 **4–3 | Опро́с.** In small groups, ask each other the following questions and write down the answers. Sum up the information gathered by your group and compare it with the other groups in your class.

Вопро́сы

1. Скульпту́ры из каки́х материа́лов вам бо́льше нра́вятся?

2. Вы когда́-нибу́дь лепи́ли из гли́ны и́ли пластили́на?

3. Что вы лепи́ли?

4. Вы вырезáли из дéрева?

5. Что вы вырезáли из дéрева?

ЧАСТЬ 1. СЛУШАЕМ ЛЕКЦИЮ

 4–4 | Лéкция «Скульптýра». Read the summary of the lecture and answer the question: **Какие материáлы испóльзуют для создáния скульптýр?**

Лéкция «Скульптýра»

> **мáстер** – artisan, artist
> **обретáть/обрести жизнь** – to find new life
> **персонáж** – character (in a work of art or literature)
> **прóмысел** – handicraft, folk craft
> **скáзка** – fairytale

Сегóдня мы бýдем слýшать лéкцию о скульптýре, в котóрой лéктор рассказывает о том, как и из каких материáлов мастерá создáют свои произведéния. Вы услышите рассказ об однóм из сáмых старинных прóмыслов на Руси, дымковской глиняной игрýшке, котóрая и сейчас óчень популярна в Росси́и. Затéм мы уви́дим ряд скульптýрных портрéтов: брóнзовый портрéт императора Петрá Пéрвого, сóзданный итальянским скýльптором Бартоломéо Кáрло Растрéлли, а тáкже мрáморные портрéты императрицы Екатери́ны Вторóй и извéстного учёного и поэ́та Михайла Ломонóсова, сóзданные скýльптором Федóтом Шýбиным. И, наконéц, вы познакóмитесь с деревянными скульптýрами, сóзданными в 20 вéке Сергéем Тимофéевичем Конёнковым. Благодаря творчеству э́того мáстера обрели́ нóвую жизнь персонáжи рýсских скáзок.

4–5 | Лéкция «Скульптýра». Reread the summary in 4–4 and find Russian equivalents for the following expressions:

1. made from wood –
2. made from bronze –
3. made from clay –
4. made from marble –

4–6 | Лéкция «Скульптýра». Reread the summary in 4–4 and choose the correct statements. There may be more than one correct answer.

1. В лéкции бýдет идти речь . . .
   a. о скульптýрах Петрá Пéрвого, Екатери́ны Вторóй, а тáкже Михайла Ломонóсова.

b. об изве́стных ру́сских и италья́нских ску́льпторах.

c. о том, как и из каки́х материа́лов де́лают скульпту́ры.

2. Из ле́кции вы узна́ете . . .

a. о па́мятниках изве́стным россия́нам.

b. о ды́мковской гли́няной игру́шке и деревя́нных скульпту́рах.

c. о бро́нзовых и мра́морных скульпту́рных портре́тах.

3. Во вре́мя ле́кции вы познако́митесь с рабо́тами таки́х ску́льпторов, как . . .

a. Федо́т Шу́бин и Серге́й Конёнков.

b. Бартоломе́о Ка́рло Растре́лли.

c. Феодо́сий Щедри́н и Ве́ра Му́хина.

4–7 | Ле́кция «Скульпту́ра». Listen to the lecture and choose the correct statements.

1. Ску́льпторы испо́льзуют . . .

a. гли́ну.	b. стекло́.
c. де́рево.	d. гипс.
e. мра́мор.	f. серебро́.
g. зо́лото.	h. бро́нзу.

2. Не даёт возмо́жности ску́льптору соверши́ть оши́бку . . .

a. гли́на.	b. стекло́.
c. де́рево.	d. гипс.
e. мра́мор.	f. серебро́.
g. зо́лото.	h. бро́нза.

3. Скульпту́рный портре́т импера́тора Петра́ Пе́рвого отли́т из . . .

a. гли́ны.	b. стекла́.
c. де́рева.	d. ги́пса.
e. мра́мора.	f. серебра́.
g. зо́лота.	h. бро́нзы.

4. Скульпту́рный портре́т императри́цы Екатери́ны Второ́й вы́сечен из . . .

a. гли́ны.	b. стекла́.
c. де́рева.	d. ги́пса.
e. мра́мора.	f. серебра́.
g. зо́лота.	h. бро́нзы.

5. Сергéй Тимофéевич Конёнков вырезáет скульптýры из . . .

    a. глúны.   b. стеклá.

    c. дéрева.   d. гúпса.

    e. мрáмора.   f. серебрá.

    g. зóлота.   h. брóнзы.

6. Дымковские игрýшки лéпят из . . .

    a. глúны.   b. стеклá.

    c. дéрева.   d. гúпса.

    e. мрáмора.   f. серебрá.

    g. зóлота.   h. брóнзы.

4–8 | Лéкция «Скульптýра». Listen to the lecture again and mark the names that are mentioned in the lecture. Read them out loud.

Image 4.2 Екатерúна II

___ Бартоломе́о Ка́рло Растре́лли
___ Серге́й Тимофе́евич Конёнков
___ Пётр Пе́рвый
___ Феодо́сий Щедри́н
___ Карл Ива́нович Ро́сси
___ Ве́ра Му́хина
___ Екатери́на Втора́я
___ Федо́т Шу́бин
___ Михаи́л Ломоно́сов

4–9 | Ле́кция «Скульпту́ра». 1) Listen to the lecture again and choose the correct answers. 2) Go to the textbook website and study the Chapter 4 Lecture Images. Familiarize yourself with the images, the artists' names and the titles of the artworks.

1. Почему́ игру́шку из гли́ны называ́ют ды́мковская игру́шка?
    a. Так как таки́е игру́шки ста́ли продава́ть в дере́вне Ды́мково.
    b. Так как таки́е игру́шки ста́ли лепи́ть и раскра́шивать в дере́вне Ды́мково.
    c. Так как таки́е игру́шки нашли́ в дере́вне Ды́мково.

Image 4.3 Михаи́л Ломоно́сов

2. Кто со́здал скульпту́рный портре́т импера́тора Петра́ Пе́рвого?
   a. Скульпту́ра со́здана Федо́том Шу́биным из мра́мора.
   b. Скульпту́рный портре́т со́здал в ги́псе, а пото́м отли́л из бро́нзы италья́нский ску́льптор Бартоломе́о Ка́рло Растре́лли.
   c. Её вы́резал из де́рева Серге́й Тимофе́евич Конёнков.
3. Кто со́здал скульпту́рный портре́т императри́цы Екатери́ны Второ́й?
   a. Её вы́резал из де́рева Серге́й Тимофе́евич Конёнков.
   b. Скульпту́рный портре́т со́здал в ги́псе, а потом отли́л из бро́нзы италья́нский ску́льптор Бартоломео Ка́рло Растре́лли.
   c. Скульпту́ра со́здана Федо́том Шу́биным из мра́мора.
4. Кто со́здал скульпту́рный портре́т Михаи́ла Ломоно́сова?
   a. Бартоломе́о Ка́рло Растре́лли.
   b. Федо́т Шу́бин.
   c. Серге́й Тимофе́евич Конёнков.
5. Кто тако́й Михаи́л Ломоно́сов?
   a. Изве́стный учёный и поэ́т.
   b. Изве́стный ру́сский худо́жник.
   c. Изве́стный ру́сский ску́льптор.
6. По мне́нию ле́ктора, что Федо́т Шу́бин переда́л в мра́море, создава́я скульпту́рные портре́ты свои́х совреме́нников?
   a. Он переда́л в мра́море гла́дкость шёлка, тя́жесть моне́т, лёгкость бума́жных страни́ц.
   b. Он переда́л в мра́море настрое́ние люде́й.
   c. Он переда́л в мра́море черты́ хара́ктера свои́х знамени́тых совреме́нников.
7. Кто создава́л деревя́нные скульпту́ры?
   a. Бартоломе́о Ка́рло Растре́лли.
   b. Федо́т Шу́бин.
   c. Серге́й Тимофе́евич Конёнков.
8. Что испо́льзовал в своём тво́рчестве Серге́й Тимофе́евич Конёнков?
   a. В своём тво́рчестве Конёнков испо́льзовал тради́ции анти́чных ску́льпторов.
   b. В своём тво́рчестве Конёнков испо́льзовал наро́дное тво́рчество: стари́нные преда́ния, ска́зки, были́ны.
   c. В своём тво́рчестве Конёнков испо́льзовал приёмы наро́дной резьбы́ по де́реву.

4–10 | Ле́кция «Скульпту́ра». Listen to the lecture again, find the following segment and fill in the blanks.

О бро́нзовой скульпту́ре

Для того́, что́бы созда́ть _____ скульпту́ру, ма́стер создаёт её снача́ла из _____, по́сле чего́ по фо́рме ги́псовой скульпту́ры, сле́пка, _____ бро́нзовую скульпту́ру. По́сле э́того ма́стер рабо́тает над тем, что́бы _____ факту́ру тка́ни, вырази́тельность черт лица́ и взгля́да, для э́того он _____ и _____ гото́вую бро́нзовую скульпту́ру.

О мраморной скульптуре

Скульптору гораздо сложнее работать, если он _____ для своего творчества такой красивый и дорогой материал, каким является _____. Мрамор не даёт _____ мастеру совершить ошибку. Движения скульптора должны быть _____ и отточенные. Если мастер делает неверное движение и создаёт _____ форму, ему приходится _____ всю свою работу заново.

4–11 | Лекция «Скульптура». Translate the following excerpt from the lecture into idiomatic English. Translate ideas, not words.

Дымковская игрушка – изделие ручной работы. Каждая игрушка – создание одного мастера. Изготовление игрушки, от лепки и до росписи, – процесс творческий, никогда не повторяющийся. Нет, и не может быть двух одинаковых изделий. Каждая игрушка уникальна и единственна.

Благодаря своей пластике, простоте узоров, яркости цветов дымковская игрушка широко изучается и используется в детском творчестве: дети любят лепить эти игрушки из глины или пластилина, рисовать или раскрашивать. Колоритная дымковская игрушка нашла отражение в коллекциях современных модельеров.

4–12 | Лекция «Скульптура». 1) Listen to the lecture again and take notes on the following questions. 2) Using your notes, answer the questions and record yourself. Send the recording to your instructor.

1. Как делают дымковскую игрушку?
2. Как делают скульптуры из бронзы?
3. Как делают скульптуры из мрамора?
4. Как делают деревянную скульптуру?

4–13 | Лекция «Скульптура». 1) Summarize the lecture in writing (300 words) using the expressions provided below. 2) Be ready to talk about the main ideas of the lecture in class.

В лекции речь шла о . . .
Лектор рассказала нам, во-первых . . ., во-вторых . . .
Мы узнали о том, что . . .
Мы увидели . . .
Кроме того, . . .
Более того, . . .
При этом . . .
Интересно, что . . .
В заключение можно сказать, что . . .

4–14 | Ру́сская игру́шка. Read and underline only the first phrase/ sentence of each paragraph in the article below and describe what this text is about in four or five sentences.

Традицио́нная ру́сская игру́шка

ба́рыня – lady, noblewoman
блесте́ть *impf.* – to shine, glitter
изгота́вливать/изгото́вить что? – to manufacture, make
кавале́р *archaic* – gentleman
ку́кла – doll
мона́х – monk
мудре́ц – sage, wise man
наро́дное гуля́ние – folk festivities
оберега́ть *impf.* – to protect
сия́ть *impf.* – to shine, glow
уда́ча – luck
фигу́рка – statuette, figurine
хотя́ – although

Игру́шка – важне́йшая часть любо́й культу́ры. В Росси́и игру́шки из де́рева и гли́ны бы́ли популя́рны о́чень давно́. Их изгота́вливали в ра́зных регио́нах страны́: в це́нтральной ча́сти, на се́вере, в Пово́лжье.

Мно́гие традицио́нные игру́шки име́ли фо́рму птиц, потому́ что в ру́сской наро́дной культу́ре пти́цы символизи́ровали не́бо и сча́стье. На се́вере Росси́и да́же выреза́ли птиц и ве́шали их под потолко́м, что́бы они́ приноси́ли в дом уда́чу. Кро́ме того́, одни́м из люби́мых персона́жей ру́сской наро́дной игру́шки был конь. Ру́сские мастера́ выреза́ли фигу́рки коне́й из де́рева, лепи́ли из гли́ны. Фигу́рки коне́й ча́сто мо́жно уви́деть на кры́ше до́ма. Этот «конёк» оберега́л дом и служи́л си́мволом сча́стья в семье́. Медве́дь – э́то люби́мый персона́ж наро́дной игру́шки, популя́рный геро́й ру́сской ска́зки, оди́н из си́мволов ру́сской на́ции. У англича́н тако́й си́мвол – лев, у францу́зов – пету́х, у кита́йцев – драко́н.

А вот мастера́ ды́мковской игру́шки лепи́ли не то́лько живо́тных, но ещё и ба́рынь под зо́нтиками, розовощёких кавале́ров на коне́, жа́нровые сце́нки наро́дных гуля́ний и́ли семе́йного чаепи́тия. Игру́шки дово́льно просты́ в исполне́нии, но как они́ раскра́шены! На бе́лом фо́не сия́ют изумру́дно-зелёный, ора́нжевый, жёлтый, мали́новый, си́ний цвета́, блести́т зо́лото. Ды́мковская игру́шка – э́то оди́н из са́мых стари́нных про́мыслов Росси́и, кото́рый возни́к ещё в XV – XVI века́х. Ды́мковская игру́шка явля́ется уника́льной ру́сской игру́шкой, так как у неё нет ана́логов ни в Росси́и, ни в ми́ре.

Хотя́ все ду́мают, что матрёшка – э́то традицио́нная ру́сская игру́шка, э́то не так. Эта деревя́нная ку́кла появи́лась то́лько к концу́ XIX ве́ка. Счита́ется, что её прототи́пом послужи́ла фигу́рка будди́йского мудреца́ Фукуру́мы, кото́рая была́ привезена́ с япо́нского о́строва Хонсю́. Одна́ко она́ была́ изгото́влена не ме́стными мастера́ми, а ру́сским мона́хом, жи́вшим на о́строве. Имя ку́клы, скоре́е всего́, происхо́дит от традицио́нного ру́сского и́мени Матрёна. Пе́рвая матрёшка, изгото́вленная Васи́лием Звёздочным, завоева́ла любо́вь снача́ла всей Росси́и, а зате́м и всего́ ми́ра, когда́ в 1900 году́ отпра́вилась на Всеми́рную вы́ставку в Пари́ж.

Материа́л подгото́влен на осно́ве информа́ции откры́тых исто́чников

4–15 | Ру́сская игру́шка. Reread the article in 4–14 and find the following information:

1. Из чего изгота́вливают традицио́нные ру́сские игру́шки?
2. В каки́х регио́нах Росси́и изгота́вливают традицио́нные ру́сские игру́шки?
3. Каки́е са́мые популя́рные и люби́мые персона́жи наро́дной игру́шки?
4. Кого́ лепи́ли мастера́ ды́мковской игру́шки?
5. Кака́я игру́шка бо́лее стари́нная, ру́сская матрёшка или ды́мковская игру́шка? Объясни́те.

4–16 | Презента́ция. Prepare a short multimedia presentation about one of the Russian folk toy crafts using information gathered from the internet.

Возмо́жные те́мы презента́ций
1. Аба́шевская игрушка
2. Богоро́дская игрушка
3. Каргопо́льская игрушка
4. Мазы́кская игрушка

ЧАСТЬ 2. ПАМЯТНИКИ РОССИЙСКОЙ ИМПЕРИИ

4–17 | Исто́рия па́мятников Росси́йской импе́рии. Read the article below and number the paragraphs in the logical order.

Исто́рия па́мятников росси́йской импе́рии

восстана́вливать/восстанови́ть что? – to restore
демонти́ровать *impf.* & *pfv.* **что? (па́мятник)** – to dismantle (a monument)
объединя́ть/объедини́ть кого́? что? – to unite
переме́ны – changes
поже́ртвование – donation
проводи́ть/провести́ ко́нкурс – to hold a contest
разруша́ть/разру́шить что? – to destroy
распа́д – collapse
собы́тие – event
сооруже́ние (па́мятника) – construction (of a monument)
украша́ть/укра́сить кого́? что? – to adorn, decorate
уничтожа́ть/уничто́жить кого́? что? – to destroy
устана́вливать/установи́ть что? (па́мятник) – to install (a monument)
устано́вка (па́мятника) – installation (of a monument)
утвержда́ть/утверди́ть что? – to approve

_____ В нача́ле 19-го ве́ка в устано́вке па́мятников произошли́ переме́ны. Пе́рвым па́мятником но́вого вре́мени мо́жно счита́ть знамени́тый монуме́нт Ми́нину и Пожа́рскому на Кра́сной пло́щади в Москве́. Впервы́е иде́я устано́вки

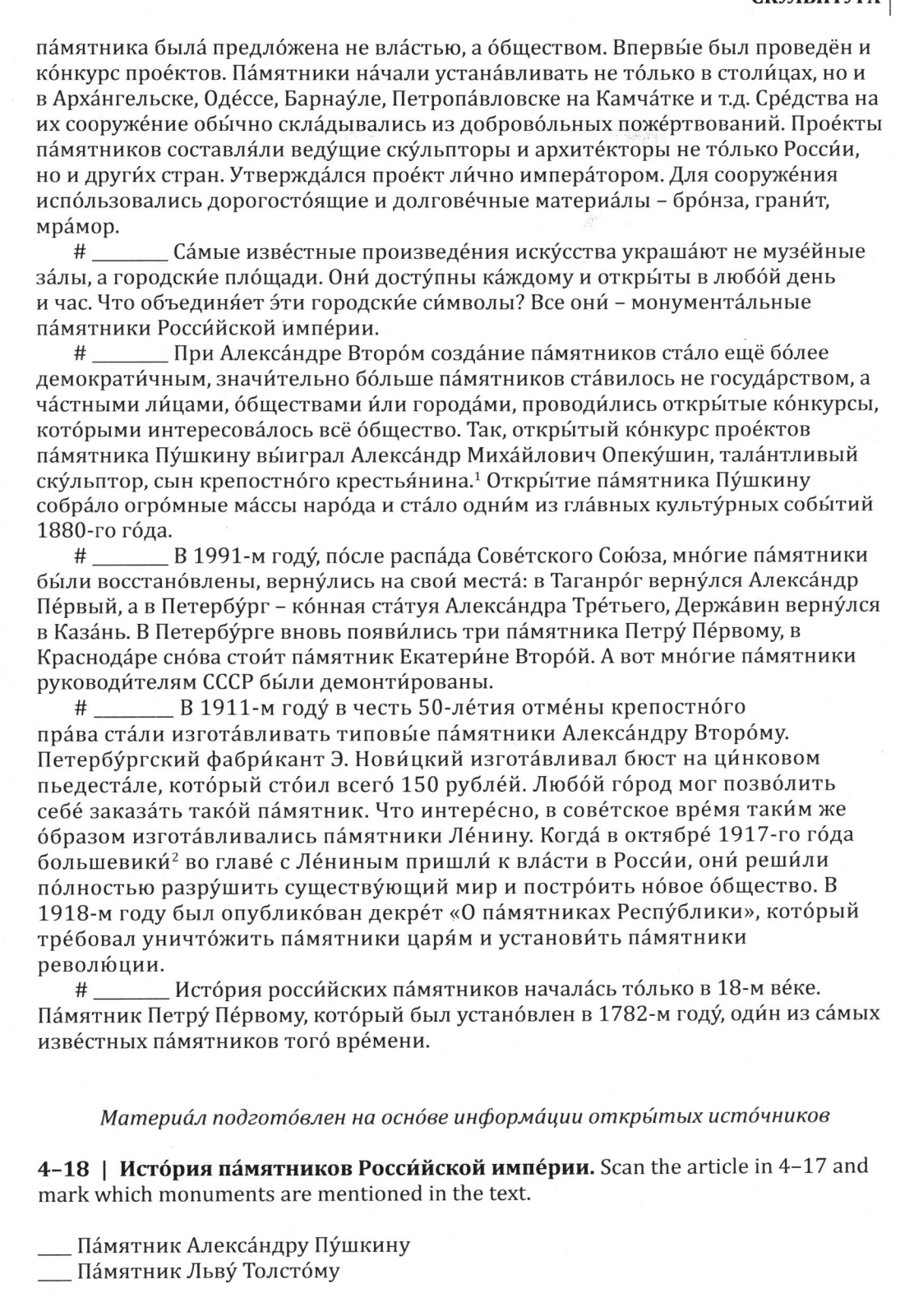

памятника была предложена не властью, а обществом. Впервые был проведён и конкурс проектов. Памятники начали устанавливать не только в столицах, но и в Архангельске, Одессе, Барнауле, Петропавловске на Камчатке и т.д. Средства на их сооружение обычно складывались из добровольных пожертвований. Проекты памятников составляли ведущие скульпторы и архитекторы не только России, но и других стран. Утверждался проект лично императором. Для сооружения использовались дорогостоящие и долговечные материалы – бронза, гранит, мрамор.

\# _____ Самые известные произведения искусства украшают не музейные залы, а городские площади. Они доступны каждому и открыты в любой день и час. Что объединяет эти городские символы? Все они – монументальные памятники Российской империи.

\# _____ При Александре Втором создание памятников стало ещё более демократичным, значительно больше памятников ставилось не государством, а частными лицами, обществами или городами, проводились открытые конкурсы, которыми интересовалось всё общество. Так, открытый конкурс проектов памятника Пушкину выиграл Александр Михайлович Опекушин, талантливый скульптор, сын крепостного крестьянина.[1] Открытие памятника Пушкину собрало огромные массы народа и стало одним из главных культурных событий 1880-го года.

\# _____ В 1991-м году, после распада Советского Союза, многие памятники были восстановлены, вернулись на свои места: в Таганрог вернулся Александр Первый, а в Петербург – конная статуя Александра Третьего, Державин вернулся в Казань. В Петербурге вновь появились три памятника Петру Первому, в Краснодаре снова стоит памятник Екатерине Второй. А вот многие памятники руководителям СССР были демонтированы.

\# _____ В 1911-м году в честь 50-летия отмены крепостного права стали изготавливать типовые памятники Александру Второму. Петербургский фабрикант Э. Новицкий изготавливал бюст на цинковом пьедестале, который стоил всего 150 рублей. Любой город мог позволить себе заказать такой памятник. Что интересно, в советское время таким же образом изготавливались памятники Ленину. Когда в октябре 1917-го года большевики[2] во главе с Лениным пришли к власти в России, они решили полностью разрушить существующий мир и построить новое общество. В 1918-м году был опубликован декрет «О памятниках Республики», который требовал уничтожить памятники царям и установить памятники революции.

\# _____ История российских памятников началась только в 18-м веке. Памятник Петру Первому, который был установлен в 1782-м году, один из самых известных памятников того времени.

Материал подготовлен на основе информации открытых источников

4–18 | История памятников Российской империи. Scan the article in 4–17 and mark which monuments are mentioned in the text.

___ Памятник Александру Пушкину
___ Памятник Льву Толстому

___ Па́мятник Ле́нину
___ Па́мятник Ста́лину
___ Па́мятник Па́влу Третьяко́ву
___ Па́мятник Алекса́ндру Пе́рвому
___ Па́мятник Алекса́ндру Второ́му
___ Па́мятник Алекса́ндру Тре́тьему
___ Па́мятник Гаврии́лу Держа́вину
___ Па́мятник Петру́ Пе́рвому
___ Па́мятник Екатери́не Второ́й
___ Па́мятник Ми́нину и Пожа́рскому

4–19 | Исто́рия па́мятников Росси́йской импе́рии. Reread the article in 4–17 and find all Russian equivalents for the following expressions. Memorize them.

1. project for a monument –
2. to construct a monument –
3. to install a monument –
4. to dismantle a monument –
5. to destroy a monument –
6. to restore a monument –
7. construction of a monument –
8. installation of a monument –
9. an opening ceremony for a monument –

4–20 | Исто́рия па́мятников Росси́йской импе́рии. Scan the article in 4–17 and fill in the dates. Read the sentences out loud.

1. Исто́рия росси́йских па́мятников начала́сь то́лько в _____ ве́ке.
2. Па́мятник Петру́ Пе́рвому, изве́стный как Ме́дный вса́дник, устано́влен в _____ году́.
3. В нача́ле _____ ве́ка в устано́вке па́мятников произошли́ переме́ны.
4. Гла́вное культу́рное собы́тие _____ го́да – э́то откры́тие пе́рвого моско́вского па́мятника Пу́шкину.
5. В _____ году́ в честь 50-ле́тия (пятидесятиле́тия) отме́ны крепостно́го пра́ва ста́ли изгота́вливать типовы́е па́мятники Алекса́ндру Второ́му.
6. В октябре́ _____ к вла́сти в Росси́и пришли́ большевики́, кото́рые хоте́ли по́лностью разру́шить существу́ющий мир и созда́ть но́вое о́бщество.
7. В _____ году́ был опублико́ван декре́т «О па́мятниках Респу́блики», кото́рый тре́бовал уничто́жить па́мятники царя́м и установи́ть па́мятники револю́ции.
8. В _____ году́ по́сле распа́да Сове́тского Сою́за мно́гие па́мятники бы́ли восстано́влены, верну́лись на свои́ места́: в Таганро́г верну́лся Алекса́ндр Пе́рвый, а в Петербу́рг – ко́нная ста́туя Алекса́ндра Тре́тьего . . .

4–21 | История памятников Российской империи. Reread the article in 4–17. In pairs or small groups, discuss the following questions and write down your answers. Make sure to use the following expressions in your discussion: **то есть** – that is; **иными словами** – in other words; **точнее говоря** – more precisely; **короче** – in brief; **причём** – but; **особенно** – especially; **ведь** – after all, you know.

1. Какой памятник был одним из самых известных в России в 18-м веке?
2. Какие перемены произошли в установке памятников в начале 19-го века?
3. Как вы думаете, почему открытие памятника Пушкину собрало огромные массы народа?
4. Почему большевики хотели уничтожить все памятники царям и установить памятники революции?
5. Как вы думаете, почему после распада Советского Союза многие памятники царям были восстановлены, а памятники руководителям СССР были демонтированы?

4–22 | Медный всадник. 1) Skim the article about the Bronze Horseman. Find and underline the main information about the monument in the text. 2) Explain why «Медный всадник» is translated as "The Bronze Horseman".

Image 4.4 Памятник Петру I на Сенатской площади в Санкт-Петербурге

Ме́дный вса́дник

> **вса́дник** – horseman
> **ме́дный, -ая, -ое, -ые** – copper *adj.*
> **одноимённый, -ая, -ое, -ые** – eponymous, of the same name
> **располо́жен, -а, -о, -ы где?** – located
> **то́чка опо́ры (па́мятника)** – point of support (for the statue)

Ме́дный вса́дник в Санкт-Петербу́рге – са́мый изве́стный па́мятник Петру́ Пе́рвому и оди́н из си́мволов Санкт-Петербу́рга. Он располо́жен на Сена́тской пло́щади и явля́ется уника́льным произведе́нием ру́сской и мирово́й культу́ры. Его́ изгота́вливали и устана́вливали о́коло 16 лет.

Па́мятник Петру́ Пе́рвому был устано́влен по прика́зу Екатери́ны Второ́й. Созда́ть па́мятник предложи́ли францу́зскому ску́льптору Этье́н-Мори́су Фальконе́. Фальконе́ всегда́ мечта́л о монумента́льном иску́сстве, так что получи́в предложе́ние созда́ть ко́нную ста́тую колосса́льного разме́ра, он сра́зу согласи́лся. 6 сентября́ 1766 го́да был подпи́сан контра́кт.

Торже́ственное откры́тие па́мятника Петру́ Пе́рвому состоя́лось 18 а́вгуста 1782 го́да. Па́мятник уника́лен тем, что име́ет то́лько три то́чки опо́ры. На пьедеста́ле па́мятника напи́сано «ПЕТРУ́ пе́рвому ЕКАТЕ́РИНА втора́я лѣта 1782», а на друго́й стороне́ тот же текст на лати́нском языке́. Вес Ме́дного вса́дника – во́семь тонн, а высота́ – пять ме́тров.

Назва́ние Ме́дный вса́дник па́мятник получи́л по́зже благодаря́ одноимённой поэ́ме А.С. Пу́шкина,[3] хотя́ на са́мом де́ле монуме́нт изгото́влен из бро́нзы.

Материа́л подгото́влен на осно́ве информа́ции откры́тых исто́чников

4–23 | Ме́дный вса́дник. Reread 4–22 and find Russian equivalents for the following words:

1. bronze –
2. colossal –
3. contract –
4. monument –
5. monumental –
6. pedestal –
7. statue –
8. symbol –
9. unique –

4–24 | Ме́дный вса́дник. Scan the article in 4–22 for the following information and write your answers on a separate piece of paper.

1. Си́мволом чего́ явля́ется па́мятник?
2. Где располо́жен па́мятник?
3. Кто был инициа́тором созда́ния па́мятника?
4. Кто созда́л па́мятник?
5. Из чего́ сде́лан па́мятник?
6. Како́й вес и высота́ па́мятника?
7. Что напи́сано на пьедеста́ле па́мятника?

8. В чём уника́льность па́мятника?

9. Когда́ бы́ло торже́ственное откры́тие па́мятника?

 4–25 | Видеосюже́т «Ме́дный вса́дник». 1) Watch the video and choose the correct statements. There may be more than one correct answer. 2) Summarize the video in six to seven sentences using the correct statements. Make sure to include the following cohesive devices in your summary: **интере́сно, что**; **кро́ме того́**; **при э́том**; **а та́кже**; **бо́лее того́**.

Ме́дный вса́дник

> **во́ля** – will
> **держа́вность** – national greatness, sovereignty
> **де́ятельность** *f.* – public activity
> **заве́т** – covenant
> **ра́зум** – reason
> **скла́дка** – fold

1. Па́мятник Петру́ Пе́рвому . . .
   a. си́мвол Росси́и.
   b. са́мый изве́стный па́мятник в Росси́и.
   c. си́мвол росси́йской держа́вности.
   d. пе́рвый ко́нный па́мятник ру́сскому царю́.
2. Иде́я поста́вить па́мятник Петру́ принадлежи́т . . .
   a. Екатери́не Пе́рвой.
   b. Екатери́не Второ́й.
   c. Петру́ Пе́рвому.
   d. наро́ду.
3. Екатери́на Втора́я хоте́ла . . .
   a. поста́вить па́мятник Петру́ Пе́рвому, как основа́телю Санкт-Петербу́рга.
   b. поста́вить па́мятник Петру́ Пе́рвому – вели́кому реформа́тору Росси́и.
   c. поста́вить па́мятник Петру́, как созда́телю морско́го фло́та Росси́и.
   d. установи́ть связь ме́жду свое́й де́ятельностью и заве́тами Петра́ Пе́рвого.
4. Па́мятник до́лжен был символизи́ровать . . .
   a. побе́ду цивилиза́ции над си́лами приро́ды.
   b. побе́ду Росси́и в войне́ со шве́дами.
   c. побе́ду челове́ческой во́ли и ра́зума над си́лами приро́ды.
   d. прекра́сный го́род Петербу́рг.
5. Го́лову Петра́ Пе́рвого . . .
   a. лепи́л Фёдор Горде́ев.
   b. лепи́ла учени́ца Фальконе́ Мари́-Анна Колло́.
   c. лепи́л Этье́н Фальконе́.
   d. лепи́л Федо́т Шу́бин.
6. Змею́ на памя́тнике вы́лепил . . .
   a. Феодо́сий Щедри́н.
   b. Фёдор Горде́ев.

    c.   Этьéн Фальконé.

    d.   Федóт Шýбин.

7.   В склáдках плащá Петрá Пéрвого есть нáдпись . . .

    a.   лепúл и отливáл Этьéн Фальконé, парижáнин, 1778 год.

    b.   лепúл и отливáл Этьéн Фальконé, парижáнин, 1787 год.

    c.   лепúл и отливáл Фёдор Гордéев, 1778 год.

    d.   лепúла и отливáла Марú-Анна Коллó, парижáнка,1787 год.

4–26 | А. Пýшкин «Мéдный всáдник». 1) Listen to the excerpt from the Prologue of *The Bronze Horseman* by Aleksandr Pushkin. 2) Read the excerpt out loud and explain in English or Russian what it is about. 3) Find an English translation of the excerpt online.

На берегý пустынных волн
Стоял *он*, дум велúких полн,
И вдаль глядéл. Пред ним ширóко
Рекá неслáся; бéдный чёлн
По ней стремúлся одинóко.
По мшúстым, тóпким берегáм
Чернéли úзбы здесь и там,
Приют убóгого чухóнца;
И лес, невéдомый лучáм
В тумáне спрятанного сóлнца,
Кругóм шумéл.

4–27 | Извéстные пáмятники в Москвé. Read the following two articles collected from travel websites and answer the questions below in writing.

1.   Комý устанóвлен пáмятник?
2.   Когдá был устанóвлен пáмятник?
3.   Сúмволом чегó является пáмятник?
4.   Где располóжен пáмятник?
5.   Кто был инициáтором создáния пáмятника?
6.   Кто создáл пáмятник?
7.   Из чегó сдéлан пáмятник?
8.   Какóй вес и высотá пáмятника?

Пáмятник Мúнину и Пожáрскому

в честь когó? – in honor of
ведь – after all, you know
возглавлять/возглáвить когó? что? – to lead, head
незавúсимость *f.* – independence
освободúтельная борьбá – struggle for liberation
освобождéние – liberation
поддéрживать/поддержáть когó? что? – to support
позúровать *impf.* **комý?** – to pose for, sit for
сбор дéнег – fundraising
укáз – decree
целикóм – whole

Image 4.5 Па́мятник Ми́нину и Пожа́рскому

В са́мом се́рдце Москвы́, на Кра́сной пло́щади пе́ред Собо́ром Васи́лия Блаже́нного, расположе́н па́мятник Ми́нину и Пожа́рскому. Кузьма́ Ми́нин и Дми́трий Миха́йлович Пожа́рский возгла́вили в нача́ле XVII ве́ка освободи́тельную борьбу́ ру́сского наро́да про́тив по́льско-лито́вских и шве́дских войск, кото́рая заверши́лась побе́дой и освобожде́нием Москвы́ в 1612 году́. Па́мятник стал си́мволом свобо́ды и незави́симости Росси́и.

Исто́рия скульпту́ры начала́сь в 1803 году́, когда́ с иде́ей о созда́нии па́мятника вы́ступили чле́ны Во́льного о́бщества люби́телей слове́сности, нау́к и худо́жеств.[4] Импера́тору Алекса́ндру иде́я понра́вилась, и он её поддержа́л. Па́мятник Ми́нину и Пожа́рскому стал пе́рвым па́мятником в Москве́, кото́рый установи́ли не в честь царя́, а в честь наро́дных геро́ев. В 1808 году́ ску́льптор Ива́н Ма́ртос победи́л в конку́рсе на лу́чший прое́кт па́мятника, был и́здан импера́торский ука́з о сбо́ре де́нег на па́мятник по всей Росси́и.

При созда́нии скульпту́р Ми́нина и Пожа́рского Ива́ну Ма́ртосу пози́ровали его́ со́бственные сыновья́. Па́мятник отли́т из бро́нзы целико́м за оди́н раз, что бы́ло сде́лано впервы́е в исто́рии европе́йской скульпту́ры. Высота́ па́мятника во́семь ме́тров и во́семьдесят сантиме́тров. Грани́т для пьедеста́ла был привезён из Финля́ндии в Санкт-Петербу́рг, а уже́ отту́да его́ перевезли́ в Москву́. На пьедеста́ле па́мятника мо́жно прочита́ть слова́: «Граждани́ну Ми́нину и кня́зю Пожа́рскому – благода́рная Росси́я. лѣта 1818». В 1818 году́ состоя́лось торже́ственное откры́тие па́мятника при уча́стии импера́тора и импера́торской семьй.

Сего́дня па́мятник Ми́нину и Пожа́рскому – э́то одна́ из гла́вных достопримеча́тельностей столи́цы Росси́и.

Image 4.6 Па́мятник А. С. Пу́шкину (г. Москва́)

Па́мятник А. С. Пу́шкину

объявля́ть/объяви́ть что? – to announce
постаме́нт – pedestal
скопи́ться *pfv.* – to accumulate

Па́мятник А. С. Пу́шкину был устано́влен в Москве́ в 1880-м году́ ко дню рожде́ния поэ́та. Сего́дня па́мятник А. С. Пу́шкину на Пу́шкинской пло́щади – одно́ из са́мых популя́рных мест в Москве́ и оди́н из си́мволов столи́цы. Тру́дно предста́вить Москву́ без э́того па́мятника.

Иде́я созда́ния па́мятника Алекса́ндру Серге́евичу Пу́шкину появи́лась сра́зу же по́сле его́ сме́рти в 1837-м году́. Но в э́ти го́ды нельзя́ бы́ло и ду́мать о созда́нии па́мятника поэ́ту! То́лько в 1860-м году́ по инициати́ве выпускнико́в Царскосе́льского лице́я, в кото́ром учи́лся Пу́шкин, ста́ли собира́ть де́ньги на па́мятник по всей Росси́и. Крестья́не дава́ли копе́йки, чино́вники, генера́лы – от одного́ рубля́ до 100, чле́ны ца́рской семьи́ – 100–150 рубле́й. К 1870-му году́ скопи́лось сто шестьдеся́т ты́сяч пятьсо́т се́мьдесят пять рубле́й де́сять копе́ек. В 1875-м году́ объяви́ли откры́тый ко́нкурс прое́ктов па́мятника, кото́рый вы́играл ску́льптор Алекса́ндр Миха́йлович Опеку́шин.

Ста́тую отлива́ли в бро́нзе на бронзолите́йном заво́де в Петербу́рге. На э́ту рабо́ту, а та́кже на изготовле́ние грани́тного постаме́нта и устано́вку ушло́ ещё пять лет. Общая высота́ па́мятника соста́вила оди́ннадцать ме́тров, вес – о́коло шести́ тонн. На постаме́нте мо́жно прочита́ть пу́шкинские стихи́. С одно́й стороны́ напи́сано:

> Слух обо мне пройдёт
> По всей Руси́ вели́кой,
> И назовёт меня́
> Всяк су́щий в ней язы́к.

С друго́й стороны́ па́мятника напи́сано:

> И до́лго бу́ду тем любе́зен я наро́ду,
> Что чу́вства до́брые я
> ли́рой пробужда́л,
> Что в мой жесто́кий век
> Восславил я свобо́ду
> И ми́лость к па́дшим призыва́л.

Материа́л подгото́влен на осно́ве информа́ции откры́тых исто́чников

4–28 | Изве́стные памятники в Москве. Reread the articles in 4–27 and complete the following sentences:

1. Па́мятник Ми́нину и Пожа́рскому был пе́рвым па́мятником в Росси́и в честь . . .
2. Па́мятник Пу́шкину был пе́рвым па́мятником в Росси́и в честь . . .

4–29 | Изве́стные па́мятники в Москве́. Compare the Minin and Pozharsky monument to the Pushkin monument, using your notes from 4–27 and 4–28. Make sure to include the following constructions in your comparison:

1. Как па́мятник X, так и па́мятник Y. . .
2. И па́мятник X, и па́мятник Y. . .
3. В отли́чие от памя́тника X, па́мятник Y. . .
4. В то вре́мя как па́мятник X. . ., па́мятник Y. . .

4–30 | Изве́стные па́мятники в Москве́. Scan the articles in 4–27 for the answers to the following questions:

1. Что напи́сано на пьедеста́ле па́мятника Ми́нину и Пожа́рскому?
2. Что напи́сано на пьедеста́ле па́мятника А. Пу́шкину?

 **4–31 | Па́мятник Пу́шкину.** Read the following blog post and underline all monuments mentioned in Andrey's story. What do all the monuments have in common?

Из бло́га Андре́я Васи́льева

> **вина́** – fault, guilt
> **зави́довать** *impf.* **кому́?** – to envy
> **мечта́** – dream
> **сбыва́ться/сбы́ться** – (of dreams) to come true, happen

Янва́рь, ве́чер. Вре́мя – без двадцати́ шесть. Я стою́ во́зле па́мятника Пу́шкину и жду Ле́ну. Мы собра́лись в теа́тр. У меня́ пе́рвое свида́ние о́коло па́мятника Пу́шкину. Когда́ я смотре́л на молоды́х люде́й, кото́рые жду́т де́вушек во́зле па́мятника поэ́ту, и́ли на де́вушек, кото́рые ждут свои́х парне́й, я немно́жко зави́довал им, так как почему́-то у меня́ никогда́ не́ было свида́ния во́зле па́мятника Пу́шкину. И вот, пожа́луйста! Сбыва́ются, мо́жно сказа́ть, мечты́.

Ле́ны всё нет, в э́том не её вина́. Нас ра́ньше отпусти́ли с рабо́ты. Для мои́х колле́г э́то ста́ло ра́достным собы́тием, а мне пришло́сь ли́шних полтора́ часа́ ходи́ть во́зле па́мятника Пу́шкину, иногда́ броса́я взгля́ды на киноконце́ртный зал «Пу́шкинский», бы́вший кинотеа́тр «Росси́я». Не прися́дешь – хо́лодно, не почита́ешь – темно́. Я уже́ прогуля́лся к са́ду Эрмита́ж, нашёл там ну́жный нам теа́тр «Сфе́ра» и верну́лся обра́тно. Успе́л постоя́ть у па́мятника Влади́миру Высо́цкому, на голове́ кото́рого была́ сне́жная ша́пка. Постоя́л и у па́мятника Серге́ю Рахма́нинову, в тако́й же сне́жной ша́пке. Впро́чем, и Пу́шкин был в сне́жной ша́пке. Шёл мя́гкий янва́рский снег, блестя́щий в огня́х у́личных фонаре́й и рекла́м.

И вот получа́ется, что свида́ние, да́же у па́мятника Пу́шкину, стано́вится не таки́м уж и романти́чным в январе́ и на моро́зе. Пу́шкину что? Он бро́нзовый. А я – нет. Я совсе́м замёрз. Уйти́, посиде́ть в кафе́шке? Нет, уходи́ть уже́ по́здно. Вдруг сейча́с Ле́на подойдёт. А кто её встре́тит, Пу́шкин?

Материа́л подгото́влен на осно́ве информа́ции откры́тых исто́чников

4–32 | Па́мятник Пу́шкину. Read the blog post and choose the correct statements. There may be more than one correct statement.

1. Андре́й и Ле́на собира́лись пойти́ . . .
   a. в киноконце́ртный зал «Пу́шкинский».
   b. в кинотеа́тр «Росси́я».
   c. в теа́тр «Сфе́ра».
2. У Андре́я и Ле́ны свида́ние о́коло па́мятника . . .
   a. С. Рахма́нинову.
   b. В. Высо́цкому.
   c. А. Пу́шкину.

3. Андрей пришёл на свида́ние ра́ньше, так как . . .
   a. его́ на полтора́ часа́ ра́ньше отпусти́ли с рабо́ты.
   b. его́ на полчаса́ ра́ньше отпусти́ли с рабо́ты.
   c. его́ на два часа́ ра́ньше отпусти́ли с рабо́ты.
4. Популя́рным ме́стом романти́ческих свида́ний в Москве́ явля́ется па́мятник . . .
   a. В. Высо́цкому.
   b. А. Пу́шкину.
   c. С. Рахма́нинову.
5. В январе́ и на моро́зе свида́ние стано́вится не таки́м уж и романти́чным . . .
   a. да́же у па́мятника А. Пу́шкину.
   b. да́же у па́мятника С. Рахма́нинову.
   c. да́же у памя́тника В. Высо́цкому.

4–33 | Хотя́ *Although*. Form complex sentences using the conjunctions **хотя́**; **несмотря́ на то, что**. The first one has been done for you.

1. Андре́й замёрз. Андре́й Васи́льев реши́л дожда́ться Ле́ну. *Андре́й Васи́льев реши́л дожда́ться Ле́ну, несмотря́ на то что он замёрз.*
2. Андре́й Васи́льев до́лго ждал Ле́ну во́зле па́мятника Пу́шкину. Бы́ло о́чень хо́лодно и шёл снег.
3. Андре́й продолжа́л ждать Ле́ну. Ле́на не приходи́ла.
4. Андре́й не уходи́л. Андре́й мог уйти́, посиде́ть в кафе́шке.
5. У Андре́я никогда́ не бы́ло свида́ния о́коло па́мятника Пу́шкину. Андре́й давно́ хоте́л э́того и немно́жко зави́довал молоды́м лю́дям, кото́рые ждут де́вушек во́зле па́мятника поэ́ту.
6. Свида́ние с Ле́ной стано́вится не таки́м уж и романти́чным в январе́ и на моро́зе. Свида́ние с Ле́ной назна́чено у па́мятника Пу́шкину.
7. Пу́шкин не замёрз, так как он из бро́нзы. Бы́ло о́чень хо́лодно и шёл снег.

4–34 | Расскажи́те друг дру́гу. Using the questions below as an outline, talk about one of the monuments you have read about.

1. Кому́ устано́влен па́мятник?
2. Когда́ был устано́влен па́мятник?
3. Си́мволом чего́ явля́ется па́мятник?
4. Где располо́жен па́мятник?
5. Кто был инициа́тором созда́ния па́мятника?
6. Кто созда́л па́мятник?
7. Из чего сде́лан па́мятник?
8. Како́й вес и высота́ па́мятника?
9. Что напи́сано на пьедеста́ле па́мятника?
10. Почему́ вы реши́ли рассказа́ть и́менно об э́том па́мятнике?

ЧАСТЬ 3. ПАМЯТНИКИ СОВЕТСКОЙ ЭПОХИ

4–35 | «Рабо́чий и колхо́зница». Scan the text below. Find and underline the following information in the text.

1. Кто созда́л скульпту́ру «Рабо́чий и колхо́зница»?
2. Где и когда́ впервы́е была́ пока́зана скульпту́ра?
3. Где сейча́с нахо́дится скульпту́ра?

Image 4.7 Па́мятник «Рабо́чий и колхо́зница»

Скульпту́ра «Рабо́чий и колхо́зница»[5]

выдаю́щийся – outstanding
монти́ровать/смонти́ровать что? – to assemble
напомина́ть/напо́мнить кому? о ком? о чём? – to remind
нержаве́ющая сталь – stainless steel
печа́тать/напеча́тать что? – to publish, print
спроекти́рованный, -ая, -ое, -ые – designed
сре́дства *pl.* – means
этало́н – standard, model

Ю́ноша и де́вушка де́ржат высоко́ над голово́й серп и мо́лот[6] – э́то скульпту́рная гру́ппа «Рабо́чий и колхо́зница» знамени́того сове́тского ску́льптора Ве́ры Игна́тьевны Му́хиной. Мно́гие кри́тики счита́ют, что «Рабо́чий и колхо́зница» – выдаю́щееся произведе́ние скульпту́ры XX ве́ка и этало́н соцреали́зма. Мону́мент сде́лан из нержаве́ющей ста́ли. Высота́ 24,5 ме́тра. О́бщий вес – 185 тонн.

Исто́рия созда́ния скульпту́ры начала́сь в 1936 году́, когда́ Сове́тский Сою́з получи́л приглаше́ние приня́ть уча́стие во Всеми́рной вы́ставке 1937 го́да в Пари́же. По прое́кту архите́ктора Бори́са Миха́йловича Иофа́на был постро́ен павильо́н Сове́тского Сою́за, а огро́мная скульпту́ра Ве́ры Му́хиной «Рабо́чий и колхо́зница» была́ устано́влена на э́том павильо́не.

На вы́ставке в Пари́же скульпту́ра Ве́ры Му́хиной име́ла огро́мный успе́х. Фотогра́фии скульпту́ры «Рабо́чий и колхо́зница» печа́тали все веду́щие газе́ты, мо́жно бы́ло купи́ть сувени́ры с её изображе́нием. По́сле оконча́ния вы́ставки францу́зы на́чали собира́ть сре́дства для того́, что́бы вы́купить у СССР скульпту́ру и оста́вить её в Пари́же. Но Ста́лин категори́чески отказа́л. Скульпту́ру демонти́ровали и перевезли́ обра́тно в Москву́. Снача́ла её не хоте́ли восстана́вливать, но в 1939 году́ скульпту́ру смонти́ровали и поста́вили пе́ред гла́вным вхо́дом на Вы́ставку достиже́ний наро́дного хозя́йства (ВДНХ).[7] Интере́сно, что сра́зу по́сле устано́вки в Москве́ в ию́ле 1939 го́да, скульпту́ру уви́дели в ря́де фи́льмов миллио́ны сове́тских зри́телей. А с 1947 го́да скульпту́ра официа́льно явля́ется си́мволом сове́тской (сейча́с росси́йской) киносту́дии Мосфи́льм.

До́лгие го́ды скульпту́ра стоя́ла на невысо́ком постаме́нте. И то́лько к 2009 году́ на ВДНХ был постро́ен павильо́н, кото́рый повтори́л павильо́н Б.М. Иофа́на, спроекти́рованный для Всеми́рной вы́ставки 1937 го́да. 4 сентября́ 2010 го́да в э́том павильо́не, в постаме́нте монуме́нта, был откры́т музе́йно-вы́ставочный центр «Рабо́чий и колхо́зница». В музе́е мо́жно познако́миться с исто́рией созда́ния монуме́нта в фотогра́фиях, прое́ктах и маке́тах. А сама́ скульпту́ра «Рабо́чий и колхо́зница» напомина́ет нам сего́дня о вре́мени, когда́ серп и мо́лот бы́ли си́мволами страны́ Сове́тов.

Материа́л подгото́влен на осно́ве информа́ции откры́тых исто́чников

4–36 | «Рабо́чий и колхо́зница». Match the English words in the left column with their Russian equivalents in the right column. Read the Russian words out loud and make sure to get the stress right.

1. critic   ___ проéкт

2. copy   ___ си́мвол

3. sculpture group   ___ ко́пия

4. maquette   ___ павильо́н

5. officially   ___ сувени́р

6. pavilion   ___ скульпту́рная гру́ппа

7. project   ___ маке́т

8. souvenir   ___ кри́тик

9. symbol   ___ официа́льно

4–37 | «Рабо́чий и колхо́зница». Reread the text in 4–35 and mark whether the statements below correspond to the content.

Да Нет	1.	Мно́гие кри́тики счита́ют, что «Рабо́чий и колхо́зница» – выдаю́щееся произведе́ние скульпту́ры XX ве́ка и этало́н соцреали́зма.
Да Нет	2.	С 1947 го́да скульпту́ра официа́льно явля́ется си́мволом сове́тской (сейча́с росси́йской) киносту́дии Мосфи́льм.
Да Нет	3.	Монуме́нт сде́лан из нержаве́ющей ста́ли. Высота́ 24,5 ме́тра. Общий вес – 185 тонн.
Да Нет	4.	Скульпту́ра изобража́ет ю́ношу и де́вушку, кото́рые де́ржат высоко́ над голово́й кра́сные звёзды.
Да Нет	5.	На Всеми́рной вы́ставке 1937 го́да в Пари́же скульпту́ра Ве́ры Му́хиной не име́ла успе́ха.
Да Нет	6.	На Всеми́рной вы́ставке 1937 го́да в Пари́же мо́жно бы́ло купи́ть сувени́ры с изображе́нием скульпту́ры «Рабо́чий и колхо́зница».
Да Нет	7.	По́сле вы́ставки в Пари́же скульпту́ру демонти́ровали и перевезли́ обра́тно в Москву́, где её смонти́ровали и поста́вили на небольшо́м постаме́нте пе́ред гла́вным вхо́дом в ВДНХ.
Да Нет	8.	К 2009 году́ на ВДНХ был постро́ен павильо́н, кото́рый повторя́л павильо́н Б.М. Иофа́на, спроекти́рованный для Всеми́рной вы́ставки 1937 го́да.
Да Нет	9.	На ВДНХ собира́ются откры́ть музе́йно-вы́ставочный центр «Рабо́чий и колхо́зница».

4–38 | «Рабо́чий и колхо́зница». In pairs or small groups, discuss the following questions and write down your answers. Sum up the information gathered by your group and compare it with the other groups in your class. Make sure to include the following expressions in your answers: **то есть** – that is; **иными словами** – in other words; **точнее говоря** – more precisely; **короче** – in brief; **причём** – but; **особенно** – especially; **ведь** – after all, you know.

1. Как вы ду́маете, почему́ скульпту́ра «Рабо́чий и колхо́зница» явля́ется этало́ном соцреали́зма?
2. Почему́ скульпту́ра «Рабо́чий и колхо́зница» – си́мвол «Мосфи́льма»?
3. Как вы ду́маете, почему́ Ста́лин не захоте́л прода́ть францу́зам скульпту́ру «Рабо́чий и колхо́зница»?
4. Почему́ в 2000-х года́х реши́ли постро́ить павильо́н, кото́рый повторя́ет павильо́н Б.М. Иофа́на, спроекти́рованный для Всеми́рной вы́ставки 1937 го́да?
5. Как вы ду́маете, како́е значе́ние для россия́н име́ет сейча́с скульпту́ра «Рабо́чий и колхо́зница»?

4–39 | «Роди́на-мать зовёт». Scan the text below. Find and underline the following information in the text: 1) **кто** ску́льптор, 2) **где** устано́влен монуме́нт and 3) **кому́** устано́влен монуме́нт.

Скульпту́ра «Ро́дина-мать зовёт!» в Волгогра́де

возлага́ть/возложи́ть цветы́ – to lay flowers
дань *f.* – tribute
дога́дываться/догада́ться – to guess, imagine
железобето́н – reinforced concrete
ограниче́ние – restriction
поги́бший, -ая, -ее, -ие – killed
реставри́ровать/отреставри́ровать что? – to restore
строи́тельные материа́лы – construction materials
фунда́мент – foundation

Image 4.8 Скульпту́ра «Ро́дина-мать зовёт! » (г. Волгогра́д)

#1| 9-го ма́я в Росси́и пра́зднуют День Побе́ды. День Побе́ды в Вели́кой Оте́чественной войне́ 1941–1945 годо́в – са́мый ва́жный пра́здник для всех жи́телей Росси́и. В э́тот день россия́не традицио́нно возлага́ют цветы́ к па́мятникам Вели́кой Оте́чественной войны́ (ВОВ), кото́рых мно́го в Росси́и и за рубежо́м.

#2| Одни́м из са́мых изве́стных па́мятников ВОВ в Росси́и явля́ется скульпту́ра «Ро́дина-мать зовёт» в Волгогра́де. Фигу́ра же́нщины, подня́вшей вверх меч и сде́лавшей шаг вперёд, символизи́рует Ро́дину-мать, кото́рая зовёт свои́х сынове́й на бой с враго́м. Это оди́н из са́мых высо́ких монуме́нтов в ми́ре, так как о́бщая высота́ па́мятника – 85 ме́тров, а длина́ самого́ меча́ составля́ет 33 ме́тра. Для сравне́ния: высота́ ста́туи Свобо́ды в Нью-Йо́рке – 46 ме́тров. Вес скульпту́ры «Ро́дина-мать зовёт» – 8 ты́сяч тонн, а меча́ – 14 тонн. Ста́туя стои́т на плите́ высото́й всего́ 2 ме́тра, кото́рая лежи́т на гла́вном фунда́менте. Этот фунда́мент высото́й 16 ме́тров, одна́ко его́ почти́ не ви́дно – бо́льшая его́ часть нахо́дится под землёй. Скульпту́ра сде́лана из бло́ков железобето́на, а меч – из нержаве́ющей ста́ли.

#3| Гла́вным ску́льптором и руководи́телем прое́кта был знамени́тый ску́льптор Евге́ний Ви́кторович Вуче́тич, кото́рый со́здал та́кже скульпту́ру «Перекуём мечи́ на ора́ла»,[8] стоя́щую на пло́щади пе́ред зда́нием ООН в Нью-Йо́рке. Вуче́тича называ́ли «сове́тским Микела́нджело», насто́лько грандио́зны его́ рабо́ты.

#4| Строи́тельство монуме́нта «Ро́дина-мать зовёт» бы́ло на́чато в ма́е 1959 го́да и зако́нчено 15 октября́ 1967 го́да. Строи́тельству придава́лось огро́мное значе́ние. Не́ было никаки́х ограниче́ний в сре́дствах и строи́тельных материа́лах. Па́мятник реставри́ровали два́жды: в 1972 и 1986 года́х.

#5| Скульпту́ра «Ро́дина-мать зовёт», со́зданная Е.В. Вуче́тичем, психологи́чески си́льно возде́йствует на ка́ждого, кто её ви́дит. Как а́втору удало́сь э́то сде́лать, мо́жно то́лько дога́дываться. Для ску́льптора, кото́рый пережи́л Вели́кую Оте́чественную войну́, э́тот монуме́нт – дань па́мяти поги́бшим солда́там в э́той войне́.

Материа́л подгото́влен на осно́ве информа́ции откры́тых исто́чников

4–40 | **«Ро́дина-мать зовёт»**. The paragraphs in the text in 4–39 are numbered. Scan the article one more time and find the paragraph in which:

1) речь идёт о гла́вном ску́льпторе монуме́нта «Ро́дина-мать зовёт».
   Абза́ц 1-2-3-4-5
2) речь идёт о строи́тельстве монуме́нта «Ро́дина-мать зовёт».
   Абза́ц 1-2-3-4-5
3) опи́сывается скульпту́ра (вес, высота́, из чего́ сде́лана и др.).
   Абза́ц 1-2-3-4-5
4) говори́тся о психологи́ческом возде́йствии скульпту́ры на люде́й.
   Абза́ц 1-2-3-4-5
5) говори́тся о том, како́е значе́ние име́ет Вели́кая Оте́чественная война́ для россия́н.
   Абза́ц 1-2-3-4-5

4–41 | «Роди́на-мать зовёт». In pairs, discuss the following:

1. Объясни́те, како́е значе́ние име́ет Вели́кая Оте́чественная война́ для россия́н и како́й це́ли слу́жат музе́и и па́мятники Вели́кой Оте́чественной войны́.
2. Опиши́те скульпту́ру «Ро́дина-мать зовёт»: кто изображён, кака́я высота́ скульпту́ры, какой вес, из чего сде́лана скульпту́ра, на чём устано́влена.
3. Расскажи́те, что вы узна́ли о гла́вном ску́льпторе монуме́нта и о том, како́е значе́ние для него́ име́ет скульпту́ра «Ро́дина-мать зовёт».
4. Расскажи́те, что вы узна́ли о строи́тельстве монуме́нта.

4–42 | Судьба́ па́мятников сове́тской эпо́хи. Skim the article and answer the following question: **Како́е мне́ние у большинства́ россия́н, на́до сноси́ть па́мятники сове́тской эпо́хи и́ли нет?**

Судьба́ па́мятников сове́тской эпо́хи. Сноси́ть и́ли сохраня́ть?

> **вождь[9]** – leader
> **возвраще́ние** – return
> **выступа́ть/вы́ступить за что?** – to speak for
> **добавля́ть/доба́вить что?** – to add
> **заполня́ть/запо́лнить что? чем?** – to fill
> **затрудня́ться/затрудни́ться отве́тить** – to be unsure or unable to answer
> **одобря́ть/одо́брить что?** – to approve
> **освобожда́ть/освободи́ть что?** – to free
> **остава́ться/оста́ться** – to remain
> **снос** – demolition
> **сноси́ть/снести́ что?** – to demolish
> **сомне́ние** – doubt
> **спор** – dispute
> **столе́тняя да́вность** – a hundred years old *used as an adj.*
> **судьба́** – fate, destiny
> **улучша́ться/улу́чшиться** – to improve

Спо́ры о том, на́до ли сноси́ть сове́тские па́мятники и уничтожа́ть сове́тскую симво́лику, веду́тся с моме́нта распа́да СССР. В апре́ле 2017 го́да ко дню рожде́ния Ле́нина «Лева́да-центр» провёл опро́с о том, на́до ли сноси́ть и́ли сохраня́ть па́мятники Ле́нину.[10] В э́том опро́се при́няло уча́стие 1600 челове́к.

Опро́с показа́л, что че́тверо из пяти́ россия́н (78%) не подде́рживают снос па́мятников Ле́нину. За ликвида́цию монуме́нтов вы́ступили всего́ 14% опро́шенных, 8% затрудни́лись отве́тить. При э́том 41% респонде́нтов счита́ет роль Ле́нина в исто́рии страны́ положи́тельной, а 15% одобря́ют его́ де́йствия по́лностью. Исто́рик Андре́й Петро́в объясня́ет э́то тем, что в о́бществе лю́ди ста́ли споко́йнее относи́ться к собы́тиям столе́тней да́вности. Для мно́гих люде́й Ле́нин остаётся основа́телем СССР, пе́рвым руководи́телем сове́тского госуда́рства.

Замдире́ктора «Лева́да-центр» Алексе́й Гражда́нкин отме́тил, что в после́дние го́ды отноше́ние россия́н к па́мятникам и си́мволам сове́тской эпо́хи улучша́ется. Он доба́вил, что да́же в Москве́ большинство́ люде́й подде́рживает возвраще́ние па́мятника Фе́ликсу Дзержи́нскому,[11] кото́рый был демонти́рован в октябре́ 1991 го́да.

Ску́льптор Леони́д Бара́нов, говоря́ о сове́тских па́мятниках, дал однозна́чный отве́т – всё, что устано́влено в про́шлом, на́до сохрани́ть потому́, что но́вое поколе́ние не зна́ет, каки́ми па́мятниками запо́лнить освобожда́ющиеся пло́щади, у́лицы, скве́ры, па́рки городо́в.

А вот Константи́н Пуга́ев счита́ет, что не на́до сохраня́ть сове́тские па́мятники. Их ну́жно сноси́ть, они́ популяризи́руют культ сове́тской эпо́хи. При э́том он доба́вил: «Ду́маю, в э́том вопро́се на́до понима́ть, что когда́ речь идёт о па́мятниках тоталита́рным вождя́м, то сомне́ний быть не должно́ – их ну́жно сноси́ть. Друго́е де́ло, когда́ мы говори́м о па́мятниках поги́бшим во вре́мя Второ́й мирово́й войны́. Таки́е па́мятники должны́ остава́ться».

Материа́л подгото́влен на осно́ве информа́ции откры́тых исто́чников

4–43 | Судьба́ памятников советской эпохи. Reread the article in 4–42 and choose the correct statements. There may be more than one correct statement.

1. Спо́ры о сно́се сове́тских па́мятников и уничтоже́нии сове́тской симво́лики . . .
   a. веду́тся в Росси́и после́дние го́ды.
   b. веду́тся с моме́нта распа́да СССР.
   c. не веду́тся в Росси́и.
2. Опро́с «Лева́да-це́нтра» показа́л, что . . .
   a. большинство́ россия́н хотя́т снести́ па́мятники Ле́нину.
   b. 78% опро́шенных не подде́рживают снос па́мятников Ле́нину.
   c. 14% опро́шенных вы́ступили за ликвида́цию па́мятников Ле́нину.
3. Замдире́ктора «Лева́да-центр» отме́тил, что . . .
   a. в после́дние го́ды отноше́ние россия́н к па́мятникам и си́мволам сове́тской эпо́хи остаётся хоро́шим.
   b. в после́дние го́ды отноше́ние россия́н к па́мятникам и си́мволам сове́тской эпо́хи улучша́ется.
   c. в после́дние го́ды отноше́ние россия́н к па́мятникам и си́мволам сове́тской эпо́хи ста́ло ху́же.
4. Ску́льптор Леони́д Бара́нов счита́ет, что . . .
   a. все па́мятники, что устано́влены в про́шлом, на́до снести́.
   b. па́мятники тоталита́рным вождя́м на́до сохрани́ть.
   c. все па́мятники, что устано́влены в про́шлом, на́до сохрани́ть.
5. Константи́н Пуга́ев счита́ет, что . . .
   a. все па́мятники, что устано́влены в про́шлом, на́до снести́.
   b. па́мятники поги́бшим во вре́мя Второ́й мирово́й войны́ должны́ остава́ться.
   c. па́мятники тоталита́рным вождя́м на́до снести́.

4–44 | Судьба́ па́мятников сове́тской эпо́хи. Reread the article in 4–42, find and write down arguments for and against the preservation of monuments and symbols from the Soviet era.

4–45 | Диску́ссия. In pairs or small groups, discuss the following question: **На́до ли сохраня́ть сове́тские па́мятники и сове́тскую симво́лику и́ли нет?** Write down the arguments for and against it. Sum up the information gathered by your group and compare it with the other groups in your class.

4–46 | Парк иску́сств «Музео́н». Scan the article for the answers to the questions below:

1. В како́м го́роде нахо́дится парк иску́сств «Музео́н»?
2. Когда́ он рабо́тает?
3. Чем «Музео́н» отлича́ется от обы́чного музе́я иску́сств?
4. Что мо́жно посмотре́ть в э́том па́рке иску́сств?
5. Каки́е мероприя́тия прово́дят в па́рке иску́сств «Музео́н»?

Парк иску́сств «Музео́н»

> **де́ятель** – public figure
> **музе́й под откры́тым не́бом** – open-air museum
> **ориенти́роваться** *impf. & pfv* **в чём?** – to navigate, find your way around
> **подпи́сывать/подписа́ть что?** – to sign
> **пополня́ть/попо́лнить что? чем?** – to supplement
> **постановле́ние** – resolution, decree
> **расширя́ть/расши́рить** – to expand
> **свози́ть/свезти́ куда́?** – to bring together in one place (by vehicle)
> **совмеща́ть/совмести́ть что? с чем?** – to combine
> **табли́чка** – plaque, sign

А́дрес: Кры́мский вал, владе́ние 2
Телефо́н: (499) 238–33–96
Сайт: www.muzeon.ru
Вре́мя посеще́ния: Ежедне́вно с 08.00 до 22.00 (в осе́нне-зи́мний пери́од), с 08.00 до 23.00 (в весе́нне-ле́тний пери́од)

Парк иску́сств «Музео́н» – уника́льный **музе́й скульпту́ры** под откры́тым не́бом. Иде́я созда́ния па́рка возни́кла в а́вгусте 1991 го́да, когда́ в Москве́ бы́ли демонти́рованы па́мятники сове́тским коммунисти́ческим де́ятелям. Они́ бы́ли свезены́ в парк у Центра́льного до́ма худо́жников. А в 1992 году́ мэр Москвы́ подписа́л постановле́ние о созда́нии в па́рке Музе́я скульпту́ры под откры́тым не́бом. В 2015 году́ «Музео́н» стал ча́стью Па́рка Го́рького.

В колле́кции музе́я – бо́лее 1000 скульпту́р: па́мятники сове́тской эпо́хи и пери́ода соцреали́зма, наприме́р, па́мятники Дзержи́нскому, Ста́лину, Го́рькому. Тут мо́жно уви́деть рабо́ты Евге́ния Вуче́тича, Влади́мира Ле́мпорта, Серге́я Мерку́рова, Ве́ры Му́хиной и други́х изве́стных ску́льпторов. Кро́ме того́, парк иску́сств «Музео́н» акти́вно экспони́рует рабо́ты совреме́нных ску́льпторов. «Музео́н» постоя́нно расширя́ет свою́ колле́кцию, пополня́ет её материа́лами фотовы́ставок, совреме́нными арт-объе́ктами и материа́лами ви́део-арта,[12] создава́я таки́м о́бразом площа́дку для диало́га всех ви́дов совреме́нного иску́сства.

Image 4.9 Парк иску́сств «Музео́н»

Кро́ме того́, парк «Музео́н» – э́то не то́лько музе́й скульпту́ры, но и площа́дка для пока́зов ре́дкого кино́, театра́льных постано́вок. Тут прово́дят интере́сные музыка́льные фестива́ли, ма́стер-кла́ссы, рабо́тает центр самообразо́вания.

Отзывы о музе́е

Ле́на Ску́дская.

Мне о́чень понра́вился парк «Музео́н». Он краси́вый и но́чью, и днём. Это еди́нственный музе́й в Росси́и под откры́тым не́бом. Днём там мо́жно посмотре́ть скульпту́ры. А ещё там мно́го интере́сных па́мятников. Сове́тую всем посети́ть э́тот музе́й-парк.

Ми́ша Ефре́мов.

Бо́льше всего́ мне понра́вилась компози́ция с гербо́м СССР. Там ещё есть вернисаж, где худо́жники продаю́т свои́ карти́ны, и мне там понра́вились не́сколько карти́н. Обяза́тельно верну́сь туда́ и сове́тую всем сходи́ть туда́. Осо́бенно интере́сно посеща́ть э́тот парк, когда́ там прохо́дят фестива́ли.

Ники́та Вави́лов.

В «Музео́не» мно́го интере́сных скульпту́р. Кро́ме того́, мне нра́вится, что там почти́ ка́ждые выходны́е прохо́дят ра́зные фестива́ли, вы́ставки, пока́зывают ре́дкие фи́льмы. Ещё нра́вится, что в па́рке сде́лали деревя́нные доро́жки. Они́ па́хнут де́ревом и по ним о́чень хорошо́ бе́гать. Скульпту́р интере́сных мно́го, но без экскурсово́да ориенти́роваться не про́сто. Хорошо́, что сейча́с о́коло не́которых памятников сове́тской эпо́хи поста́вили табли́чки и мо́жно прочита́ть всё о па́мятнике. Ещё в па́рке быва́ют ра́зные ма́стер-кла́ссы. Коро́че, рекоменду́ю «Музео́н» всем, кто хо́чет совмести́ть прия́тное с поле́зным: и погуля́ть, и научи́ться чему́-нибудь но́вому, и отдохну́ть, и что́-то но́вое узна́ть.

Га́ля Ло́гвинова.

«Музео́н» – э́то парк-музе́й под откры́тым не́бом, поэ́тому там нет ни туале́та, ни магази́на, ни кафе́. Там бы́ли скульпту́ры, но их сло́жно бы́ло рассмотре́ть, потому́ что на них бы́ли огро́мные сне́жные ша́пки.

Ма́ма мне рассказа́ла, что парк э́тот появи́лся в конце́ 20 ве́ка, когда́ распа́лся Сове́тский Сою́з и мно́гие па́мятники демонти́ровали с улиц и площаде́й Москвы́. Но са́ми па́мятники бы́ли хоро́шие, потому́ что их де́лали тала́нтливые ску́льпторы. Поэ́тому па́мятники реши́ли сохрани́ть и сде́лали музе́й скульпту́р под откры́тым не́бом под назва́нием «Музео́н»!

Ма́ма показа́ла мне Дзержи́нского, Го́рького, Бре́жнева, Ма́ркса, Ле́нина (па́мятников ему́ там бо́льше всего́). Это бы́ло о́чень интере́сно, несмотря́ на то что бы́ло о́чень мно́го сне́га, и мы не всё смогли́ рассмотре́ть. Обяза́тельно приду́ туда́ ле́том, что́бы посмотре́ть все ещё раз.

Материа́л подгото́влен на осно́ве информа́ции откры́тых исто́чников

4–47 | Парк иску́сств «Музео́н». 1) Scan the text in 4–46 for the information necessary to complete the following statements. 2) Read the sentences out loud.

1. Посети́ть парк иску́сств «Музео́н» сове́туют . . .
2. Зимо́й с ма́мой в «Музео́не» была́. . .
3. «Скульпту́р интере́сных мно́го, но без экскурсово́да ориенти́роваться не про́сто», – написа́л . . .
4. Ле́не Ску́дской понра́вилось в па́рке иску́сств «Музео́н» то, что там . . .
5. Ми́ше Ефре́мову бо́льше всего́ понра́вилась . . ., а та́кже не́сколько . . . Он счита́ет, что осо́бенно интере́сно посеща́ть э́тот парк, когда́. . .
6. Ники́те Вави́лову нра́вится, что в па́рке прохо́дят . . . и там сде́лали . . .
7. Га́ля Ло́гвинова пи́шет, что ей интере́сно бы́ло уви́деть па́мятники . . .

4–48 | Парк иску́сств «Музео́н». Reread the text in 4–46. In pairs or small groups, discuss the following questions. Make sure to use the following expressions in your discussion: **то есть** – that is; **ины́ми слова́ми** – in other words; **точне́е говоря́** – more precisely; **коро́че** – in brief; **причём** – but; **осо́бенно** – especially; **ведь** – after all, you know.

1. Почему́ говоря́т, что «Музео́н» – площа́дка для диало́га всех ви́дов совреме́нного иску́сства?
2. Почему́ Ники́та Вави́лов рекоменду́ет «Музео́н» всем, кто хо́чет совмести́ть прия́тное с поле́зным: и погуля́ть, и научи́ться чему́-нибудь но́вому?
3. Почему́ Га́ле Ло́гвиновой понра́вился «Музео́н», и она́ реши́ла прийти́ туда́ ле́том, что́бы посмотре́ть всё ещё раз?

4–49 | Видеорепорта́ж о па́рке иску́сств «Музео́н». Watch the video clip and mark whether the statements below correspond to the information provided in the video.

Парк иску́сств «Музео́н»

Да	Нет	1. «Музео́н» – оди́н из са́мых краси́вых и изве́стных па́рков Москвы́.
Да	Нет	2. Иде́я созда́ния па́рка появи́лась неда́вно, в 2009 году́.
Да	Нет	3. В 1991 году́ прави́тельство Москвы́ демонти́ровало по всему́ го́роду па́мятники сове́тским коммунисти́ческим де́ятелям.
Да	Нет	4. Демонти́рованные па́мятники свози́ли в то са́мое ме́сто, где сейча́с располо́жен парк «Музео́н».
Да	Нет	5. Сего́дня в «Музео́не» мо́жно посмотре́ть то́лько па́мятники сове́тским коммунисти́ческим де́ятелям.
Да	Нет	6. Сего́дня «Музео́н» – э́то основна́я тво́рческая площа́дка для музыка́льных конце́ртов, фестива́лей, вы́ставок и отли́чный старт для нача́ла весе́нних прогу́лок.
Да	Нет	7. Секре́тный маршру́т для прогу́лок: по на́бережной Москвы́-реки́ дохо́дите до Па́рка Го́рького, а отту́да в Неску́чный сад. Все э́ти места́ располо́жены вдоль Москвы́-реки́, где прохо́дит пешехо́дная зо́на и велодоро́жка.
Да	Нет	8. По велодоро́жке вдоль Москвы́-реки́ мо́жно ката́ться на ро́ликах, скэйтбо́рде, самока́те и́ли велосипе́де.

 **4–50 | Презента́ция.** Choose a topic and give a short multimedia presentation (2 minutes) about a Russian monument. Use the questions in 4–34 as an outline.

Возмо́жные те́мы презента́ций

1. Па́мятники худо́жникам: Су́рикову, Ре́пину, Айвазо́вскому
2. Па́мятники писа́телям и поэ́там: Крыло́ву, Го́голю, Достое́вскому, Че́хову, Толсто́му, Го́рькому, Есе́нину, Маяко́вскому, Бло́ку, Ахма́товой, Бро́дскому, Набо́кову и др.
3. Па́мятники компози́торам: Чайко́вскому, Рахма́нинову, Проко́фьеву и др.
4. Па́мятники истори́ческим де́ятелям: Ю́рию Долгору́кому, Кири́ллу и Мефо́дию, Влади́миру Вели́кому, Ива́ну Гро́зному, Екатери́не II, импера́тору Алекса́ндру II, импера́тору Алекса́ндру III и др.
5. Па́мятники сове́тским полити́ческим де́ятелям: Ле́нину, Дзержи́нскому, Ста́лину

ЗАКЛЮЧЕ́НИЕ

4–51 | Самоконтро́ль. Review parts 1–3. Choose the correct statements. There may be more than one correct statement.

1. Из гли́ны скульпту́ру . . .
    a. высека́ют и полиру́ют.
    b. ле́пят и раскра́шивают.
    c. выреза́ют и полиру́ют.

2. Из мра́мора скульпту́ру . . .
   a. отлива́ют, чека́нят и полиру́ют.
   b. выреза́ют и полиру́ют.
   c. высека́ют и полиру́ют.
3. Ды́мковские игру́шки ле́пят из . . .
   a. гли́ны.
   b. пластили́на.
   c. ги́пса.
4. Деревя́нные скульпту́ры создава́л . . .
   a. Бартоломе́о Ка́рло Растре́лли.
   b. Федо́т Шу́бин.
   c. Серге́й Тимофе́евич Конёнков.
5. Скульпту́рный портре́т Михаи́ла Ломоно́сова со́здал . . .
   a. Бартоломе́о Ка́рло Растре́лли.
   b. Федо́т Шу́бин.
   c. Серге́й Тимофе́евич Конёнков.
6. Италья́нский ску́льптор Бартоломе́о Ка́рло Растре́лли со́здал . . .
   a. портре́т императри́цы Екатери́ны Второ́й
   b. портре́т импера́тора Петра́ Пе́рвого.
   c. портре́т изве́стного учёного и поэ́та Михаи́ла Ломоно́сова.
7. Исто́рия росси́йских па́мятников начала́сь то́лько . . .
   a. в 16-м ве́ке.
   b. в 17-м ве́ке.
   c. в 18-м ве́ке.
8. Гла́вное культу́рное собы́тие 1880-го го́да – э́то . . .
   a. откры́тие па́мятника Петру́ Пе́рвому в Петербу́рге.
   b. откры́тие па́мятника Ми́нину и Пожа́рскому на Кра́сной пло́щади в Москве́.
   c. откры́тие пе́рвого моско́вского па́мятника Пу́шкину.
9. Декре́т «О па́мятниках Респу́блики» 1918 го́да тре́бовал . . .
   a. уничто́жить па́мятники царя́м.
   b. установи́ть па́мятники револю́ции.
   c. установи́ть па́мятники знамени́тым лю́дям в Росси́и.
10. По́сле распа́да СССР мно́гие па́мятники руководи́телям СССР . . .
    a. бы́ли демонти́рованы и уничто́жены.
    b. бы́ли демонти́рованы и свезены́ в «Музео́н».
    c. оста́лись на свои́х места́х.
11. Ме́дный вса́дник стал одни́м из си́мволов . . .
    a. Москвы́.
    b. Санкт-Петербу́рга.
    c. Росси́и.
12. Па́мятник Ми́нину и Пожа́рскому был пе́рвым па́мятником в Росси́и в честь . . .
    a. изве́стных де́ятелей культу́ры.
    b. госуда́рственных де́ятелей.
    c. наро́дных геро́ев.
13. Скульпту́рная гру́ппа «Рабо́чий и колхо́зница» – э́то . . .
    a. рабо́та Ве́ры Му́хиной.
    b. рабо́та Евге́ния Вуче́тича.
    c. рабо́та Серге́я Конёнкова.

14. Скульпту́ра «Ро́дина-мать зовёт» нахо́дится в . . .
    a. в Москве́.
    b. в Петербу́рге.
    c. в Волгогра́де.

4–52 | Расскажи́те. Be ready to talk about the following:

1. Каки́е материа́лы испо́льзуют ску́льпторы в свое́й рабо́те. Приведи́те приме́ры.
2. Исто́рия па́мятников Росси́йской импе́рии.
3. Ме́дный Вса́дник, па́мятник Ми́нину и Пожа́рскому, па́мятник Пу́шкину.
4. Скульпту́рная гру́ппа «Рабо́чий и колхо́зница».
5. Скульпту́ра «Ро́дина-мать зовёт».
6. Парк «Музео́н».

СЛОВАРЬ

ба́рыня – lady, noblewoman
блесте́ть *impf.* – to shine, glitter
бро́нза – bronze
в честь кого́? – in honor of
ведь – after all, you know
вина́ – fault, guilt
возвраще́ние – return
возглавля́ть/возгла́вить кого́? что? – to lead, head
возлага́ть/возложи́ть цветы́ – to lay flowers
во́ля – will
восстана́вливать/восстанови́ть что? – to restore
вса́дник – horseman
выреза́ть/вы́резать что? (из де́рева) – to carve, to cut (out of wood)
высека́ть/вы́сечь из чего́? (ка́мня, мра́мора) – to carve, chisel out (in stone, marble)
выступа́ть/вы́ступить за что? – to speak for
гипс – plaster
гли́на – clay
дань *f.* – tribute
демонти́ровать *impf. & pfv.* **что? (па́мятник)** – to dismantle (a monument)
де́рево – wood
держа́вность *f.* – national greatness, sovereignty
де́ятель – public figure
де́ятельность *f.* – public activity
добавля́ть/доба́вить что? – to add
дога́дываться/догада́ться – to guess, imagine
железобето́н – reinforced concrete
зави́довать *impf.* **кому́?** – to envy

заполня́ть/запо́лнить что? чем? – to fill

затрудня́ться/затрудни́ться отве́тить – to be unsure or unable to answer

зо́лото – gold

изгота́вливать/изгото́вить что? – to manufacture, make

кавале́р *archaic* – gentleman

ка́мень – stone

ку́кла – doll

лепи́ть/слепи́ть что? из чего? (гли́ны, ги́пса) – to sculpt (out of clay, plaster)

ма́стер – artisan, artist

ме́дный, -ая, -ое, -ые – copper *adj.*

мечта́ – dream

мона́х – monk

монти́ровать/смонти́ровать что? – to assemble

мудре́ц – sage, wise man

музе́й под откры́тым не́бом – open-air museum

напомина́ть/напо́мнить кому? о ком? о чём? – to remind

наро́дное гуля́ние – folk festivities

незави́симость *f.* – independence

нержаве́ющая сталь – stainless steel

оберега́ть *impf.* – to protect

обрета́ть/обрести́ жизнь – to find a new life

объединя́ть/объедини́ть кого? что? – to unite

объявля́ть/объяви́ть что? – to annonce

ограниче́ние – restriction

одноимённый, -ая, -ое, -ые – eponymous, of the same name

одобря́ть/одо́брить что? – to approve

ориенти́роваться *impf. & pfv* **в чём?** – to navigate, find your way around

освободи́тельная борьба́ – struggle for liberation

освобожда́ть/освободи́ть что? – to free

освобожде́ние – liberation

остава́ться/оста́ться – to remain

отлива́ть/отли́ть что? из чего? (зо́лота, серебра́) – to cast (gold, silver)

переме́ны – changes

персона́ж – character (in a work of art or literature)

печа́тать/напеча́тать что? – to publish, print

поги́бший, -ая, -ее, -ие – killed

подде́рживать/поддержа́ть кого? что? – to support

подпи́сывать/подписа́ть что? – to sign

поже́ртвование – donation

пози́ровать *impf.* **кому́?** – to pose for, sit for

полирова́ть/отполирова́ть что? – to polish, buff

пополня́ть/попо́лнить что? чем? – to supplement

постаме́нт – pedestal

постано́вка – production

постановле́ние – resolution, decree

проводи́ть/провести́ ко́нкурс – to hold a contest

про́мысел – handicraft, folk craft

разруша́ть/разру́шить что? – to destroy

ра́зум – reason

раскра́шивать/раскра́сить что? чем? (кра́сками) – to paint (with colors)
распа́д – collapse
располо́жен, -а, -о, -ы где? – to be located
расширя́ть/расши́рить – to expand
ре́зать *impf.* **по де́реву** – to carve, to cut (out of wood)
реставри́ровать/отреставри́ровать что? – to restore
сбор де́нег – fundraising
сбыва́ться/сбы́ться – (of dreams) to come true, to happen
свози́ть/свезти́ – to bring together in one place (by vehicle)
серебро́ – silver
сия́ть *impf.* – to shine, glow
ска́зка – fairytale
скопи́ться *pfv.* – to accumulate
снос – demolition
сноси́ть/снести́ что? – to demolish
собы́тие – event
совмеща́ть/совмести́ть что? с чем? – to combine
сомне́ние – doubt
сооруже́ние (па́мятника) – construction (of a monument)
спор – dispute
спроекти́рованный, -ая, -ое, -ые – designed
сре́дства *pl.* – means
стекло́ – glass
столе́тняя да́вность – a hundred years old *used as an adj.*
строи́тельные материа́лы – construction materials
судьба́ – fate, destiny
табли́чка – plaque, sign
то́чка опо́ры (па́мятника) – point of support (for the statue)
уда́ча – luck
указ – decree
украша́ть/укра́сить кого́? что? – to adorn, decorate
улучша́ться/улу́чшиться – to improve
уничтожа́ть/уничто́жить кого́? что? – to destroy
устана́вливать/установи́ть что? (па́мятник) – to install (a monument)
устано́вка (па́мятника) – installation (of a monument)
утвержда́ть/утверди́ть что? – to approve
фигу́рка – statuette, figurine
фунда́мент – foundation
хотя́ – although
целико́м – whole
чека́нить *impf.* **(по мета́ллу)** – to emboss (metal)
этало́н – standard, model

Примечания Endnotes

1 Крепостно́й крестья́нин – serf
2 Большевики́ – The **Bolsheviks**, originally also **Bolshevists** or **Bolsheviki** were
a faction of the Marxist Russian Social Democratic Labor Party (RSDLP) which split
apart from the Menshevik faction. (Wikipedia)

3   *The Bronze Horseman: A Petersburg Tale* is a narrative poem written by Alexander Pushkin in 1833 about the equestrian statue of Peter the Great in Saint Petersburg and the great flood of 1824. (Wikipedia)

4   Во́льное о́бщество люби́телей слове́сности, нау́к и худо́жеств – Free Society of Lovers of Literature, Science and the Arts

5   «Рабо́чий и колхо́зница» – The Worker and Collective Farm Woman

6   Серп и мо́лот – Sickle and hammer

7   Вы́ставка достиже́ний наро́дного хозя́йства (ВДНХ) – Exhibition of Achievements of the National Economy

8   «Перекуём мечи́ на ора́ла» – "Let Us Beat Swords into Plowshares"

9   Вождь – иде́йный, полити́ческий руководи́тель; те́рмин сове́тского вре́мени.

10 Влади́мир Ильи́ч Ле́нин – оди́н из основны́х организа́торов Октя́брьской револю́ции 1917 го́да.

11 Фе́ликс Дзержи́нский – ру́сский революционе́р, сове́тский полити́ческий де́ятель, основа́тель и глава́ ВЧК (secret police).

12 Видео-а́рт – направле́ние в медиаиску́сстве, испо́льзующее для выраже́ния худо́жественной конце́пции возмо́жности видеоте́хники, компью́терного и телевизио́нного изображе́ния.

ГЛАВА 5 | АРХИТЕКТУРА И ГОРОДСКОЕ ПРОСТРАНСТВО

ВВЕДЕНИЕ

В э́той главе́ мы бу́дем говори́ть об архитекту́ре в Росси́и. В пе́рвой ча́сти вы узна́ете о знамени́тых архите́кторах и о том, каки́е архитекту́рные сти́ли бы́ли популя́рны в Росси́и в 18–20 века́х. Во второ́й ча́сти мы расска́жем вам о са́мых изве́стных па́мятниках архитекту́ры Москвы́, таки́х как Большо́й теа́тр, Храм Христа́ Спаси́теля, гости́ница «Москва́» и делово́й центр «Москва́-си́ти». И в тре́тьей ча́сти вы узна́ете о па́мятниках архитекту́ры Санкт-Петербу́рга, Исаа́киевском и Каза́нском собо́рах, Адмиралте́йстве, Хра́ме Спа́са на Крови́ и други́х. Кро́ме того́, мы расска́жем вам о петербу́ргских зда́ниях, кото́рые явля́ются па́мятниками архитекту́ры се́верного моде́рна и конструктиви́зма.

АРХИТЕКТУ́РА   ARCHITECTURE

construction проект
барокко width классицизм
памятник **здание**
стиль
строительство monument
multi-storey высота Modern
модерн
design size *building* style фасад
ширина
размер многоэтажное build
конструктивизм skyscraper
архитектор architect facade строить
Constructivism Baroque
height проектировать
architectural project
небоскрёб архитектуры
classicism

5–1 | Study the Word Cloud above and find the English equivalents to the following words:

зда́ние –

стро́ить –

прое́кт –

стиль –

ширина́ –

фаса́д –

па́мятник архитекту́ры –

многоэта́жное зда́ние –

архите́ктор –

строи́тельство –

высота́ –

разме́р –

небоскрёб –

проекти́ровать –

5–2 | Study the Word Cloud one more time and find the English equivalents to the following word combinations:

по прое́кту –

класси́ческий стиль –

высота́ зда́ния –

фаса́д зда́ния –

проекти́ровать зда́ние –

стиль баро́кко –

ширина́ зда́ния –

разме́р зда́ния –

5–3 | **Опро́с.** In small groups, ask each other the following questions and write down your answers. Sum up the information gathered by your group and compare it with the other groups in your class.

Вопро́сы

1. Каки́х зда́ний бо́льше в ва́шем го́роде, одноэта́жных и́ли многоэта́жных?

2. Кака́я архитекту́ра вам бо́льше всего́ нра́вится, класси́ческая и́ли совреме́нная?

3. Как вы понима́ете, что тако́е совреме́нная архитекту́ра?

4. В како́м го́роде вы хоте́ли бы жить?

5. Что для вас са́мое ва́жное в го́роде? Что де́лает го́род удо́бным для жи́зни?

5–4 | Мой райо́н. Working in pairs, design a neighborhood where you would like to live. Use the words provided below and draw a map to show the locations of buildings and monuments. Be prepared to share your plan with the class.

апте́ка	больни́ца
кварта́л	обще́ственный тра́нспорт
па́мятник кому́?	парк
пешехо́дная у́лица	пло́щадь (больша́я, краси́вая)
поликли́ника	райо́н
торго́вый центр	у́лица (гла́вная, широ́кая, зелёная)

ЧАСТЬ 1. СЛУШАЕМ ЛЕКЦИЮ

5–5 | Ле́кция «Архитекту́ра». Read the summary of the lecture and answer the question: **О каки́х архитекту́рных сти́лях бу́дет идти́ речь в ле́кции?**

Ле́кция «Архитекту́ра»

Сего́дня мы бу́дем слу́шать ле́кцию об архитекту́ре Санкт-Петербу́рга и Москвы́. Ле́кция начина́ется с расска́за об архите́кторах, кото́рые стро́или но́вую столи́цу Росси́йской импе́рии. Наприме́р, Зи́мний дворе́ц был постро́ен италья́нским архите́ктором Растре́лли. Зда́ние постро́ено в сти́ле баро́кко.

По́зже популя́рным стал класси́ческий стиль, и в Петербу́рге архите́ктором Ро́сси была́ постро́ена це́лая у́лица в э́том сти́ле. Она́ называ́ется у́лица Зо́дчего Ро́сси. Вся у́лица спроекти́рована как оди́н анса́мбль по класси́ческим пра́вилам анти́чного строи́тельства.

В 20-м ве́ке появи́лись но́вые сти́ли, моде́рн и конструктиви́зм. Ви́тебский вокза́л в Петербу́рге постро́ен в сти́ле моде́рн. В Москве́ по́сле револю́ции 1917-го го́да стро́ятся конструктиви́стские зда́ния. А в 50-е го́ды Ста́лин на́чал стро́ить в Москве́ грандио́зные зда́ния, кото́рые пока́зывали си́лу но́вого госуда́рства. Са́мым ва́жным бы́ли разме́р зда́ния и его́ высота́. В Москве́ бы́ли постро́ены семь небоскрёбов, пе́рвым из кото́рых был Моско́вский университе́т.

5–6 | Ле́кция «Архитекту́ра». Reread the summary in 5–5 and choose the correct statements. There may be more than one correct answer.

1. Ле́кция начина́ется с расска́за . . .
    a. об архитекту́ре Санкт-Петербу́рга.
    b. об архите́кторах, кото́рые стро́или Санкт-Петербу́рг.
    c. об архите́кторах, кото́рые стро́или Москву́.

2. Улица Зодчего Росси построена в стиле . . .
   a. барокко.
   b. классицизма.
   c. конструктивизма.
3. В Москве после революции 1917-го года . . .
   a. были построены здания в стиле конструктивизма.
   b. строились классические здания.
   c. строили здания большого размера.
4. В 1950-е годы в Москве было построено несколько . . .
   a. небоскрёбов.
   b. дворцов.
   c. церквей.

 **5–7 | Лекция «Архитектура».** 1) Listen to the lecture and choose the correct statements. 2) Summarize the lecture in six to eight sentences using the correct statements. Make sure to include the following cohesive devices in your summary: **интересно, что**; **кроме того**; **при этом**; **а также**; **более того**.

1. Строить Санкт-Петербург, новую столицу России, в 18 веке . . .
   a. начала императрица Екатерина Вторая.
   b. начал царь Иван Грозный.
   c. начал император Пётр Первый.
2. Зимний дворец в Петербурге был построен по проекту . . .
   a. итальянского архитектора Растрелли.
   b. итальянского архитектора Росси.
   c. императора Петра Первого.
3. Здание Зимнего дворца построено . . .
   a. в классическом стиле.
   b. в стиле модерн.
   c. в стиле барокко с изобилием золотых украшений.
4. Карл Иванович Росси построил улицу, . . .
   a. длина которой 220 метров.
   b. ширина которой 22 метра.
   c. высота всех зданий которой 12 метров.
5. В начале 20-го века Витебский вокзал в Петербурге был построен . . .
   a. в стиле модерн, с большими окнами и цветными витражами.
   b. в стиле барокко, со многими золотыми украшениями.
   c. в стиле конструктивизма, без деталей и украшений.
6. В 20-е годы 20-го века в Москве. . .
   a. были построены здания в стиле конструктивизма.
   b. был построен небоскрёб Московского университета.
   c. были построены многоэтажные здания.
7. Стиль «сталинской архитектуры» – это . . .
   a. высокие грандиозные здания.
   b. небоскрёбы, похожие на Московский университет.
   c. дворцы в стиле барокко.
8. Социалистический классицизм (сталинский ампир) . . .
   a. должен был прославлять Сталина.
   b. должен был прославлять советскую идеологию.
   c. должен был прославлять мощь коммунистического государства.

5–8 | Ле́кция «Архитекту́ра». 1) Listen to the lecture again and match right and left columns. 2) Go to the textbook website and study the Chapter 5 Lecture's Images. Make sure to familiarize yourself with all the images and their titles.

1. Баро́кко

___ архитекту́рный стиль, в кото́ром в 50-е го́ды постро́ены небоскрёбы в Москве́.

2. Классици́зм

___ архитекту́рный стиль 20-х – 30-х годо́в 20-го ве́ка, гла́вной иде́ей кото́рого был отка́з от дета́лей и украше́ний, а для зда́ний и интерье́ров характе́рны просты́е геометри́ческие фо́рмы.

3. Моде́рн

___ архитекту́рный стиль конца́ 18-го и 19-го веко́в, для кото́рого характе́рны зда́ния, похо́жие на анти́чные зда́ния дре́вней Гре́ции и Ри́ма.

4. Конструктиви́зм

___ архитекту́рный стиль конца́ 19-го и нача́ла 20-го ве́ка, зда́ния с больши́ми о́кнами и цветны́ми витража́ми.

5. Социалисти́ческий классици́зм (ста́линский ампи́р)

___ архитекту́рный стиль 17–18 веко́в, для кото́рого характе́рны сло́жные асимметри́чные фо́рмы, мно́го дета́лей и золоты́х украше́ний.

5–9 | Ле́кция «Архитекту́ра». Listen to the lecture again, find the following segment and fill in the blanks.

Совсе́м други́м языко́м на́чали говори́ть _____ и _____, когда́ к вла́сти пришёл Ио́сиф Ста́лин.
    Дава́йте посмо́трим на _____ зда́ния, кото́рые должны́ бы́ли _____. Этот стиль, кото́рый называ́ют социалисти́ческим классици́змом, до́лжен был прославля́ть мощь коммунисти́ческого госуда́рства. Важне́е всего́ бы́ли _____ и _____. И вот, как приме́р э́той архитекту́ры, пе́ред на́ми Моско́вский госуда́рственный _____. Он постро́ен в _____ году́, его́ высота́ 245 ме́тров, а разме́р произво́дит впечатле́ние и с о́чень далёкого расстоя́ния. В Москве́ в 50-е го́ды бы́ло постро́ено 7 подо́бных _____.
    А сейча́с мы посмо́трим на _____ в Евро́пе жило́й небоскрёб, кото́рый называ́ется Триу́мф-Пала́с. Это зда́ние постро́ено в Москве́ в ____ году́, его́ высота́ ____ ме́тра. Его́ вне́шний вид напомина́ет архитекту́ру ста́линского вре́мени, но в его́ интерье́рах соединены́ ра́зные _____ сти́ли.

5–10 | Ле́кция «Архитекту́ра». Read the following passage below. Use any online translation website to produce a translation draft. Make corrections and changes to make the translation your own.

Что происходит дальше? В России идёт развитие промышленности, растут города, и появляется необходимость строить не только великолепные храмы, дворцы и театры, но и банки, магазины, вокзалы или гостиницы.

И перед нами здание Витебского вокзала, построенного в 1904 году. Архитектор Станислав Бржозовский окончил Императорскую академию художеств и построил Витебский вокзал в Петербурге в стиле, который называется стилем модерн. Пассажиры, которые приезжают в столицу, оказываются в очень красивом, просторном здании. Внутри вокзала светло, свет падает из огромных окон и цветных витражей. Путешественники идут по удобным, широким лестницам с перилами и коваными решётками. Стены помещений внутри вокзала украшены плавными изогнутыми линиями орнамента.

 **5–11 | Лекция «Архитектура».** 1) Listen to the lecture again and complete the sentences. 2) Record yourself reading the sentences paying attention to stress and intonation. 3) Send the recording to your instructor.

1. В лекции говорится о таких архитектурных стилях, как . . ., которые . . .
2. Для строительства новой столицы Петр Первый пригласил . . .
3. Зимний дворец был построен в стиле . . .
4. В Зимнем дворце находится . . ., один из самых . . .
5. Стиль классицизма стал популярен после того, как . . .
6. На улице Зодчего Росси высота всех зданий . . ., а длина улицы . . .
7. Улица Зодчего Росси уникальна тем, что она . . .
8. Здание Витебского вокзала в Петербурге построено в стиле . . ., с . . .
9. Для зданий сталинской эпохи важнее всего были . . . и . . .
10. В Москве были построены 7 . . ., стиль которых известен как . . .

 5–12 | Лекция «Архитектура». 1) Summarize the lecture in writing (300 words). Use the expressions provided below. 2) Be ready to talk about Russian architecture in class.

В лекции речь шла о . . .
Лектор говорила о том, что . . .
Мы узнали о том, что . . .
На фотографиях мы увидели . . .
Кроме того, . . .
Более того, . . .
При этом . . .
Интересно, что . . .
Лекция была . . . (не) информативной, познавательной, так как я уже многое знал/а о русской архитектуре/ так как я мало знал/а о русской архитектуре.

 **5–13 | Презентация.** In pairs or small groups, prepare a short presentation (2–3 minutes) about architectural styles in Russian cities using information gathered from the internet.

План презента́ции

1. Когда́ возни́к архитекту́рный стиль и причи́на его́ возникнове́ния.
2. Характе́рные черты́ архитекту́рного сти́ля.
3. Приме́ры зда́ний, постро́енных в э́том архитекту́рном сти́ле в разли́чных города́х Росси́и.

Те́мы презента́ций

1. Ру́сское баро́кко
2. Классици́зм
3. Ру́сский ампи́р
4. Ру́сский моде́рн
5. Конструктиви́зм
6. Социалисти́ческий классици́зм (ста́линский ампи́р)

 **5–14 | Архитекту́рные сти́ли.** Read the following online discussion and find what each of the four respondents likes or dislikes about certain architectural styles. Fill out the table below.

Дискуссио́нный клуб > Скульпту́ра и архитекту́ра > Каки́е сти́ли в архитекту́ре вам нра́вятся и не нра́вятся?

> **бето́нно-стекля́нный, -ая, -ое, -ые** – concrete and glass
> **бето́нный, -ая, -ое, -ые** – concrete
> **отта́лкивать/оттолкну́ть кого́? что?** – to repulse, to repel
> **привлека́ть/привле́чь кого́? в чём?** – to attract
> **ра́зве что** – except perhaps, except for

Ребя́та! Мне хоте́лось бы у́знать:

1. Каки́е архитекту́рные сти́ли вам нра́вятся?
2. В како́м сти́ле вы хоте́ли бы ви́деть архитекту́ру бу́дущего?
3. Каки́е сти́ли у вас вызыва́ют негати́вные чу́вства и почему́?
4. Что вас привлека́ет в совреме́нной архитекту́ре, а что отта́лкивает?

Инна Ф.
1. Моде́рн и го́тика – э́то да. В при́нципе, нра́вится классици́зм с ампи́ром.
2. Вот э́ти сти́ли и хоте́ла бы ви́деть.
3. НЕ люблю́ конструктиви́зм и все сти́ли по́сле «ста́линского ампи́ра». Хрущёвки[1] ещё норма́льно, что-то в них есть ми́лое.
4. Осо́бенно ничего́ не привлека́ет, ра́зве что нра́вятся пентха́усы, сама́ иде́я нра́вится.

Андре́й В.
1. Моде́рн.
2. Моде́рн, конструктиви́зм.

3. Таки́х сти́лей нет, так как люба́я архитекту́ра появля́ется по каки́м-либо причи́нам. Сове́тские хрущёвки возни́кли не про́сто так, они́ реша́ли конкре́тные зада́чи.
4. Привлека́ет экологи́чность, объедине́ние архитекту́ры и приро́дного простра́нства.

Вита́лий
1. Очень интере́сная те́ма! Мне нра́вится ру́сский ампи́р нача́ла 19-го ве́ка.
2. Моде́рн.
3. Не нра́вятся железобето́нные зда́ния сове́тской эпо́хи.
4. Не нра́вится бето́нно-стекля́нное строи́тельство (в Москве́ таки́х зда́ний мно́го стро́ят, они́ да́вят).

Лю́ся П.
1. Архитекту́ра баро́кко и моде́рн.
2. Конструктиви́зм, наве́рное.
3. Классици́зм и неоклассици́зм.
4. Привлека́ет оригина́льность, отта́лкивает эклекти́чность.

Материа́л подгото́влен на осно́ве информа́ции откры́тых исто́чников

Таблица				
Вопро́сы	**Инна Ф.**	**Андре́й В.**	**Вита́лий**	**Лю́ся**
1.				
2.				
3.				
4.				

5–15 | Архитекту́рные сти́ли. 1) Look at the answers in the table in 5–14 and write a short summary of the respondents' likes and dislikes. 2) Add your own answers to the questions asked in 5–14.

5–15 | Мой университе́т. Using the terms you have learned so far in this chapter, discuss the following question in small groups: **Вам нра́вится архитекту́ра ва́шего университе́та?** Choose one of the answers below and explain your choice. Make sure to include the following expressions in your explanation: **одна́ко** – however; **напро́тив** – on the contrary; **в отли́чие от** – in contrast to; **с одно́й стороны́. . .** – on the one hand. . ., **а с друго́й стороны́. . .** – on the other hand. . .

Вам нра́вится архитекту́ра ва́шего университе́та?

1. Да, всё и́ли почти́ всё нра́вится.
2. Бо́льшая часть нра́вится.
3. 50 на 50.
4. Нра́вится ме́ньшая часть.

5. Ма́ло что нра́вится, за ре́дким исключе́нием.
6. Ничего́ из постро́енного в после́дние го́ды не нра́вится.

ЧАСТЬ 2. ПАМЯТНИКИ АРХИТЕКТУРЫ МОСКВЫ

5–17 | Кто зна́ет? In pairs or small groups, discuss the following questions and write down your answers. If you don't know the answer to any of these questions, you can ask your classmates or look for more information on the internet.

Кто зна́ет?
1. Что тако́е Моско́вский кремль?
2. Как называ́ется гла́вная пло́щадь Москвы́?
3. Что нахо́дится на гла́вной пло́щади Москвы́?
4. В како́м сти́ле постро́ен Большо́й теа́тр в Москве́?
5. Ско́лько в Москве́ небоскрёбов, постро́енных по пла́ну реконстру́кции Ста́лина?
6. Когда́ был за́ново отстро́ен Храм Христа́ Спаси́теля в Москве́?
7. Что тако́е Москва́-си́ти?

5–18 | Большо́й теа́тр. Skim the article. 1) Find and underline the main information about the building. 2) Find and underline the following words: **постро́ить, перестро́ить, отстро́ить**. Try to explain the difference between these verbs.

Image 5.2 Зда́ние Большо́го теа́тра в Москве́

Об архитекту́ре Большо́го теа́тра

вмеща́ть/вмести́ть кого? что? – to accommodate
зри́тельный зал – auditorium
масшта́бный, -ая, -ое, -ые – large-scale
но́тная библиоте́ка – music library
обновлённый – renovated
отстра́ивать/отстро́ить что? – to rebuild
погиба́ть/поги́бнуть – to perish
пострада́ть *pfv.* – to be damaged
совреме́нник – contemporary *n.*
существова́ть/просуществова́ть – to exist, last
уступа́ть/уступи́ть чему? – to be inferior to

В нача́ле 20-х годо́в 19 ве́ка Петро́вская пло́щадь (сейча́с Театра́льная) в Москве́ была́ по́лностью перестро́ена в сти́ле классици́зма. Зда́ние Большо́го теа́тра, постро́енное в 1824 году́, ста́ло домина́нтой но́вой компози́ции пло́щади. Архите́ктором зда́ния был Осип Бове́.

Большо́й теа́тр откры́лся 6 (18) января́ 1825 го́да. Восьмико́лонное зда́ние в сти́ле классици́зма с колесни́цей бо́га[2] Аполло́на над по́ртиком, декори́рованное внутри́ в кра́сно-золоты́х тона́х, по мне́нию совреме́нников, бы́ло одни́м из лу́чших теа́тров в Евро́пе и уступа́ло то́лько зда́нию о́перного теа́тра «Ла Ска́ла» в Мила́не.

Но 11 ма́рта 1853 го́да по неизве́стной причи́не в теа́тре нача́лся пожа́р. Поги́бли костю́мы, декора́ции, архи́в тру́ппы, часть но́тной библиоте́ки, ре́дкие музыка́льные инструме́нты, пострада́ло и само́ зда́ние. Восстана́вливать теа́тр стал архите́ктор Альбе́рт Ка́вос. Он увели́чил высоту́ зда́ния, измени́л пропо́рции и перерабо́тал деко́р. Кро́ме того́, Ка́вос измени́л фо́рму и разме́р гла́вного зри́тельного за́ла, кото́рый стал вмеща́ть до 3-х ты́сяч челове́к. Алеба́стровая скульпту́рная гру́ппа бо́га Аполло́на, украша́вшая теа́тр Бове́, поги́бла в пожа́ре. Для созда́ния но́вой Ка́вос пригласи́л ру́сского ску́льптора Петра́ Кло́дта. Пётр Кло́дт со́здал изве́стную тепе́рь на весь мир скульпту́рную гру́ппу с бо́гом Аполло́ном.

Большо́й теа́тр был отстро́ен за 16 ме́сяцев и откры́т 20 а́вгуста 1856 го́да к корона́ции Алекса́ндра II. В тако́м ви́де теа́тр просуществова́л до конца́ XX ве́ка. В 2005 году́ начала́сь са́мая масшта́бная реконстру́кция Большо́го теа́тра. Обновлённый Большо́й теа́тр откры́лся 11 октября́ 2011 го́да.

5–19 | Большо́й теа́тр. 1) Scan the article in 5–18 and write down what the dates refer to. The first one is done for you. 2) Read the completed sentences out loud.

1. В 1824 году́ . . . *был постро́ен Большо́й теа́тр.*
2. В нача́ле 20-х годо́в XIX ве́ка . . .
3. 6 (18) января́ 1825 го́да . . .
4. 11 ма́рта 1853 го́да . . .
5. За 16 ме́сяцев . . .
6. 20 а́вгуста 1856 го́да . . .
7. В 2005 году́. . .
8. 11 октября́ 2011 го́да . . .

5–20 | Большо́й теа́тр. Reread the article in 5–18 and find Russian equivalents for the following words and word combinations:

1. alabaster *adj.* –
2. archive –
3. composition –
4. coronation –
5. decorated –
6. decoration –
7. the main component –
8. a building with eight columns –
9. musical instruments –
10. portico –
11. proportions –
12. reconstruction –

5–21 | Большо́й теа́тр. 1) Scan the article in 5–18 for the information that completes the following statements. There may be more than one correct answer. 2) Summarize the article in seven or more sentences using the correct statements. Make sure to include the following cohesive devices in your summary: **интере́сно, что; кро́ме того́; при э́том; а та́кже; бо́лее того́**.

1. В 19-м ве́ке лу́чшим теа́тром в Евро́пе был . . .
   a. Большо́й теа́тр в Москве́.
   b. о́перный теа́тр «Ла Ска́ла» в Мила́не.
   c. Марии́нский теа́тр в Петербу́рге.
2. Восьмиколо́нное зда́ние Большо́го теа́тра бы́ло постро́ено по прое́кту Осипа Бове́. . .
   a. в сти́ле баро́кко.
   b. в сти́ле ру́сского ампи́ра.
   c. в сти́ле классици́зма.
3. Зда́ние Большо́го теа́тра бы́ло декори́ровано внутри́ . . .
   a. в кра́сно-зелёных тона́х.
   b. в кра́сно-чёрных тона́х.
   c. в кра́сно-золоты́х тона́х.
4. В 1853 году́ в пожа́ре . . .
   a. пострада́ло зда́ние Большо́го теа́тра.
   b. поги́бли костю́мы, декора́ции, архи́в тру́ппы, часть но́тной библиоте́ки, ре́дкие музыка́льные инструме́нты.
   c. поги́бло мно́го люде́й.
5. Архите́ктор Альбе́рт Ка́вос, восстана́вливавший теа́тр по́сле пожа́ра 1853 го́да, . . .
   a. увели́чил ширину́ зда́ния, измени́л пропо́рции и перерабо́тал деко́р.
   b. увели́чил высоту́ зда́ния, измени́л пропо́рции и перерабо́тал деко́р.
   c. измени́л фо́рму и разме́р гла́вного зри́тельного за́ла, кото́рый стал вмеща́ть до трёх ты́сяч челове́к.
6. После́дняя реставра́ция Большо́го теа́тра была́ зако́нчена . . .
   a. в 1856 году́.
   b. в 2005 году́.
   c. в 2011 году́.

Image 5.3 Храм Христа́ Спаси́теля (г. Москва́)

5–22 | Храм Христа́ Спаси́теля. Scan the article for the answers to the following questions:

1. Ско́лько бы́ло со́здано архитекту́рных прое́ктов Хра́ма Христа́ Спаси́теля?
2. По прое́кту како́го архите́ктора был постро́ен Храм Христа́ Спаси́теля в Москве́?

Из исто́рии строи́тельства Хра́ма Христа́ Спаси́теля[3]

> **взрыва́ть/взорва́ть кого? что?** – to blow up (transitive)
> **включа́ть/включи́ть в себя** – to include
> **горелье́ф** – high relief
> **грунто́вые во́ды** – groundwater
> **закла́дка** – groundbreaking ceremony
> **зо́дчество** *archaic* – architecture
> **ме́сто застро́йки** – building site
> **оформля́ть/офо́рмить что?** – to decorate
> **полково́дец** – military commander
> **прекраща́ть/прекрати́ть что?** – to stop
> **престо́л** – throne
> **святи́ть/освяти́ть что?** – to bless, consecrate
> **средневеко́вый, -ая, -ое, -ые** – medieval

25 декабря 1812 года император Александр I подписал манифест о строительстве церкви в Москве в честь победы над Наполеоном.

В 1814-м году был проведён международный конкурс, на котором победил проект 28-летнего Карла Витберга. Проект, по отзывам современников, был исключительно красив. Храм Карла Витберга был высотой 240 метров, включал Пантеон погибших, колоннаду, а также памятники монархам и видным полководцам. Построить здание было решено на Воробьёвых горах.

В 1817-м году провели торжественную закладку будущего Храма Христа Спасителя. Однако в скором времени работы пришлось остановить из-за грунтовых вод в месте застройки. После прихода на российский престол царя Николая I проект строительства храма на Воробьёвых горах признали неудачным и работы полностью прекратили в 1826-м году. Только через шесть лет Николай I утвердил новый проект архитектора Константина Андреевича Тона и выбрал новое место для Храма Христа Спасителя на берегу Москвы-реки, неподалёку от Кремля. По проекту Тона, Храм Христа Спасителя должен был соединить как классические традиции итальянской архитектуры, так и черты средневекового русского зодчества.

Торжественная закладка Храма Христа Спасителя состоялась 10 сентября 1839 года. Строительство продолжалось 44 года. Храм оформляли такие известные русские художники, как Суриков, Верещагин, Крамской и многие другие. Внешние стены храма украсили горельефами на религиозные и исторические темы. Храм был освящён 26 мая 1883 года уже при императоре Александре III.

Храм Христа Спасителя простоял только 48 лет. В 1931-м году по приказу Сталина он был взорван, так как на его месте хотели построить Дворец Советов. Но Дворец Советов построен не был, и в 1960-м году на месте бывшего Храма Христа Спасителя построили бассейн «Москва».

После распада Советского Союза в 1995-м году Храм Христа Спасителя начали восстанавливать по старому проекту архитектора Тона. Он был открыт в 2000-м году.

5–23 | Храм Христа Спасителя. 1) Reread the text in 5–22 and place the events listed below in the correct order. 2) Summarize the article in ten sentences using the following cohesive devices: **сначала** – at first; **перед тем как** – before; **после того как** – after; **потом** – then; **в то же время** – at the same time; **в то время как** – while; **с тех пор как** – since; **в дальнейшем** – later on, from now on; **наконец** – finally.

Из истории строительства Храма Христа Спасителя

____ На конкурсе на строительство Храма Христа Спасителя победил проект Карла Витберга.

____ Николай I утвердил новый проект архитектора Тона и выбрал новое место для Храма Христа Спасителя недалеко от Кремля.

____ Торжественная закладка Храма Христа Спасителя по проекту Тона состоялась 10 сентября 1839 года.

____ 25 декабря 1812 года император Александр I подписал манифест о строительстве Храма Христа Спасителя.

____ В 1817 году состоялась закладка Храма Христа Спасителя на Воробьёвых горах, но строительные работы сначала остановили, а потом совсем прекратили в 1826 году.

___ Храм стро́или 44 го́да, и он был освящён 26 ма́я 1883 го́да при импера́торе Алекса́ндре III.

___ Храм был откры́т в 2000 году́.

___ В 1931 году́ по прика́зу Ста́лина Храм Христа́ Спаси́теля был взо́рван.

___ По́сле распа́да Сове́тского Сою́за Храм Христа́ Спаси́теля на́чали восстана́вливать по ста́рому прое́кту То́на.

___ На ме́сте бы́вшего Хра́ма Христа́ Спаси́теля в 1960 году́ постро́или бассе́йн «Москва́».

5–24 | Храм Христа́ Спаси́теля. Reread the text in 5–22 and answer the questions below using the following conjunctions: **поско́льку** – because; **благодаря́ тому́, что** – thanks to; **в связи́ с тем, что** – in connection with; **в результа́те того́, что** – as a result; **всле́дствие того́, что** – as a consequence of.

1. Почему́ Алекса́ндр I реши́л постро́ить Храм Христа́ Спаси́теля?
2. По како́й причи́не останови́ли строи́тельство Хра́ма Христа́ Спаси́теля по́сле его́ закла́дки в 1817 году́?
3. По како́й причи́не прекрати́ли строи́тельство Хра́ма Христа́ Спаси́теля в 1826 году́?
4. Почему́ взорва́ли Храм Христа́ Спаси́теля в 1931 году́?
5. Как вы ду́маете, почему́ реши́ли восстанови́ть Храм Христа́ Спаси́теля по́сле распа́да Сове́тского Сою́за?

5–25 | Храм Христа́ Спаси́теля. 1) Read the comments below and decide which of them are positive and which are negative. 2) Reread the comments and explain why some people like or dislike the Cathedral. 3) On the internet, study the images of the Cathedral of Christ the Savior and write your comment.

Отзывы о хра́ме

> внутри́ (где?)/вну́трь (куда́?) – inside
> дре́вний, -яя, -ее, -ие – ancient
> колоко́льный звон – bell-ringing
> ку́пол – dome
> поража́ть/порази́ть кого́? чем? – to amaze
> придава́ть/прида́ть вид чему́? – to give the appearance of
> убра́нство – ornamentation, decoration

1. Ну про́сто о́чень краси́вый храм, всё поража́ет в нём: и его́ золоты́е купола́, и мра́морные горелье́фы, и входны́е бро́нзовые две́ри. А внутри́ храм поража́ет свои́м бога́тым убра́нством!
2. Храм был постро́ен в честь побе́ды в войне́ 1812 го́да. Он был снесён в 30-е го́ды, и на его́ ме́сте хоте́ли постро́ить Дворе́ц Сове́тов, но постро́или бассе́йн. В 1995 году́ Храм Христа́ Спаси́теля на́чали восстана́вливать. Но энерге́тика бассе́йна оста́лась. А энерге́тики хра́ма нет. Он како́й-то пусто́й. Очень жаль!
3. Ча́сто прихо́дится слы́шать негати́вные о́тзывы о Хра́ме Христа́ Спаси́теля. Говоря́т, что э́то комме́рческий прое́кт, что храм постро́ен специа́льно для иностра́нцев. Но у меня́ то́лько положи́тельные чу́вства! Он придаёт Москве́

тот са́мый вид, кото́рый и до́лжен быть у столи́цы дре́внего госуда́рства. А е́сли вы услы́шите колоко́льный звон, то забы́ть э́то про́сто невозмо́жно. Хотя́ внутрь в выходны́е лу́чше не заходи́ть, так как там о́чень мно́го люде́й.

5–26 | Гости́ница «Москва́». Read the following introduction and listen to the lecture about **гости́ница «Москва́»** by Professor Vladimir Paperny. Complete the statements below.

Гости́ница «Москва́»

> **ла́вка** *archaic* – small shop
> **леса́** *pl. only* – scaffolding
> **превраща́ться/преврати́ться во что?** – to turn into, become
> **сме́шивать/смеша́ть что?** – to mix
> **за́ново** – anew, again
> **ча́стная со́бственность** – private property

В 1930-х года́х реализо́вывался ста́линский генера́льный план реконстру́кции Москвы́. Це́лые кварта́лы бы́ли снесены́. Москва́ превраща́лась в мегапо́лис с широ́кими проспе́ктами, пото́ками маши́н, заво́дами и ка́менными зда́ниями. Ста́лин счита́л, что сове́тский наро́д смо́жет дать ми́ру но́вую архитекту́ру, кото́рая бу́дет лу́чше ста́рой. И действи́тельно, уника́льных строе́ний бы́ло постро́ено нема́ло, и среди́ них – гости́ница «Москва́».

Image 5.4 Гости́ница «Москва́» (г. Москва́)

1. На ме́сте, где сейча́с стои́т гости́ница «Москва́», . . .
    a. был Дворе́ц труда́, кото́рый снесли́ в 1930-х года́х.
    b. был делово́й кварта́л Москвы́, кото́рый называ́лся Охо́тный ряд.
    c. ничего́ не́ бы́ло, поэ́тому и реши́ли постро́ить гости́ницу.
2. Дворе́ц труда́ спроекти́ровали . . .
    a. архите́кторы-конструкти́висты бра́тья Веснины́.
    b. конструктиви́ст Моисе́й Ги́нзбург.
    c. архите́ктор-конструктиви́ст Медве́дев.
3. Дворе́ц труда́ . . .
    a. постро́или на ме́сте Охо́тного ря́да.
    b. так и не постро́или.
    c. постро́или и снесли́ в 1930-х года́х.
4. В ко́нкурсе на строи́тельство гости́ницы «Москва́» . . .
    a. победи́л прое́кт архите́ктора Щу́сева.
    b. победи́ли архите́кторы Стапра́н и Саве́льев.
    c. победи́л прое́кт бра́тьев Веснины́х.
5. Гости́ница «Москва́» была́ постро́ена в 1936 году́ . . .
    a. в сти́ле моде́рн.
    b. в сти́ле классици́зма.
    c. в сти́ле конструктиви́зма.
6. По́сле того́ как постро́или гости́ницу «Москва́», пригласи́ли архите́ктора Щу́сева, что́бы он . . .
    a. укра́сил зда́ние гости́ницы, так как ста́ли счита́ть, что архитекту́ра должна́ быть бога́той и не боя́ться украше́ний.
    b. перестро́ил зда́ние гости́ницы в сти́ле баро́кко, с больши́м коли́чеством украше́ний.
    c. измени́л стиль зда́ния, так как конструктиви́зм был при́знан ло́жной филосо́фией и был непоня́тен ни пролета́риям, ни крестья́нам.
7. Щу́сев рабо́тал в сти́ле . . .
    a. экле́ктики, сме́шивая са́мые ра́зные сти́ли.
    b. экле́ктики и бо́льше всего́ люби́л украше́ния.
    c. баро́кко и бо́льше всего́ люби́л украше́ния.
8. Пра́вая и ле́вая часть фаса́да зда́ния гости́ницы «Москва́» . . .
    a. бы́ли симметри́чны.
    b. бы́ли не́сколько ра́зными.
    c. бы́ли несимметри́чны.
9. В 2000-х года́х зда́ние гости́ницы «Москва́» . . .
    a. по́лностью снесли́.
    b. постро́или за́ново то́чно таки́м, как оно́ бы́ло.
    c. постро́или за́ново, в сти́ле классици́зма.
10. Бы́ло снесено́ и постро́ено за́ново то́чно таки́м, как оно́ бы́ло, . . .
    a. зда́ние Хра́ма Христа́ Спаси́теля.
    b. зда́ние Большо́го теа́тра.
    c. зда́ние гости́ницы «Москва́».

 **5–27 | Гости́ница «Москва́».** Listen to the lecture once again and 1) fill in the blanks in the paragraph below, 2) translate the paragraphs below into idiomatic English and 3) explain in Russian why the hotel's architectural style was not welcome once it was completed.

К э́тому вре́мени уже́ давно́ все архите́кторы бы́ли при́званы рабо́тать в сти́ле _____ реали́зма, хотя́ никто́ не понима́л, что э́то зна́чит, но, по кра́йней ме́ре _____, го́лый конструктиви́зм . . . чи́стая _____ . . . бы́ли при́знаны абсолю́тно _____ ни наро́ду, ни пролета́риям, ни крестья́нам, поэ́тому иде́я была́ в том, что на́до, во-пе́рвых, поко́нчить с бе́дностью, вот э́то понима́лось как _____ архитекту́ра, архитекту́ра должна́ быть _____, и, во-вторы́х, _____ украше́ний.

5–28 | Гости́ница «Москва́». In his lecture, Prof. Paperny talks about a certain event in the history of the Moscow hotel that led to its asymmetrical façade. Read the paragraph below and find the differences between the lecture and the text. Form complete sentences by matching the left and right columns. Then read the sentences out loud.

Исто́рия строи́тельства гости́ницы «Москва́» свя́зана с одно́й леге́ндой. Архите́ктор Алексе́й Ви́кторович Щу́сев предста́вил на по́дпись Ста́лину, кото́рый был главо́й Сове́тского Сою́за того́ вре́мени, прое́кт оформле́ния гла́вного фаса́да гости́ницы «Москва́» в двух вариа́нтах: ле́вый был бо́лее помпе́зный, а пра́вый вы́полнен в бо́лее стро́гих фо́рмах. Оба вариа́нта бы́ли на одно́м рису́нке. Ста́лин подписа́л рису́нок посереди́не, а спроси́ть, како́й из вариантов утверждён, побоя́лись. Так и постро́или фаса́д с не́которой асимметри́чностью. Леге́нда мо́жет и краси́вая, но не соотве́тствует фа́ктам. Ста́лин никогда́ не ста́вил свой по́дписи на архитекту́рных прое́ктах.

1. И в ле́кции, и в те́ксте говори́тся о том, что . . .

2. В ле́кции говори́тся, что . . .

3. В те́ксте говори́тся, что . . .

4. Ни в те́ксте, ни в ле́кции не говори́тся о том, что . . .

____ Ста́лину показа́ли два прое́кта оформле́ния гла́вного фаса́да гости́ницы «Москва́».

____ Ста́лин вы́брал оди́н прое́кт оформле́ния фаса́да гости́ницы.

____ Ста́лин подписа́л рису́нок, на кото́ром бы́ло два прое́кта, посереди́не.

____ Щу́сев спроси́л Ста́лина, како́й прое́кт фаса́да гости́ницы ему́ бо́льше нра́вится.

____ побоя́лись спроси́ть Ста́лина, како́й прое́кт гла́вного фаса́да гости́ницы он утверди́л.

____ фаса́д гости́ницы «Москва́» был постро́ен ассиметри́чно, так как Ста́лин подписа́л рису́нок, на кото́ром бы́ли два прое́кта, посереди́не.

5–29 | Гости́ница «Москва́». 1) Write a 150–200-word summary of the lecture about гости́ница «Москва́» by Prof. Paperny. Use the questions below as an outline. 2) Prepare to talk about the history of the hotel. 3) Record yourself and send the recording to your instructor.

1. Где и когда́ на́чали стро́ить гости́ницу «Москва́»?
2. В како́м архитекту́рном сти́ле был сде́лан прое́кт зда́ния?

3. В како́м году́ зда́ние бы́ло постро́ено?
4. В како́м архитекту́рном сти́ле бы́ло постро́ено зда́ние?
5. В како́м сти́ле в э́то вре́мя рабо́тали сове́тские архите́кторы?
6. Кто тако́й Щу́сев?
7. Почему́ Щу́сева пригласи́ли улу́чшить архитекту́рный стиль гости́ницы «Москва́»?
8. Почему́ гла́вный фаса́д зда́ния гости́ницы «Москва́» несимметри́чен?
9. Что произошло́ со зда́нием гости́ницы «Москва́» в 2000-х года́х?

5–30 | Гости́ница «Москва́». Find information on the internet about the reasons why the Moscow hotel was rebuilt at the beginning of the 21st century. *Теги: гостиница Москва история, причины сноса гостиницы «Москва».*

5–31 | Москва́-си́ти. Read the text and 1) make an outline in the form of questions, then 2) discuss these questions in pairs or small groups.

История созда́ния Москва́-Си́ти

> **ба́шня** – tower
> **заверша́ть/заверши́ть что?** – to finish, complete
> **недви́жимость** *f.* – real estate
> **объе́кт строи́тельства** – *here:* building
> **перехо́д** – passageway
> **самосва́л** – dump truck
> **сооруже́ние** – structure, building
> **строи́тельный кран** – construction crane
> **эта́п** – stage (of construction)

«Си́ти называ́ют «градострои́тельной оши́бкой», но э́то о́чень серьёзное достиже́ние архитекту́ры. В Си́ти мо́гут быть любы́е сме́лые реше́ния в режи́ме «стекло́ – железобето́н». *Ю́рий Лужко́в, бы́вший мэр Москвы́, да́вший разреше́ние на строи́тельство делово́го це́нтра.*

В 1998 году́ начало́сь строи́тельство Моско́вского междунаро́дного делово́го це́нтра «Москва́-Си́ти». Пе́рвыми постро́енными зда́ниями ста́ли «Ба́шня 2000» и торго́во-пешехо́дный мост «Багратио́н» че́рез Москва́-реку́. Зате́м подняли́сь и други́е высо́тные сооруже́ния. Строи́тельство продолжа́ется и в на́ши дни, поэ́тому здесь везде́ мо́жно уви́деть строи́тельные кра́ны, самосва́лы и другу́ю строи́тельную те́хнику. Так, наприме́р, ко́мплекс «Юрий Долгору́кий» бу́дет состоя́ть из двух ба́шен – 50 и 60 этаже́й, соединённых стекля́нными перехо́дами. Внутри́ размеся́тся оте́ль, апартаме́нты эли́т-кла́сса, на ни́жних этажа́х – вы́ставочные за́лы и па́ркинг.

К 2018 году́ в «Москва́-Си́ти» постро́ят ещё де́вять небоскрёбов. Об э́том в интервью́ заяви́л глава́ акционе́рного о́бщества «Си́ти» Алексе́й Гаври́лов. «Всего́ здесь бу́дет 22 зда́ния о́бщей пло́щадью 4,5 миллио́на квадра́тных ме́тров недви́жимости. На сего́дняшний день 13 из них постро́ены – э́то о́коло 2,5 миллио́на квадра́тных ме́тров», – сказа́л Гаври́лов. Он доба́вил, что

Image 5.5 Москва́-Си́ти (г. Москва́)

постро́ены зда́ния «Око́», «Эволю́ция», «Ба́шня 2000», «Ба́шня на на́бережной», «Евра́зия», ба́шня «За́пад» делово́го ко́мплекса «Федера́ция», «Го́род Столи́ц», «Мерку́рий», делово́й ко́мплекс «Импе́рия» и би́знес-центр «Се́верная ба́шня», мост «Багратио́н», гости́ница «Новоте́ль» и торго́вый центр «Афимо́лл-Си́ти». «Остальны́е объе́кты нахо́дятся на ра́зных эта́пах строи́тельства. Зака́нчивается строи́тельство ко́мплекса «IQ-кварта́л». В сле́дующем году́ заверша́т и строи́тельство ба́шни «Федера́ция. Восто́к», – доба́вил он.

Материа́л подгото́влен на осно́ве информа́ции откры́тых исто́чников

5–32 | Москва-сити. Reread the text in 5–31 and 1) find Russian equivalents for the names of the following buildings in "Moscow City", 2) explain why some of these buildings were named like that and 3) find on the internet who Yury Dolgoruky and Pyotr Bagration were.

1. "Afimoll City"
2. "Bagration"
3. "Eurasia"
4. "Evolution"
5. "Eye"
6. "Federation"
7. "Empire"
8. "IQ-Block"
9. "Mercury"
10. "West"

5–33 | Москва́-си́ти. Read the opinions below. 1) What do the writers like about Moscow City and what do they find questionable? 2) Find images of Moscow City on the internet and discuss with your classmates what you like or dislike about it. 3) Compare the architecture of Moscow City with the architecture of New York, Hong Kong, Shanghai, Dubai or Astana.

О Москва́-си́ти

Ма́ша.

Краси́во. То́лько ка́к-то о́чень по-нью-йо́ркски вы́шло … Я бы сказала́, что э́то лу́чше, чем бы́ло, но ху́же, чем могло́ бы быть. Не уника́льно …

Ми́ша.

Действи́тельно, смо́трится потряса́юще. Го́род бу́дущего, непоня́тно то́лько, в хоро́шем и́ли плохо́м смы́сле.

Анто́н.

Совреме́нная росси́йская архитекту́ра, к сожале́нию, то́лько копи́рует за́падную. Ко́мплекс небоскрёбов «Москва́-Си́ти» – типи́чный приме́р. Зда́ния э́того делово́го це́нтра, хотя́ и смо́трятся доста́точно непло́хо, но та́кже хорошо́ могли́ бы смотре́ться, к приме́ру, где́-нибудь в Нью-Йо́рке. И где же здесь Росси́я?

Са́ша.

Наско́лько я зна́ю, была́ попы́тка созда́ть но́вый росси́йский архитекту́рный си́мвол. Брита́нский архите́ктор Но́рман Фо́стер предложи́л постро́ить в «Москва́-Си́ти» 600-метро́вую ба́шню, кото́рую хоте́ли назва́ть «Росси́я». К сча́стью, прое́кт, кото́рый непло́хо бы смотре́лся в Шанха́е и́ли Гонко́нге, но не в столи́це Росси́и, НЕ постро́или.

Материа́л подгото́влен на осно́ве информа́ции откры́тых исто́чников

5–34 | Презента́ция. Choose a topic from the list below and give a short multimedia presentation (2 minutes).

Возмо́жные те́мы презента́ций

1. Моско́вский Кремль.
2. Собо́р Васи́лия Блаже́нного.
3. Дом Пашко́ва.
4. Зда́ние городско́й Ду́мы.
5. Зда́ние Истори́ческого музе́я.
6. Моско́вский вокза́л в Петербу́рге.
7. Гости́ница «Национа́ль».
8. Гости́ница «Метропо́ль».
9. Каза́нский вокза́л.
10. Дом Ме́льникова.
11. Библиоте́ка и́мени Ле́нина.
12. Ста́линки.
13. Хрущёвки.
14. Ка́мпус би́знес-шко́лы «Ско́лково».

ЧАСТЬ 3. ПАМЯТНИКИ АРХИТЕКТУРЫ САНКТ-ПЕТЕРБУРГА

5–35 | Кто зна́ет? In pairs or small groups, discuss the following questions and write down your answers. If you don't know the answer to any of these questions, you can ask your classmates or look for more information on the internet.

1. Как называ́ется гла́вная у́лица Санкт-Петербу́рга?
2. Каки́е па́мятники архитекту́ры нахо́дятся на гла́вной у́лице Санкт-Петербу́рга?
3. Что нахо́дится на Дворцо́вой пло́щади в Санкт-Петербу́рге?
4. В како́м архитекту́рном сти́ле постро́ен Зи́мний Дворе́ц?
5. Что сейча́с нахо́дится в Зи́мнем Дворце́?
6. В како́м архитекту́рном сти́ле постро́ено зда́ние Ру́сского музе́я в Петербу́рге?

5–36 | Что посмотре́ть в Петербу́рге? 1) Scan the online forum discussion below and mark off on the list below the St. Petersburg landmarks recommended by the forum participants. 2) Go to the textbook website and study the Chapter 5, Part 3 Images. Familiarize yourself with all images and their titles.

Image 5.6 Дворцо́вая пло́щадь (г. Са́нкт-Петербу́рг)

ФО́РУМ.RU > Что посмотре́ть в Петербу́рге?

в пе́рвую о́чередь – first, first of all
великоле́пный, -ая, -ое, -ые – magnificent
вели́чественный, -ая, -ое, -ые – majestic
венча́ть *impf.* – to crown
верфь – shipyard
Восхити́тельно! – Amazing! An incredible sight!
древнеру́сский, -ая, -ое, -ие – old Russian
и́здали – from afar
кре́пость *f.* – fortress
потряса́ющий, -ая, -ее, -ие – tremendous, terrific
разноцве́тный – colorful
шпиль – spire

Анто́н. Еду в Пи́тер на не́сколько дней, никогда́ там не был. Что бы вы посове́товали посмотре́ть в пе́рвую о́чередь?

Ви́та. Анто́н, обяза́тельно побыва́йте на гла́вной у́лице го́рода – Не́вском проспе́кте. Гуля́я по Не́вскому, мо́жно любова́ться удиви́тельной архитекту́рой, бога́то укра́шенными фаса́дами зда́ний, краси́вейшими моста́ми над ре́чками.

И́горь. Я бы на́чал осмо́тр Петербу́рга с Дворцо́вой пло́щади. Удиви́тельное ме́сто! Ка́мни Дворцо́вой пло́щади по́мнят Екатери́ну II, Никола́я II, Пу́шкина . . . Прекра́сная архитекту́ра про́шлых веко́в, вели́чественный Зи́мний дворе́ц в сти́ле баро́кко. А пе́ред дворцо́м, на пло́щади – Алекса́ндровская коло́нна, кото́рую венча́ет а́нгел.

Иро́чка. А я бы начала́ с Петропа́вловской кре́пости. Кре́пость была́ осно́вана ещё в нача́ле 18 ве́ка. И́менно с э́того ме́ста на́чал стро́иться го́род. Шпиль с а́нгелом на Петропа́вловском собо́ре, постро́енный в сти́ле баро́кко, счита́ется одни́м из си́мволов Петербу́рга.

Мари́на. Я бы посове́товала посети́ть Петерго́ф. Это дворцо́во-па́рковый анса́мбль, кото́рый нахо́дится на берегу́ Фи́нского зали́ва. Он изве́стен прекра́сными фонта́нами, зда́ниями дворцо́в, па́рками и сада́ми. Это ме́сто сра́внивают с францу́зским Верса́лем. В Большо́м дворце́ 30 бога́то укра́шенных за́лов, золочёная резьба́ по де́реву – основно́й элеме́нт деко́ра.

Поли́на. Посети́те храм Спа́са на Крови́.[4] Он и́здали привлека́ет внима́ние свои́ми фо́рмами и разноцве́тными купола́ми. Он постро́ен в ру́сском сти́ле с испо́льзованием тради́ций древнеру́сского зо́дчества. Храм великоле́пен как снару́жи, так и внутри́. Там великоле́пные моза́ики и резны́е фигу́ры . . .

Ви́та. Анто́н! Когда́ бу́дете на Не́вском проспе́кте, зайди́те в Каза́нский собо́р! Восхити́тельно! Исаа́киевский собо́р то́же нахо́дится в це́нтре недалеко́ от Не́вского. Исаа́киевский – оди́н из си́мволов го́рода. Потряса́ющее зда́ние, постро́енное в сти́ле неоклассици́зма, укра́шено коло́ннами, больши́м коли́чеством ста́туй и други́х дета́лей. Венча́ет собо́р огро́мный золото́й ку́пол. Внутри́ собо́р украша́ют мно́жество релье́фов, мра́морных и грани́тных скульпту́р, иконоста́сов и т.д. Обяза́тельно подними́тесь на колонна́ду собо́ра! Отту́да мо́жно уви́деть практи́чески весь го́род: Неву́, Адмиралте́йство, истори́ческий центр, необы́чное сочета́ние цветны́х крыш и ве́рфи на горизо́нте.

Достопримеча́тельности Санкт-Петербу́рга

____ Адмиралте́йство
____ Алекса́ндровская коло́нна
____ Аничков дворе́ц
____ Дворцо́вая пло́щадь
____ Дом политкаторжа́н
____ До́мик Петра́ I
____ Зда́ние двена́дцати колле́гий
____ Зи́мний дворе́ц
____ Исаа́киевский собо́р
____ Каза́нский собо́р
____ Марии́нский дворе́ц
____ Миха́йловский дворе́ц
____ Не́вский проспе́кт
____ Петерго́ф
____ Петропа́вловская кре́пость
____ Петропа́вловский собо́р
____ Храм Спа́са на Крови́

5–37 | Что посмотре́ть в Петербу́рге? 1) Reread the forum discussion in 5–36 and complete the sentences below. 2) Read the completed sentences out loud.

1. Гла́вная у́лица Санкт-Петербу́рга – э́то (что?) . . .
2. На Дворцо́вой пло́щади нахо́дятся (что?) . . .
3. Алекса́ндровскую коло́нну венча́ет (что?) . . .
4. Петербу́рг на́чал стро́иться с (чего́?) . . .
5. Петерго́ф – э́то (что?) . . .
6. Одни́м из си́мволов Петербу́рга счита́ется (что?) . . .
7. Храм Спа́са на Крови́ и́здали привлека́ет внима́ние (чем?) . . .
8. Храм Спа́са на Крови́ постро́ен в (како́м?) . . . сти́ле.
9. Внутри́ хра́ма Спа́са на Крови́ есть (что?) . . .
10. Исаа́киевский собо́р венча́ет (что?) . . .
11. Внутри́ Исаа́киевский собо́р украша́ют (что?) . . .
12. Исаа́киевский собо́р постро́ен в сти́ле (чего́?) . . . и укра́шен (чем?) . . .

5–38 | Что посмотре́ть в Петербу́рге? Reread the forum discussion in 5–36 and answer the following questions, using the construction: **past tense + бы**. The English equivalent is *would + infinitive*.

1. Почему́ Игорь на́чал бы осмо́тр Петербу́рга с Дворцо́вой пло́щади?
2. Почему́ Ирочка начала́ бы осма́тривать Петербу́рг с Петропа́вловской кре́пости?

3. Почему́, по мне́нию Ви́ты, на́до бы́ло бы обяза́тельно побыва́ть на Не́вском проспе́кте?
4. Почему́ на́до бы́ло бы обяза́тельно подня́ться на колонна́ду Исаа́киевского собо́ра?
5. Почему́ на́до бы́ло бы посети́ть Петерго́ф?
6. Что бы вы посмотре́ли в пе́рвую о́чередь в Петербу́рге? Объясни́те почему́.

5–39 | Видеорепорта́ж «Петербу́рг». Watch the video clip and mark the tourist sights mentioned in the video.

___ Зи́мний дворе́ц
___ Петерго́ф
___ Не́вский проспе́кт
___ Адмиралте́йство
___ Миха́йловский дворе́ц
___ Исаа́киевский собо́р
___ Петропа́вловская кре́пость
___ Дворцо́вая пло́щадь
___ Каза́нский собо́р
___ Храм Спа́са на Крови́

5–40 | Видеорепорта́ж «Петербу́рг». Watch the video clip one more time and mark whether the statements below are correct. There may be more than one correct statement.

1. Год основа́ния Санкт-Петербу́рга . . .
    a. 1803-й год.
    b. 1703-й год.
    c. 1603-й год.
2. Санкт-Петербу́рг изве́стен как . . .
    a. се́верная столи́ца Росси́и.
    b. ю́жная столи́ца Росси́и.
    c. за́падная столи́ца Росси́и.
3. Го́род начался́ . . .
    a. с кре́пости Петербу́рг, кото́рая поздне́е ста́ла называ́ться Петропа́вловской.
    b. с Дворцо́вой пло́щади.
    c. с реки́ Невы́.
4. Тури́сты говоря́т, что все доро́ги в Петербу́рге веду́т . . .
    a. на Дворцо́вую пло́щадь.
    b. к Исаа́киевскому собо́ру.
    c. на Не́вский проспе́кт.
5. Сего́дня Исаа́киевский собо́р занима́ет . . .
    a. второ́е ме́сто по величине́ в ми́ре.
    b. четвёртое ме́сто по величине́ в ми́ре.
    c. четы́рнадцатое ме́сто по величине́ в ми́ре.

6. Храм Спа́са на Крови́ был постро́ен . . .
   a. на ме́сте уби́йства импера́тора Алекса́ндра Второ́го.
   b. на ме́сте уби́йства импера́тора Никола́я Второ́го.
   c. на ме́сте уби́йства импера́тора Петра́ Тре́тьего.
7. Иде́я созда́ния дворцо́во-па́ркового ко́мплекса в Петерго́фе принадлежи́т . . .
   a. импера́тору Петру́ Пе́рвому.
   b. императри́це Елизаве́те Петро́вне.
   c. императри́це Екатери́не Второ́й.
8. Из всех фонта́нов в Петерго́фе са́мым прекра́сным счита́ется . . .
   a. фонта́н «Самсо́н, разрыва́ющий пасть льву».
   b. фонта́н «Большо́й каска́д».
   c. фонта́н «Непту́н».

5–41 | Что посмотре́ть в Петербу́рге? 1) Find all the sights mentioned in 5–36 and 5–39 on an online interactive map of St. Petersburg. 2) Design a 3-day tour for first-time visitors to make the most out of their stay in St. Petersburg (using the table below). 3) Present your tour to your classmates using the *"I would" construction:* **Я бы+ past tense**:

1. Я бы на́чал/а́ экску́рсию с . . .
2. Я бы предложи́л/а посмотре́ть . . .
3. Снача́ла я бы побыва́л/а . . .
4. Пото́м я бы осмотре́л/а . . .

День	Вре́мя	Достопримеча́тельность	Кра́ткое описа́ние достопримеча́тельности
День 1	9:00–12:00 12:00–15:00 15:00–18:00		
День 2	9:00–12:00 12:00–15:00 15:00–18:00		
День 3	9:00–12:00 12:00–15:00 15:00–18:00		

5–42 | Каза́нский собо́р. Scan the description of the Kazan Cathedral for answers to the following questions: **Где, когда́ и кем постро́ен Каза́нский собо́р?**

Па́мятники ру́сской архитекту́ры: Каза́нский собо́р

ве́рующий, -ая, -ее, -ие – believer
запреща́ть/запрети́ть что? – to prohibit
ла́вочка – bench
плато́к – headscarf
святы́ня – sacred object, holy thing
соблюда́ть/соблюсти́ дресс-ко́д – to follow the dress code

Image 5.7 Каза́нский собо́р (г. Са́нкт-Петербу́рг)

Вели́чественное зда́ние Каза́нского собо́ра с его́ знамени́той колонна́дой возвыша́ется в це́нтре Петербу́рга, на гла́вной у́лице го́рода – Не́вском проспе́кте. Собо́р был постро́ен в 1811-м году́ архите́ктором Андре́ем Ники́форовичем Ворони́хиным специа́льно для ико́ны Каза́нской Бо́жьей Ма́тери, кото́рая явля́ется са́мой гла́вной святы́ней го́рода. Каза́нский собо́р постро́ен в сти́ле классици́зма, но офо́рмлен собо́р в сти́ле ампи́р. Над собо́ром – огро́мный ку́пол с правосла́вным кресто́м. Собо́р укра́шен скульпту́рами, сде́ланными ру́сскими ску́льпторами Ма́ртосом, Пи́меновым и други́ми.

Отзывы о Каза́нском собо́ре

Поража́ет всех свое́й красото́й!

Красиве́йший собо́р в се́рдце се́верной столи́цы. Настоя́щая го́рдость Санкт-Петербу́рга. Замеча́тельный шеде́вр классици́зма. Сло́жная архитекту́ра и необы́чная плани́ровка заставля́ют стоя́ть пе́ред Каза́нским собо́ром часа́ми.

Что-то невероя́тное!

Он великоле́пен и снару́жи, и внутри́. Его́ нельзя́ описа́ть, его́ на́до ви́деть и в нём побыва́ть. Пе́ред собо́ром есть небо́льшая зо́на о́тдыха с фонта́ном и ла́вочками.

Самый красивый собор!

В каждое посещение Санкт-Петербурга захожу в Казанский Собор. Неважно, верующий вы христианин или абсолютный атеист, Казанский – образец великолепной архитектуры. Вход бесплатный, а атмосфера – бесценна.

Попали на службу. Собор является действующим, так что надо соблюдать определённый дресс-код. Во многих соборах женщинам дают на входе платки на голову, здесь такой услуги нет, так что не забудьте взять его с собой. Фотографировать во время службы не желательно, но не запрещено. К иконе Казанской Божьей Матери очередь, нужно постоять в очереди минут 20.

Материал подготовлен на основе информации открытых источников

5–43 | Казанский собор. Skim the text in 5–42 and complete the following statements:

1. Казанский собор построен в стиле . . .
2. Казанский собор оформлен в стиле . . .
3. Главная святыня собора – это . . .
4. Перед собором находится . . .
5. За вход в Казанский собор платить . . .
6. Фотографировать в соборе . . .
7. Во время службы в соборе женщинам нужно надевать . . .
8. Чтобы увидеть икону Казанской Божьей Матери, нужно постоять . . .

5–44 | Казанский собор. Reread the description of Kazan Cathedral in St. Petersburg and reviews on it in 5–42. In pairs or small groups, discuss the following questions and write down your answers.

1. Какие отзывы на посещение Казанского собора?
2. Как вы поняли, что больше всего понравилось посетителям?
3. Что значит «собор является действующим»?
4. Кто такой верующий человек, а кто такой атеист?
5. Вы бы хотели посетить Казанский собор? Объясните почему.

5–45 | Адмиралтейство. Read the following short article about the Admiralty in St. Petersburg and 1) make an outline in the form of questions, then 2) discuss these questions in pairs or small groups.

Адмиралтейство

> **верфь** *f.* – shipyard
> **ветшать/обветшать** – to become dilapidated, to decay
> **закладывать/заложить что?** – to break ground
> **план-чертёж** – blueprint
> **судно** – ship

Здание Адмиралтейства является одним из лучших архитектурных памятников Петербурга. Кораблик на шпиле Адмиралтейства широко известен как один из символов города на Неве. Само слово «адмиралтейство» означает, как

Image 5.8 Адмиралте́йство (г. Са́нкт-Петербу́рг)

морско́е ве́домство,[5] так и ме́сто строи́тельства и ремо́нта вое́нных судо́в. Пе́рвую верфь в Петербу́рге постро́или в ию́не 1703-го го́да.

Одна́ко го́роду тре́бовалась больша́я адмиралте́йская верфь. По распоряже́нию Петра́ I но́вая верфь должна́ была́ быть постро́ена на о́строве ме́жду Нево́й и реко́й Мья (сейча́с река́ Мо́йка). Этот о́стров стал называ́ться Адмиралте́йским, и 5 ноября́ 1704 го́да была́ зало́жена верфь-кре́пость, кото́рая была́ постро́ена по генера́льному пла́ну-чертежу́ Петра́ I.

К 1727-му го́ду зда́ние Адмиралте́йства си́льно обветша́ло, и его́ реши́ли перестро́ить в ка́мне. По прое́кту архите́ктора И. К. Ко́робова зда́ние бы́ло укра́шено ба́шней, уве́нчанной краси́вым шпи́лем. Ко́робов за́ново со́здал весь ко́мплекс Адмиралте́йства, сохрани́в архитекту́рный силуэ́т зда́ния петро́вского вре́мени.

Материа́л подгото́влен на осно́ве информа́ции откры́тых исто́чников

5–46 | Видеорепорта́ж «Адмиралте́йство». 1) Watch the video clip and fill in the blanks. 2) Read the text out loud, making sure to pay attention to word stresses and intonation. Identify the subject and predicate of each sentence.

Адмиралте́йство

Адмиралте́йство. Зда́ние Адмиралте́йства явля́ется одни́м из лу́чших архитекту́рных _____ Петербу́рга. В нача́ле XIX ве́ка, когда́ меня́лся о́блик Петербу́рга, _____ Адмиралте́йства, на фо́не Зи́мнего дворца́ с одно́й стороны́, и Ме́дного вса́дника с друго́й, ста́ло _____ доста́точно _____. Рабо́ты по _____ зда́ния поручи́ли выдаю́щемуся архите́ктору А. Д. Заха́рову. _____ вело́сь с 1806 по 1823 год. Тре́тье по счёту, совреме́нное нам, зда́ние Адмиралте́йства _____ из двух П-обра́зных корпусо́в – вне́шнего и вну́треннего. Центра́льный _____ зда́ния, протяжённостью бо́лее четырёхсот ме́тров, _____ шестью́ многоколо́нными по́ртиками. В це́нтре фаса́да располага́ется многоя́русная _____ с въездно́й а́ркой, _____ колонна́дой и уве́нчанная ку́полом со шпи́лем.

Зда́ние, вы́полненное Заха́ровым в сти́ле ру́сского _____, ста́ло вы́глядеть гора́здо бо́лее торже́ственно. Адмиралте́йство ста́ло _____, зда́ние _____ 56 ста́туй, 11 барелье́фов и 350 лепны́х украше́ний.

Вся исто́рия Адмиралте́йства неразры́вно _____ с фло́том. В ра́зное вре́мя в нём располага́лись разли́чные морски́е и _____ учрежде́ния: Адмиралте́йств-колле́гия, Морско́е министерство, Учи́лище корабе́льной _____, Вы́сшее Военно-морско́е инженерное _____.

Материа́л подгото́влен на осно́ве информа́ции откры́тых исто́чников

5–47 | Видеорепорта́ж «Адмиралте́йство». 1) Read the text in 5–46 and find Russian equivalents for the words below. 2) Write a description of the Admiralty building in Russian using these words (six to seven sentences). 3) Read the description out loud and record yourself and send the recording to your instructor.

1. bas-relief
2. building
3. classicism
4. colonnade
5. dome
6. entrance arch
7. façade
8. decorative plaster reliefs
9. multicolumn
10. portico
11. spire
12. statue
13. three-story
14. tower
15. U-shaped

5–48 | Адмиралтейство. Review the texts about the Admiralty in 5–45 and 5–46. Discuss the following questions in pairs or small groups:

1. Что такое Адмиралтейство?
2. По чьему плану-чертежу было построено Адмиралтейство?
3. Сколько раз перестраивалось здание Адмиралтейства?
4. По каким причинам перестраивали здание Адмиралтейства?
5. Кто из архитекторов занимался перестройкой Адмиралтейства?
6. Что находилось в здании Адмиралтейства в разное время?

5–49 | Памятники архитектуры Петербурга. Scan the article for the following information:

1. О каких памятниках архитектуры идёт речь в статье?
2. Какое архитектурное направление было популярным в начале 20-го века?

Памятники архитектуры Петербурга

жил|е́|ц, жильцы́ *pl.* – tenant
жило́й дом – apartment building
заключённый – prisoner
политкаторжа́нин⁶ – political prisoner
происходи́ть из (шве́дско-да́тской) семьи́ – to descend from (a Swedish-Danish) family; to be of (Swedish-Danish) heritage/ancestry
сочета́ть *impf.* – to combine

Здание Азовско-Донского банка. Бывшее здание Азовско-Донского банка, расположенное на Большой Морской улице, построено в стиле северного модерна. Северный модерн сочетает в себе стиль модерн и элементы северного русского и скандинавского зодчества. Это архитектурное направление было одним из самых популярных в начале XX века.

Наиболее ярким мастером этого направления был архитектор Фёдор Иванович Лидваль, который происходил из шведско-датской семьи, которая переехала в Петербург ещё в середине XIX века. Лидваль построил в Петербурге несколько десятков различных зданий, многие из которых вошли в историю петербургской архитектуры.

Здание Азовско-Донского банка состоит из двух корпусов. Первый корпус был построен Лидвалем в 1907–1909 годах, а второй в 1912–1913 годах. В оформлении фасадов здания архитектор использовал элементы классического архитектурного стиля, а также некоторые элементы асимметричности, характерные для модерна.

Дом политкаторжан. В 1929–1933 годах на самой старой площади Санкт-Петербурга – Троицкой был построен шестиэтажный жилой дом в стиле конструктивизма. Он был построен на средства и по инициативе членов

Ленингра́дского Общества бы́вших политкаторжа́н. Все они́ бы́ли полити́ческими заключёнными до револю́ции 1917-го го́да.

Над разрабо́ткой прое́кта До́ма политкаторжа́н рабо́тали сра́зу три архите́ктора – Г. А. Си́монов, П. В. Абро́симов и А.Ф. Хря́ков. Этот дом был постро́ен как дом-комму́на, в кото́ром жильцы́ име́ют о́бщий быт. Поэ́тому на пе́рвом и второ́м этажа́х бы́ли столо́вая-рестора́н, магази́н, гости́ные, ко́мната для заня́тий, де́тские ко́мнаты, библиоте́ка, клуб, музе́й и да́же теа́тр на пятьсо́т мест.

В До́ме политкаторжа́н бы́ло бо́лее ста сорока́ кварти́р. Ка́ждая кварти́ра состоя́ла из двух – пяти́ комнат и имела все удо́бства, включа́я ва́нную с горя́чей водо́й (в то вре́мя э́то бы́ло ре́дкостью). Но ку́хни в кварти́ре не бы́ло. Жить без ку́хни в кварти́ре оказа́лось неудо́бно, поэ́тому поздне́е дом перестро́или. Из обще́ственных помеще́ний оста́лись то́лько де́тский сад и библиоте́ка.

Материа́л подгото́влен на осно́ве информа́ции откры́тых исто́чников

5–50 | Па́мятники архитекту́ры Петербу́рга. Reread the text in 5–49 and mark whether the statements below are correct.

Да	Нет	
Да	Нет	1. Бы́вшее зда́ние Азо́вско-Донско́го ба́нка постро́ено и офо́рмлено в сти́ле се́верного моде́рна.
Да	Нет	2. Бы́вшее зда́ние Азо́вско-Донско́го ба́нка постро́ено в сти́ле се́верного моде́рна, а в оформле́нии фаса́дов зда́ния испо́льзованы элеме́нты класси́ческого архитекту́рного сти́ля и моде́рна.
Да	Нет	3. Се́верный моде́рн сочета́ет в себе́ стиль моде́рн и элеме́нты се́верного ру́сского и скандина́вского зо́дчества.
Да	Нет	4. Архите́ктором зда́ния Азо́вско-Донско́го ба́нка был Фёдор Лидва́ль, кото́рого пригласи́ли прие́хать и постро́ить в Петербу́рге деся́ток разли́чных зда́ний.
Да	Нет	5. Фёдор Лидва́ль, кото́рый постро́ил в Петербу́рге не́сколько деся́тков разли́чных зда́ний, происходи́л из шве́дско-да́тской семьи́, кото́рая перее́хала в Петербу́рг ещё в середи́не XIX ве́ка.
Да	Нет	6. Дом политкаторжа́н был постро́ен в сти́ле конструктиви́зма.
Да	Нет	7. Жи́тели До́ма политкаторжа́н до револю́ции 1917 го́да бы́ли полити́ческими заключёнными.
Да	Нет	8. Ка́ждая кварти́ра в До́ме политкаторжа́н состоя́ла из ку́хни, двух – пяти́ ко́мнат и была́ со все́ми удо́бствами, включа́я ва́нную с горя́чей водо́й.
Да	Нет	9. В До́ме политкаторжа́н на пе́рвом и второ́м этажа́х бы́ли столо́вая-рестора́н, магази́н, гости́ные, ко́мната для заня́тий, де́тские ко́мнаты, библиоте́ка, клуб, музе́й, теа́тр, так как э́тот дом был постро́ен как дом-комму́на, в кото́ром жильцы́ име́ют о́бщий быт.

5–51 | Па́мятники архитекту́ры Петербу́рга. Go to the textbook website and study the images of the Azov-Don Bank and the House of

Political Prisoners (Chapter 5, Part 3 Images). In pairs or small groups, discuss the following questions:

1. В каки́х архитекту́рных сти́лях постро́ены зда́ние Азо́вско-Донско́го ба́нка и Дом политкаторжа́н?
2. Как вы по́няли, что тако́е се́верный моде́рн?
3. Каки́е элеме́нты класси́ческого сти́ля в оформле́нии фаса́да зда́ния Азо́вско-Донско́го ба́нка вы мо́жете назва́ть?
4. Каки́е элеме́нты сти́ля моде́рн в оформле́нии фаса́ зда́ния Азо́вско-Донско́го ба́нка вы мо́жете назва́ть?
5. Как вы по́няли, что тако́е дом-комму́на? Бы́ли ли таки́е дома́ постро́ены у вас в стране́? Хоте́ли ли бы вы жить в тако́м до́ме?
6. Что вы зна́ете об архите́кторе Фёдоре Ива́новиче Лидва́ле?

5–52 | Па́мятники архитекту́ры Петербу́рга. 1) Go to the textbook website and study the Chapter 5, Part 3 Images. Familiarize yourself with the images, the architects' names and the names of the buildings. 2) Be ready to talk about the architectural monuments of St. Petersburg.

5–53 | Презента́ция. Choose a topic from the list provided below and give a short multimedia presentation (2 minutes).

Возмо́жные те́мы презента́ций

1. Аничков дворе́ц
2. Дворцо́вая пло́щадь
3. До́мик Петра́ I
4. Зда́ние двена́дцати колле́гий
5. Зда́ние Сена́та и Сино́да
6. Зи́мний дворе́ц
7. Марии́нский дворе́ц
8. Миха́йловский дворе́ц
9. Не́вский проспе́кт
10. Петерго́ф
11. Петропа́вловская кре́пость
12. Петропа́вловский собо́р
13. Зда́ния, постро́енные Фёдором Ива́новичем Лидва́лем
14. По ва́шему вы́бору

ЗАКЛЮЧЕНИЕ

5–54 | Самоконтро́ль. Review parts 1–3. Choose the correct statements. There may be more than one correct answer.

1. Стро́ить Санкт-Петербу́рг, но́вую столи́цу Росси́и . . .
   a. начала́ императри́ца Екатери́на Втора́я.
   b. на́чал царь Ива́н Гро́зный.
   c. на́чал импера́тор Пётр Пе́рвый.

2. Зи́мний дворе́ц в Петербу́рге был постро́ен по прое́кту . . .
   a. италья́нского архите́ктора Растре́лли в сти́ле баро́кко.
   b. италья́нского архите́ктора Ро́сси в сти́ле классици́зма.
   c. импера́тора Петра́ Пе́рвого в сти́ле баро́кко.
3. У́лица Зо́дчего Ро́сси постро́ена в сти́ле . . .
   a. баро́кко.
   b. классици́зма.
   c. конструктиви́зма.
4. В нача́ле 20-го ве́ка Ви́тебский вокза́л в Петербу́рге был постро́ен . . .
   a. в сти́ле моде́рн, с больши́ми о́кнами и цветны́ми витража́ми.
   b. в сти́ле баро́кко, со мно́гими золоты́ми украше́ниями.
   c. в сти́ле классици́зма, с коло́ннами, по́ртиком и ку́полом, как анти́чные зда́ния дре́вней Гре́ции и Ри́ма.
5. Конструктиви́зм – э́то . . .
   a. архитекту́ра конца́ 19-го и нача́ла 20-го ве́ка, зда́ния с больши́ми о́кнами и цветны́ми витража́ми.
   b. архитекту́рный стиль 17–18 веко́в, для кото́рого характе́рны сло́жные асимметри́чные фо́рмы, мно́го дета́лей и золоты́х украше́ний.
   c. архитекту́рный стиль 20-х – 30-х годо́в 20-го ве́ка, гла́вной иде́ей кото́рого был отка́з от дета́лей и украше́ний, а для зда́ний и интерье́ров характе́рны просты́е геометри́ческие фо́рмы.
6. Социалисти́ческий классици́зм (ста́линский ампи́р) . . .
   a. до́лжен был прославля́ть Ста́лина.
   b. до́лжен был прославля́ть сове́тскую идеоло́гию.
   c. до́лжен был прославля́ть мощь коммунисти́ческого госуда́рства.
7. Восьмиколо́нное зда́ние Большо́го теа́тра . . .
   a. бы́ло постро́ено в сти́ле баро́кко по прое́кту Осипа Бове́.
   b. бы́ло постро́ено в сти́ле ру́сского ампи́ра по прое́кту Осипа Бове́.
   c. бы́ло постро́ено в сти́ле классици́зма по прое́кту Осипа Бове́.
8. После́дняя реставра́ция Большо́го теа́тра была́ зако́нчена . . .
   a. в 1856 году́.
   b. в 2005 году́.
   c. в 2011 году́.
9. В 1931 году́ по прика́зу Ста́лина Храм Христа́ Спаси́теля . . .
   a. был реставри́рован.
   b. был перестро́ен.
   c. был взо́рван.
10. На ме́сте, где сейча́с стои́т гости́ница «Москва́», . . .
    a. был Дворе́ц труда́, кото́рый снесли́ в 1930-х года́х.
    b. был делово́й кварта́л Москвы́, кото́рый называ́лся Охо́тный ряд.
    c. ничего́ не бы́ло, поэ́тому и реши́ли постро́ить гости́ницу.
11. Гости́ница «Москва́» была́ постро́ена в 1936 году́. . .
    a. в сти́ле моде́рн.
    b. в сти́ле классици́зма.
    c. в сти́ле конструктиви́зма.

12. Москва́-Си́ти – э́то . . .
    a. междунаро́дный делово́й центр в Москве́.
    b. крупне́йший вы́ставочный зал в Москве́.
    c. аукцио́н совреме́нного иску́сства в Москве́.
13. Храм Спа́са на Крови́ был постро́ен . . .
    a. на ме́сте уби́йства импера́тора Алекса́ндра Второ́го.
    b. на ме́сте уби́йства импера́тора Никола́я Второ́го.
    c. на ме́сте уби́йства импера́тора Петра́ Тре́тьего.
14. Каза́нский собо́р офо́рмлен в сти́ле ампи́р, но постро́ен в сти́ле . . .
    a. моде́рн.
    b. классици́зма.
    c. баро́кко.
15. Сло́во «адмиралте́йство» означа́ет . . .
    a. ме́сто ремо́нта корабле́й вое́нного фло́та.
    b. ме́сто строи́тельства и ремо́нта вое́нных судо́в.
    c. министе́рство вое́нного фло́та.
16. Бы́вшее зда́ние Азо́вско-Донско́го ба́нка постро́ено в сти́ле . . .
    a. се́верного моде́рна.
    b. моде́рн.
    c. классици́зма.
17. Дом политкаторжа́н – па́мятник архитекту́ры . . .
    a. ста́линского ампи́ра.
    b. моде́рна.
    c. конструктиви́зма.

 **5–55 | Я – знато́к архитекту́ры!** Take a look at the images of the **Таври́ческий дворе́ц** and **Особня́к Рябуши́нского** on the textbook website (Chapter 5, Part 3 Images) and answer the following questions:

1. По ва́шему мне́нию, в како́м сти́ле постро́ен Таври́ческий дворе́ц (1783–1789, арх. И. Е. Старо́в)? Аргументи́руйте, почему́ вы так ду́маете.
2. По ва́шему мне́нию, в како́м сти́ле постро́ен Особня́к Рябуши́нского в Москве́ (1900–1902, арх. Ф. О. Шéхтель)? Аргументи́руйте, почему́ вы так ду́маете.

5–56 | Перево́д. Translate the following description of St. Isaac's Cathedral into Russian. Translate ideas not words.

The church on St. Isaac's Square was commissioned by Alexander I, to replace an earlier structure by Vincenzo Brenna, and was the fourth consecutive church standing at this place. A specially appointed commission examined several designs, including that of the French-born architect Auguste de Montferrand. The cathedral took 40 years to construct, under Montferrand's direction, from 1818 to 1858. The exterior of the cathedral is faced with gray and pink stone and features a total of 112 red granite columns. The cathedral's main dome rises 101.5 meters and is plated with pure gold. The dome is decorated with 12 statues of angels. The interior was originally decorated with scores of paintings by Karl Bryullov and other great Russian masters of the day. When these paintings began to deteriorate due to the cold, damp conditions inside the cathedral, Montferrand ordered them to be painstakingly reproduced as mosaics.

5–57 | Расскажи́те. Be ready to talk about the following:

1. Архитекту́рные сти́ли в Росси́и 18–20 веко́в.
2. Па́мятники архитекту́ры Москвы́:
   a. Большо́й теа́тр;
   b. Храм Христа́ Спаси́теля;
   c. Гости́ница «Москва́»;
   d. Москва́-Си́ти.
3. Па́мятники архитекту́ры Санкт Петербу́рга:
   a. Достопримеча́тельности Петербу́рга;
   b. Каза́нский собо́р;
   c. Адмиралте́йство;
   d. Зда́ние Азо́вско-Донско́го ба́нка;
   e. Дом политкаторжа́н.

СЛОВАРЬ

архите́ктор – architect
баро́кко – Baroque
ба́шня – tower
бето́нно-стекля́нный, -ая, -ое, -ые – concrete and glass
бето́нный, -ая, -ое, -ые – concrete
в пе́рвую о́чередь – first of all
великоле́пный, -ая, -ое, -ые – magnificent
вели́чественный, -ая, -ое, -ые – majestic
венча́ть *impf.* **что?** – to crown
ве́рующий, -ая, -ее, -ие – believer
верфь *f.* – shipyard
ветша́ть/обветша́ть – to become dilapidated, to decay
взрыва́ть/взорва́ть кого́? что? – to blow up
включа́ть/включи́ть в себя́ – to include
вмеща́ть/вмести́ть кого́? что? – to accommodate
внутри́ (где?)/внутрь (куда́?) – inside
Восхити́тельно! – Amazing! An incredible sight!
высота́ – height
горелье́ф – high relief
грунто́вые во́ды – groundwater
древнеру́сский, -ая, -ое, -ие – old Russian
дре́вний, -яя, -ее, -ие – ancient
жил|е́|ц, жильцы́ *pl.* – tenant
жило́й дом – apartment building
заверша́ть/заверши́ть что? – to finish, complete
закла́дка – groundbreaking ceremony
закла́дывать/заложи́ть что? – to break ground
заключённый – prisoner
за́ново – anew, again

запреща́ть/запрети́ть что? – to prohibit
зо́дчество *archaic* – architecture
зри́тельный зал – auditorium
и́здали – from afar
классици́зм – Classicism
колоко́льный звон – bell-ringing
конструктиви́зм – Constructivism
кре́пость *f.* – fortress
ку́пол – dome
ла́вка *archaic* – small shop
ла́вочка – bench
леса́ *pl. only* – scaffolding
масшта́бный, -ая, -ое, -ые – large-scale
ме́сто застро́йки – building site
многоэта́жное зда́ние – multi-story building
моде́рн – Modernism/Art Nouveau
небоскрёб – skyscraper
недви́жимость *f.* – real estate
но́тная библиоте́ка – music library
обновлённый – renovated
отстра́ивать/отстро́ить что? – to rebuild
отта́лкивать/оттолкну́ть кого? что? – to repulse, to repel
оформля́ть/офо́рмить что? – to decorate
па́мятник архитекту́ры – architectural monument
перехо́д – passageway
план-чертёж – blueprint
плато́к – headscarf
погиба́ть/поги́бнуть – to perish
политкаторжа́нин – political prisoner
полково́дец – military commander
поража́ть/порази́ть кого? чем? – to amaze
пострада́ть *pfv.* – to be damaged
потряса́ющий, -ая, -ее, -ие – tremendous, terrific
превраща́ться/преврати́ться во что? – to turn into, become
прекраща́ть/прекрати́ть что? – to stop
престо́л – throne
привлека́ть/привле́чь кого? в чём? – to attract
придава́ть/прида́ть вид кому? чему? – to give the appearance of
проекти́ровать *impf.* – to design
происходи́ть из (шве́дско-да́тской) семьи́ – to descend from (a Swedish-Danish) family; to be of (Swedish-Danish) heritage/ancestry
ра́зве что – except perhaps, except for
разме́р – size
разноцве́тный, -ая, -ое, -ые – colorful, multicolored
самосва́л – dump truck
святи́ть/освяти́ть что? – to bless, consecrate
святы́ня – sacred object, holy thing
сме́шивать/смеша́ть что? – to mix
соблюда́ть/соблюсти́ дресс-код – to follow the dress code

совреме́нник – contemporary *n.*
сооруже́ние – structure, building
сочета́ть *impf.* – to combine
средневеко́вый, -ая, -ое, -ые – medieval
строи́тельный кран – construction crane
строи́тельство – construction
су́дно – ship
существова́ть/просуществова́ть – to exist, last
убра́нство – ornamentation, decoration
уступа́ть/уступи́ть кому́? чему́? – to be inferior to
фаса́д – façade
ча́стная со́бственность – private property
ширина́ – width
шпиль – spire
эта́п – *here:* stage of construction

Примечания Endnotes

1 Хрущёвки – сове́тские типовы́е жилы́е дома́, ма́ссово стро́ившиеся в СССР с конца́ 1950-х по нача́ло 1980-х гг. Назва́ние свя́зано с Н. С. Хрущёвым, во времена́ пребыва́ния кото́рого на посту́ руководи́теля СССР бы́ло постро́ено большинство́ э́тих домо́в.
2 Колесни́ца бо́га – chariot of god
3 Храм Христа́ Спаси́теля – Cathedral of Christ the Savior
4 Храм Спа́са на Крови́ – Church of the Savior on Spilled Blood
5 Ве́домство – министе́рство, департа́мент
6 Политкаторжа́нин – political prisoner; the term applies only to political prisoners before the Russian revolution

ГЛАВА 6 | О МУЗЫКЕ И ТЕАТРАЛЬНОМ ИСКУССТВЕ

ВВЕДЕНИЕ

В пе́рвой ча́сти э́той главы́ мы бу́дем говори́ть о ру́сской му́зыке, об изве́стных компози́торах 19-го и 20-го веко́в. Хотя́ ру́сское музыка́льное иску́сство и отстава́ло от за́падного в 17–18 века́х, в 19-м и 20-м века́х оно́ бы́стро ста́ло развива́ться, и произведе́ния мно́гих ру́сских компози́торов сейча́с игра́ют орке́стры всех стран ми́ра. Во второ́й ча́сти вы узна́ете о популя́рных бале́тах и о́перах, о знамени́тых балери́нах и о́перном иску́сстве в Росси́и. В тре́тьей ча́сти мы бу́дем говори́ть о драмати́ческом теа́тре и о теа́тре ку́кол. В Росси́и лю́бят теа́тр. Почти́ в любо́м ру́сском го́роде вы найдёте теа́тр о́перы и бале́та, драмати́ческий теа́тр и теа́тр ку́кол. Вы узна́ете о шко́ле драмати́ческого иску́сства Константи́на Станисла́вского, о Все́володе Мейерхо́льде и его́ теа́тре, а та́кже о знамени́том теа́тре ку́кол Серге́я Образцо́ва.

МУ́ЗЫКА

церковное пение
фортепианный концерт
дирижёр симфония
piano concert quartet opera
musical composition
либретто sonata соната suite пианист
cantata квартет concert hall
symphony ballet балет orchestral music
опера libretto
сюита pianist кантата
church singing
симфоническая музыка
симфонический оркестр
концертный зал
музыкальное произведение

6–1 | Study the Word Cloud above and find Russian equivalents for the following words:

1. ballet –   2. cantata –

3. conductor –   4. libretto –

5. opera –   6. pianist –

7. quartet –   8. sonata –

9. suite –   10. symphony –

6–2 | Study the Word Cloud one more time and find the Russian equivalents to the following word combinations:

1. concert hall –
2. musical composition –
3. orchestral music –
4. piano concerto –
5. symphony orchestra –
6. church singing –

 **6–3 | Опрос.** In small groups, ask each other the questions below and write down your answers. Sum up the information gathered by your group and compare it with the other groups.

Вопросы

1. Какую музыку вы больше всего любите? Классическую, популярную, джаз, поп, электронную, другую?

2. Вы играете на каких-либо музыкальных инструментах?

3. Вы играете в оркестре?

4. В вашем городе есть концертный зал?

5. В вашем городе есть театр оперы и балета?

6. Вы когда-нибудь занимались балетом?

7. Вы когда́-нибу́дь пе́ли в хо́ре? А в о́пере вы пе́ли?

8. Как ча́сто вы быва́ете на бале́те и́ли в о́пере?

6–4 | Конце́рт. Use the answers in 6–3 to find out who of your classmates can play a musical instrument, sing or dance. Create a program for a talent show your class could participate in and design a poster. Discuss your talent show program with your classmates. Be prepared to announce each participant to the audience. See examples below.

1. Сейча́с пе́ред ва́ми вы́ступит . . . Он/а́ споёт/станцу́ет/прочита́ет стихотворе́ние . . .
2. Сле́дующий уча́стник/уча́стница на́шей програ́ммы . . . Он/а́ вы́ступит с пе́сней . . .
3. А сейча́с . . . сы́грает фортепиа́нный конце́рт, сона́ту, . . .

ЧАСТЬ 1. СЛУШАЕМ ЛЕКЦИЮ

6–5 | Ле́кция «Немно́го о ру́сской му́зыке». Read the summary of the lecture and answer the question: **О каки́х пери́одах разви́тия ру́сской му́зыки бу́дет идти́ речь в ле́кции?**

Image 6.2 П. И. Чайко́вский

Ле́кция «Немно́го о ру́сской му́зыке»

> **исполня́ть/испо́лнить что?** – to perform
> **наро́дная му́зыка** – folk music
> **о́пера напи́сана (на сюже́т, по произведе́нию, по моти́вам)** – the opera is based on (a theme, work, motifs)
> **писа́ть/написа́ть (о́перу, бале́т)** – to compose (an opera, a ballet)
> **слу́шатель** – listener

Те́ма сего́дняшней ле́кции – исто́рия ру́сской му́зыки 19-го ве́ка и пе́рвой полови́ны 20-го ве́ка. В 19-м ве́ке появи́лись компози́торы, кото́рые ста́ли изве́стны слу́шателям всего́ ми́ра. Гли́нка, Му́соргский, Ри́мский-Ко́рсаков и други́е компози́торы писа́ли о́перы на сюже́ты из ру́сской исто́рии, ру́сского фолькло́ра и литерату́ры, испо́льзовали наро́дные и церко́вные моти́вы в симфони́ческой му́зыке. В конце́ 19-го ве́ка Пётр Чайко́вский написа́л знамени́тые о́перы по произведе́ниям Алекса́ндра Пу́шкина, а в нача́ле 20-го ве́ка Игорь Страви́нский со́здал свои́ бале́ты по моти́вам ру́сского фолькло́ра. Симфо́нии ру́сских компози́торов 20-го ве́ка, таки́х как Шостако́вич, Рахма́нинов и Шни́тке, исполня́ют симфони́ческие орке́стры во всём ми́ре.

6–6 | **Ле́кция «Немного о русской музыке»**. Reread the summary in 6–5 and choose the correct statements. There may be more than one correct answer.

1. Ру́сские компози́торы 19-го ве́ка, кото́рые ста́ли изве́стны во всём ми́ре, э́то – . . .
   a. Гли́нка и Чайко́вский.
   b. Рахма́нинов и Страви́нский.
   c. Шостако́вич и Шни́тке.
   d. Му́соргский и Ри́мский-Ко́рсаков.
2. Чайко́вский написа́л знамени́тые о́перы по произведе́ниям . . .
   a. Евге́ния Барати́нского.
   b. Алекса́ндра Пу́шкина.
   c. Михаи́ла Ле́рмонтова.
3. Ру́сские компози́торы 20-го ве́ка, кото́рые ста́ли изве́стны во всём ми́ре, э́то – . . .
   a. Гли́нка и Чайко́вский.
   b. Рахма́нинов и Страви́нский.
   c. Шостако́вич и Шни́тке.
   d. Му́соргский и Ри́мский-Ко́рсаков.

6–7 | **Ле́кция «Немно́го о ру́сской му́зыке»**. 1) Listen to the lecture again and mark the names that are mentioned. 2) Go to the textbook website and study the Chapter 6 Lecture Images. Make sure to familiarize yourself with all the images and their titles.

___ Бороди́н
___ Даргомы́жский
___ Гли́нка

___ Глиэ́р
___ Му́соргский
___ Проко́фьев
___ Рахма́нинов
___ Ри́мский-Ко́рсаков
___ Рубинште́йн
___ Бала́кирев
___ Кюй
___ Свири́дов
___ Страви́нский
___ Чайко́вский
___ Шни́тке
___ Шостако́вич

6–8 | Ле́кция «Немно́го о ру́сской му́зыке». 1) Listen to the lecture and choose the correct statements. 2) Summarize the video in 13 to 15 sentences using the correct statements. Make sure to include the following cohesive devices in your summary: **интере́сно, что**; **кро́ме того́**; **при э́том**; **а та́кже**; **бо́лее того́**.

1. Михаи́ла Гли́нку счита́ют . . .
   a. отцо́м ру́сской о́перы.
   b. пе́рвым ру́сским национа́льным компози́тором.
   c. са́мым изве́стным в ми́ре из всех ру́сских компози́торов.
2. Пётр Чайко́вский рабо́тал во мно́гих музыка́льных жа́нрах и писа́л . . .
   a. сюи́ты, канта́ты, сона́ты, кварте́ты.
   b. опере́тты, рок-о́перы.
   c. конце́рты, симфо́нии, бале́ты, о́перы.
3. Объедине́ние «Могу́чая ку́чка» во второ́й полови́не 19-го ве́ка со́здали . . .
   a. петербу́ргские компози́торы, кото́рые счита́ли свои́м учи́телем Михаи́ла Гли́нку.
   b. Дя́гилев, Страви́нский и Рахма́нинов.
   c. моско́вские компози́торы, кото́рые счита́ли себя́ после́дователями Чайко́вского.
4. Тради́ции и моско́вской, и петербу́ргской шко́лы в свое́й му́зыке соедини́л . . .
   a. Серге́й Проко́фьев.
   b. Серге́й Рахма́нинов.
   c. И́горь Страви́нский.
5. В «Ру́сских сезо́нах» Серге́я Дя́гилева принима́л уча́стие . . .
   a. Серге́й Проко́фьев.
   b. Серге́й Рахма́нинов.
   c. И́горь Страви́нский.
6. В нача́ле 20-го ве́ка получи́л разви́тие аванга́рд . . .
   a. в му́зыке.
   b. в жи́вописи.
   c. и в му́зыке, и в жи́вописи.

7. Страви́нского, Шостако́вича и Шни́тке мо́жно назва́ть . . .
   a. представи́телями аванга́рда в му́зыке.
   b. композитора́ми класси́ческого сти́ля.
   c. академи́ческими компози́торами.

8. Шостако́вич – . . .
   a. крупне́йшая фигу́ра ру́сской му́зыки нача́ла 20-го ве́ка.
   b. крупне́йшая фигу́ра сове́тского пери́ода ру́сской му́зыки.
   c. крупне́йшая фигу́ра ру́сской му́зыки конца́ 19-го ве́ка.

9. Шостако́вич написа́л свою́ пе́рвую симфо́нию, . . .
   a. когда́ ему́ бы́ло 12 лет.
   b. когда́ ему́ бы́ло 19 лет.
   c. в 1942 году́.

10. Седьма́я симфо́ния Шостако́вича осо́бенно знамени́та, потому́ что . . .
    a. её ча́сто исполня́ют европе́йские орке́стры.
    b. э́ту симфо́нию исполня́ли в Ленингра́де во вре́мя блока́ды.[1]
    c. Шостако́вич сам дирижи́ровал э́той симфо́нией, когда́ её исполня́ли в Ленингра́де во вре́мя блока́ды.

11. Кри́тики счита́ют Шни́тке . . .
    a. са́мым зна́чимым композитором класси́ческой му́зыки второ́й полови́ны 20-го ве́ка.
    b. са́мым изве́стным в ми́ре из всех ру́сских композито́ров.
    c. отцо́м ру́сского аванга́рда в му́зыке.

6–9 | Ле́кция «Немно́го о ру́сской му́зыке». Listen to the lecture and match the names of the composers and the operas or ballets they composed.

Компози́тор	**Опера**
1. Михаи́л Гли́нка	___ «Пи́ковая да́ма»
2. Алекса́ндр Даргомы́жский	___ «Жизнь за царя́»
3. Пётр Чайко́вский	___ «Князь Игорь»
4. Алекса́ндр Бороди́н	___ «Хова́нщина»
5. Моде́ст Му́соргский	___ «Война́ и мир»
6. Серге́й Проко́фьев	___ «Евге́ний Оне́гин»
	___ «Русла́н и Людми́ла»
	___ «Руса́лка»
	___ «Бори́с Годуно́в»

Компози́тор	**Бале́т**
1. Пётр Чайко́вский	___ «Роме́о и Джулье́тта»
2. Игорь Страви́нский	___ «Щелку́нчик»
3. Серге́й Проко́фьев	___ «Лебеди́ное о́зеро»

___ «Жар Пти́ца»

___ «Весна́ свяще́нная»

___ «Петру́шка»

6–10 | Ле́кция «Немно́го о ру́сской му́зыке». Listen to the beginning of the lecture one more time and read the opening paragraph about Russian music. 1) When listening, mark the stresses. 2) Reread the text below and find the sentences that do not start with the subject. Discuss in class the reasons for this word order.

Здравствуйте! Сегодня мы поговорим о русской классической музыке, начиная с 19-го века до второй половины 20-го века. Я расскажу о самых известных композиторах этого периода и их главных произведениях.

Первую половину 19 века называют периодом театромании – тогда было построено множество театров и концертных залов. Появился Павловский вокзал – элегантная железнодорожная станция в пригороде Санкт-Петербурга, где в летнее время проводились музыкальные концерты, на которых выступали лучшие музыканты Европы. Кроме того, в аристократических домах приняты были музыкальные домашние вечера (их называли салонами) и домашние музыкальные театры.

6–11 | Ле́кция «Немно́го о ру́сской му́зыке». Listen to the lecture again and complete the following statements.

1. Гли́нка – пе́рвый . . .
2. Говори́ть по-ру́сски в му́зыке зна́чит . . .
3. Опера «Жизнь за царя́» ещё называ́ется . . .
4. Опера «Русла́н и Людми́ла» напи́сана по моти́вам . . .
5. Одно́й из са́мых ру́сских о́пер называ́ют о́перу . . .
6. Две са́мые изве́стные о́перы Чайко́вского «Пи́ковая да́ма» и «Евге́ний Оне́гин» напи́саны по . . .
7. Бале́ты Чайко́вского «Щелку́нчик» и «Лебеди́ное о́зеро» ста́ли . . .
8. Бале́т «Щелку́нчик» напи́сан по . . .
9. В бале́те «Щелку́нчик» испо́льзуются не то́лько ру́сские моти́вы, но и . . .
10. Во второ́й полови́не 19-го ве́ка бы́ло два направле́ния в му́зыке: . . .

6–12 | Ле́кция «Немного о ру́сской му́зыке». 1) Listen to the lecture once more and take notes on the following questions. 2) Using your notes, answer the questions and record yourself. Send the recording to your instructor.

1. После́дователями како́го компози́тора бы́ли моско́вские компози́торы?
2. Кого́ петербу́ргские музыка́нты счита́ли свои́м учи́телем?

3. Кто из изве́стных ру́сских компози́торов был чле́ном петербу́ргского объедине́ния «Могу́чая ку́чка»?

4. Кто из компози́торов «Могу́чей ку́чки» был вое́нным и оста́вил вое́нную карье́ру, что́бы занима́ться му́зыкой?

5. Кем был по профе́ссии Алекса́ндр Бороди́н?

6. Каку́ю му́зыку изуча́ли компози́торы «Могу́чей ку́чки», что́бы испо́льзовать в свои́х музыка́льных произведе́ниях?

7. Каки́е сюже́ты компози́торы «Могу́чей ку́чки» испо́льзовали в свои́х о́перах?

8. Каковы́ основны́е характери́стики музыка́льных произведе́ний, напи́санных компози́торами «Могу́чей ку́чки»?

6–13 | Ле́кция «Немно́го о ру́сской му́зыке». Listen to the lecture again and mark whether the statements below are correct.

Image 6.3 Серге́й Рахма́нинов

Да	Нет	1. Игорь Стравинский был уже известным композитором, когда Сергей Дягилев пригласил его писать музыку для «Русских сезонов».
Да	Нет	2. Стравинский был неизвестен, когда Сергей Дягилев пригласил его писать музыку для «Русских сезонов».
Да	Нет	3. Балеты Стравинского так никогда и не получили мировую известность.
Да	Нет	4. Балеты «Жар-Птица», «Петрушка» и «Весна священная» принесли Стравинскому мировую славу.
Да	Нет	5. Сергей Прокофьев был и композитором, и пианистом.
Да	Нет	6. Прокофьев не жил в России с 1917-го по 1936-й год.
Да	Нет	7. Прокофьев много лет жил в Европе, где он выступал как пианист и дирижёр, но никогда не жил в Америке.
Да	Нет	8. В 1936-м году Прокофьев вернулся в Советский Союз.
Да	Нет	9. Прокофьев написал балет «Война и мир».
Да	Нет	10. Как и Прокофьев, Сергей Рахманинов уехал из России после революции 1917-го года.
Да	Нет	11. Как и Прокофьев, Сергей Рахманинов в 30-е годы вернулся в Советский Союз.
Да	Нет	12. Рахманинов был и композитором, и пианистом, и дирижёром.

6–14 | Лекция «Немного о русской музыке». Sum up what you have learned about Стравинский, Прокофьев and Рахманинов. Write three sentences about each of them.

6–15 | Лекция «Немного о русской музыке». Translate the paragraphs below into idiomatic English. Translate ideas, not words. Find the English titles for Stravinsky's ballet on the internet.

1. В начале 20-го века авангард получил развитие не только в русской живописи, но и в музыке. Ярким примером музыки русского авангарда в 1913-м году стал балет Игоря Стравинского «Весна священная».
2. Альфред Шнитке, последний композитор, о котором мы расскажем сегодня, говорил, что он гордится тем, что ему пришлось жить в эпоху великого Шостаковича. О самом Шнитке критики отзывались, как о самом значимом композиторе классической музыки второй половины 20-го века. Поэт Арсений Тарковский говорил о его музыке: «Это музыка и до 18-го века, и после нас».

Image 6.4 Игорь Страви́нский

6–16 | Кто э́тот компози́тор? Identify the composer from the details of his biography and the titles of his compositions. Underline the information that was not mentioned in the lecture about Russian music and is new for you.

Кто э́тот компози́тор?

> **зака́з** – order
> **звуча́ть/прозвуча́ть** – to sound
> **испо́лнен, -а, -о, -ы драмати́зма** – full of tension/dramatic effect
> **проро́ческий, -ая, -ое, -ие** – prophetic
> **свисте́ть/сви́стнуть** – to whistle
> **спаса́ть/спасти́ кого? что?** – to rescue
> **толпа́** – crowd

1. Его́ называ́ют пе́рвым ру́сским национа́льным компози́тором. Он пе́рвым из оте́чественных компози́торов испо́льзовал ру́сские мело́дии и ру́сские

моти́вы в свои́х произведе́ниях. В 1834 году́ он реши́л написа́ть о́перу о
ру́сском крестья́нине Ива́не Суса́нине, кото́рый спас в 1613 году́ пе́рвого
ру́сского царя́ Михаи́ла. Эта о́пера в ра́зное вре́мя носи́ла ра́зные назва́ния
– «Жизнь за царя́» и́ли «Ива́н Суса́нин». Назва́ние «Жизнь за царя́»
предложи́л царь Никола́й I, кото́рый следи́л за репети́циями о́перы. Под
э́тим назва́нием прошла́ премье́ра в 1836 году́ в Петербу́рге. Назва́ние
«Ива́н Суса́нин» испо́льзовали в сове́тский пери́од.
Это _____.

2. Этот компози́тор роди́лся в 1906 году́. Ему́ бы́ло 10 лет, когда́ он пе́рвый
   раз пошёл с роди́телями в теа́тр. Ему́ о́чень понра́вилась о́пера Ри́мского-
   Ко́рсакова «Ска́зка о царе́ Салта́не», и ско́ро он о́чень полюби́л и му́зыку, и
   роя́ль. Он поступи́л в Петрогра́дскую консервато́рию, когда́ ему́ бы́ло всего́
   13 лет, и занима́лся и фортепиа́но, и компози́цией. Уже́ пе́рвая симфо́ния,
   кото́рую он написа́л в 19 лет, ста́ла знамени́той. Вот что оди́н из кри́тиков
   писа́л об э́том произведе́нии: «Пе́рвая симфо́ния испо́лнена тако́го
   челове́ческого драмати́зма, что э́то да́же стра́нно предста́вить, что 19-ле́тний
   ма́льчик прожи́л таку́ю жизнь. Её игра́ли везде́. Не́ было тако́й страны́, где э́та
   симфо́ния не прозвуча́ла бы». Ещё одно́ о́чень изве́стное его́ произведе́ние –
   это Седьма́я симфо́ния. Компози́тор написа́л её в 1942 году́, во вре́мя Вели́кой
   Оте́чественной войны́, и она́ исполня́лась в Ленингра́де во вре́мя блока́ды.[1]
   Это _____.

3. Этот компози́тор учи́лся у Ри́мского-Ко́рсакова и был знако́м с худо́жниками
   объедине́ния «Мир иску́сства». Серге́й Дя́гилев заказа́л ему́ бале́т для
   «Ру́сских сезо́нов». Премье́ра бале́та «Весна́ свяще́нная» прошла́ в
   Пари́же в 1913 году́. Этот бале́т пока́зывал сце́ны язы́ческой Руси́ и был
   насто́лько аванга́рдным и в му́зыке, и в хореогра́фии, что пу́блика устро́ила
   грандио́зный сканда́л: «Часть зри́тельного за́ла была́ потрясена́, она́ начала́
   свисте́ть. Орке́стр игра́л, но его́ нельзя́ бы́ло слы́шать. Шум переро́с в дра́ку.
   Дя́гилев не́сколько раз выключа́л свет в за́ле, что́бы успоко́ить толпу́».
   Это _____.

4. Этот компози́тор написа́л свои́ знамени́тые произведе́ния по зака́зу дире́кции
   Импера́торских теа́тров. Са́мые изве́стные из них: «Спя́щая краса́вица»
   (1889 год), «Пи́ковая да́ма» (1890 год), «Иола́нта» и «Щелку́нчик» (1892 год).
   Компози́тор рабо́тал без о́тдыха, ка́ждый год но́вая о́пера и́ли бале́т, а ведь
   написа́ние таки́х больши́х произведе́ний, да ещё и для орке́стра, то есть для
   мно́жества инструме́нтов, а пото́м и многочи́сленные репети́ции –
   э́то огро́мный, ежедне́вный труд! Произведе́ния, кото́рые, по мне́нию
   кри́тиков, отража́ют душе́вное состоя́ние компози́тора лу́чше всего́, э́то его́
   симфо́нии. Всего́ за свою́ жизнь он написа́л шесть симфо́ний. 16 октября́
   1893 го́да компози́тор дирижи́ровал свое́й Шесто́й симфо́нией. Об э́том
   произведе́нии он говори́л: «Лу́чше э́той симфо́нии я никогда́ ничего́ не писа́л
   и не напишу́». Эти слова́ оказа́лись проро́ческими – че́рез две неде́ли он у́мер.
   Это _____.

6-17 | Кто э́тот компози́тор? Reread the texts in 6–16 and write out the most
intriguing details in the biography of each composer. Explain why you find a certain
detail particularly memorable.

6–18 | В чём была́ оши́бка? Read the anecdote and add the missing name.

Страви́нский расска́зывал, что встреча́я его́ на вокза́ле в Барсело́не, люби́тели му́зыки говори́ли ему́: «Барсело́на ждёт вас с нетерпе́нием, здесь о́чень лю́бят ва́шего «Кня́зя И́горя». «Они́ так и́скренне ра́довались мне и так восторга́лись э́той о́перой, что у меня́ не хвати́ло му́жества разочарова́ть их. Я так и не призна́лся, что «Кня́зя И́горя» сочини́л не я, а _____”, – вспомина́л по́зже Страви́нский.

Материа́л подгото́влен на осно́ве информа́ции откры́тых исто́чников

6–19 | Ле́кция «Немно́го о ру́сской му́зыке». 1) Summarize the lecture in writing (300 words). Use the expressions provided below. 2) Be ready to talk about 19th- and 20th-century Russian music in class.

В ле́кции речь шла о . . .
Ле́ктор говори́ла о том, что . . .
Мы узна́ли о том, что . . .
На фотогра́фиях мы уви́дели . . .
Кро́ме того́, . . .
Бо́лее того́, . . .
При э́том . . .
Интере́сно, что . . .
Ле́кция была́ . . . (не) информати́вной, познава́тельной, так как . . .

6–20 | Презента́ция. Choose a composer from the list below and give a short multimedia presentation about him (2 minutes). Talk about important facts from his biography, his main works and his significance. Make sure to include samples from the composer's works in your presentation. You can start and end as follows: **Говоря́ о . . ., я хочу́ нача́ть с того́, что . . .; В заключе́ние мо́жно сказа́ть, что . . .**

Возмо́жные те́мы презента́ций

1. Михаи́л Гли́нка
2. Алекса́ндр Даргомы́жский
3. Пётр Чайко́вский
4. Альфре́д Шни́тке
5. Алекса́ндр Бороди́н
6. Моде́ст Му́соргский
7. Серге́й Рахма́нинов
8. И́горь Страви́нский
9. Дми́трий Шостако́вич
10. Никола́й Ри́мский-Ко́рсаков

ЧАСТЬ 2. БАЛЕТ И ОПЕРА

6–21 | Фо́рум. 1) Skim the internet forum posts below. Identify the main topic of the forum and the question discussed by the participants. 2) Reread the forum posts and jot down the underlined words, put them in the nominative case and give English equivalents.

Те́ма фо́рума: _____

Вопро́с, обсужда́емый на фо́руме: _____

> **вы́ход в свет** – a night out
> **захва́тывать/захвати́ть дух у кого́?** – to take one's breath away
> **кому́ что** – to each his own
> **оправда́ние** – justification, excuse
> **пре́лесть** *f.* – charm
> **цени́ть/оцени́ть кого́? что?** – to value

Си́ма. Среди́ мои́х друзе́й и знако́мых есть лю́ди, кото́рые хо́дят <u>по теа́трам</u>, и им э́то нра́вится. Я же и́скренне не понима́ю, в чём пре́лесть теа́тра . . . Мне ску́чно. Хотя́ я понима́ю, что э́то культу́ра и всё тако́е. Но не могу́ оцени́ть . . . Хотя́ в де́тстве роди́тели води́ли меня́ в теа́тр па́ру раз за год. Кста́ти, у меня́ есть да́же возмо́жность ходи́ть в па́ру теа́тров беспла́тно. Друзья́ му́жа, <u>актёры</u>, рабо́тают там. Но всё равно́ не хо́чется идти́, да́же беспла́тно. Я лу́чше кни́гу почита́ю и́ли погуля́ю в па́рке.

Image 6.5

Ири́на. Не люблю́ теа́тр, люблю́ то́лько мю́зиклы и кино́. <u>На мю́зиклы</u> ходи́ла и в Росси́и, и во Фра́нции. Кино́ смотрю́ до́ма. Люблю́ а́вторское, истори́ческое и кла́ссику. А теа́тр мне не нра́вится. К тому́ же мно́гие лю́ди к теа́тру отно́сятся как к вы́ходу в свет, а я просто́й дома́шний челове́к и не хочу́ э́тим занима́ться.

Фаи́на. Я о́чень люблю́ <u>драмати́ческий теа́тр</u>. Кино́ люблю́ то́же, кста́ти. А вот бале́т вообще́ не понима́ю. Мю́зиклы иногда́ смотрю́. <u>О́перу</u> понима́ю, но не так, как драмати́ческий теа́тр.

Та́ня. В теа́тр на́до ходи́ть на хоро́шие <u>спекта́кли</u>, что́бы посмотре́ть <u>игру́</u> хоро́ших актёров. Я с огро́мным удово́льствием сходи́ла два го́да наза́д на «Вишнёвый сад», когда́ к нам <u>приезжа́л с гастро́лями</u> из Москвы́ теа́тр «Совреме́нник». Игра́ли Неёлова, Гафт. От одного́ прису́тствия <u>на сце́не</u> подо́бных актёров дух захва́тывает. Ещё о́чень люблю́ мю́зиклы. В Ло́ндоне их ста́вят о́чень здо́рово и кра́сочно, ощуще́ние замеча́тельное.

Ма́ша. Не люблю́ теа́тр. При э́том обожа́ю <u>класси́ческую му́зыку</u>, о́перу. Ви́димо, кому́ что. Э́то замеча́тельно, что все лю́ди таки́е ра́зные.

Игорь. Когда́ меня́ кто́-то спра́шивает, лю́бишь ли теа́тр, музе́и, и́ли приглаша́ет сходи́ть, я говорю́, что осо́бо не <u>люби́тель</u>. И мне, коне́чно же, ничего́ не говоря́т ужа́сного в лицо́, но я чу́вствую, что меня́ счита́ют <u>бескульту́рной</u> дереве́нщиной. Не ценю́ прекра́сного, понима́ешь ли. А я вот, несмотря́ на то что по теа́трам не хожу́, счита́ю себя́ норма́льным <u>культу́рным челове́ком</u>. Но дока́зывать э́то собесе́днику нет смы́сла, наве́рное, э́то бу́дет вы́глядеть как оправда́ние.

Ната́лья. Бале́т НЕ люблю́, а вот о́пера, но не вся, нра́вится. Класси́ческую му́зыку люблю́.

Гали́на. Я не зна́ю, люблю́ и́ли не люблю́ теа́тр, но большинство́ того́, что я ви́жу в теа́тре, мне не нра́вится. Ду́маю, э́то не потому́, что теа́тр плохо́й как <u>вид иску́сства</u>, а потому́, что бо́льше нет хоро́ших актёров и <u>режиссёров</u>. «<u>Ста́рая шко́ла</u>» постепе́нно умира́ет.

Материа́л подгото́влен на осно́ве информа́ции откры́тых исто́чников

6–22 | Фо́рум. 1) Reread the forum posts in 6–21 and write 'да' or 'нет' to indicate who of the forum participants likes or dislikes theater, opera, ballet and musicals. 2) List the reasons they provide. 3) Discuss these reasons with your classmates using the provided conjunctions: **поско́льку**; **благодаря́ тому́, что**; **и́з-за того́, что**; **по причи́не того́, что**.

Имя уча́стника фо́рума	Драмати́ческий теа́тр	Бале́т	О́пера	Мю́зикл/ опере́тта
Си́ма				
Ири́на				
Фаи́на				

Та́ня			
Ма́ша			
И́горь			
Ната́лья			
Гали́на			

6–23 | Фо́рум. Write your own post on the forum in 6–22. Exchange posts with the other students in the class.

6–24 | Фо́рум. Conduct a survey among your friends and family to determine whether people prefer theater, ballet, opera or musicals. Present your results in class. Don't forget to mention each respondent's age, gender and occupation.

6–25 | Бале́т и о́пера. Create three groups of vocabulary: 1) words you would need in order to talk about ballet, 2) words you need in order to talk about opera and 3) words that can be used to describe either ballet or opera.

акт	актёр	балери́на
балетме́йстер	гастро́ли	декора́ции
дирижёр	за́навес	зри́тель/зри́тельница
исполня́ть па́ртию кого́?	кордебале́т	костю́м
либре́тто	певе́ц	певи́ца
петь па́ртию кого́?	покло́нник/покло́нница	постано́вка
премье́ра	режиссёр	репети́ровать
репети́ция	роль *f.* (в ро́ли)	соли́ровать
соли́стка	спекта́кль	сце́на
сюже́т	танцева́ть па́ртию кого́?	танцо́вщик
тру́ппа	хор	хореогра́фия

6–26 | Бале́т и́ли о́пера? Read the following advertisements and fill in the table below with the following information: 1) Identify whether the advertised event is a ballet or an opera and where and when it will take place. 2) Discuss with your classmates what makes each of these advertisements effective. After your discussion, decide on which event you would like to attend and explain your choice.

Рекла́мные объявле́ния

воображе́ние – imagination
де́йствие – action; act (in a play)
же́ртвовать/поже́ртвовать кем? чем? – to sacrifice
за́мысел режиссёра – director's concept
монти́ровать/смонти́ровать что? сце́ну – *here:* to build a stage
по́двиг – feat, act of heroism
позволя́ть/позво́лить кому? что? – to allow
принима́ть/приня́ть реше́ние – to make a decision
собы́тие – event
страсть *f.* – passion

«Лебеди́ное о́зеро« в Лебедя́ни

1 ию́ля теа́тр «Ру́сский бале́т» предста́вит бале́т «Лебеди́ное о́зеро» на берегу́ о́зера недалеко́ от го́рода Лебедя́нь Ли́пецкой о́бласти. Легенда́рный бале́т П. И. Чайко́вского бу́дет испо́лнен под откры́том не́бом на специа́льно смонти́рованной сце́не. В гла́вных па́ртиях на сце́ну вы́йдут лауреа́ты междунаро́дных ко́нкурсов Юлия Звя́гина (в ро́ли Оде́тты-Оди́лии), Мстисла́в Аре́фьев (в ро́ли при́нца Зи́гфрида). Биле́ты уже́ в прода́же! Нача́ло в 14:00.

«Евге́ний Оне́гин» в Петербу́рге

15 ию́ня теа́тр «Санктъ-Петербу́ргъ Опера» пока́жет спекта́кль «Евге́ний Оне́гин». Эта постано́вка позволя́ет уви́деть по-но́вому знако́мые собы́тия самой популя́рной ру́сской о́перы. Де́йствие, захва́тывающее свое́й драмати́чностью и динами́змом, происхо́дит в конце́ 19-го ве́ка, т.е. геро́и живу́т в друго́е вре́мя, чем в рома́не Пу́шкина. По за́мыслу режиссёра, всё происходя́щее на сце́не – э́то не реа́льность, а воображе́ние Татья́ны, в кото́ром соединя́ются про́шлое, настоя́щее и бу́дущее. Биле́ты уже́ в прода́же! Нача́ло в 19:00.

Расска́зы Бу́нина в совреме́нном теа́тре

30 ию́ня теа́тр «Ру́сский бале́т» предста́вит одноа́ктный бале́т по расска́зу И. Бу́нина «Со́лнечный уда́р»,[2] поста́вленный молоды́м балетме́йстером Да́рьей Миха́йловой. Это дебю́т Да́рьи Миха́йловой как хорео́графа. Арти́сты теа́тра расска́жут исто́рию эмо́ций и стра́сти языко́м совреме́нной хореогра́фии. Гла́вные па́ртии исполня́ют лауреа́т междунаро́дного ко́нкурса арти́стов бале́та Ники́та Миха́йлов и а́втор хореогра́фии балери́на Да́рья Миха́йлова. Нача́ло в 19:00.

«Жизнь за царя́» в Сара́товском теа́тре о́перы и бале́та

Откры́тие сезо́на! 30 сентября́ в Сара́товском теа́тре о́перы и бале́та состои́тся премье́ра о́перы «Жизнь за царя́». Те́ма о́перы – по́двиг ру́сского крестья́нина Ива́на Суса́нина, поже́ртвовавшего свое́й жи́знью, что́бы спасти́ ро́дину от враго́в. Сюже́т о́перы актуа́лен и сего́дня, так как любо́й зри́тель мо́жет оказа́ться в тако́м положе́нии, когда́ на́до приня́ть ва́жное реше́ние. Но ка́ждый ли мо́жет поступи́ть так, как поступи́л Суса́нин? Кульмина́цией спекта́кля ста́нет хор «Сла́вься», пока́зывающий си́лу ду́ха ру́сского наро́да. Биле́ты уже́ в прода́же! Нача́ло в 20:00.

Материа́л подгото́влен на осно́ве информа́ции откры́тых исто́чников

Назва́ние	Бале́т и́ли о́пера	Кто, где и когда́ пока́жет спекта́кль	Что мо́жет привле́чь зри́теля
«Лебеди́ное о́зеро»			
«Евге́ний Оне́гин»			
«Со́лнечный уда́р»			
«Жизнь за царя́»			

6–27 | Бале́т и́ли о́пера? Reread the article in 6–26 and find Russian equivalents for the following words:

1. choreographer –
2. culmination –
3. debut –
4. dramatic expression *n.* –
5. dynamism *n.* –
6. emotion –
7. international –
8. laureate –
9. legendary –
10. one-act –
11. popular –
12. reality –
13. season –
14. specially –

6–28 | Бале́т и́ли о́пера? 1) Read the following sentences and underline all participles. 2) Fill in the table below. 3) Translate the sentences into English.

1. Балéт П. И. Чайкóвского бýдет испóлнен под открытым нéбом на специáльно смонтированной сцéне.
2. Дéйствие, захвáтывающее своéй драматичностью и динамизмом, происхóдит в концé 19-го вéка, т.е. герóи живýт в другóе врéмя, чем в ромáне Пýшкина.
3. «Рýсский балéт» предстáвит одноáктный балéт по расскáзу И. Бýнина «Сóлнечный удáр», постáвленный молодым балетмéйстером Дáрьей Михáйловой.
4. Тéма óперы – пóдвиг рýсского крестьянина Ивáна Сусáнина, пожéртвовавшего своéй жизнью, чтóбы спасти рóдину от врагóв.
5. Кульминáцией спектáкля стáнет хор «Слáвься», покáзывающий силу дýха рýсского нарóда.

Participles	Active or passive	Present or past	Gender and number	Case
1.				
2.				
3.				
4.				
5.				
6.				

6–29 | Видеорепортáж «Гастрóли». Watch the video clip several times. Choose the correct statements. There may be more than one correct answer.

Гастрóли

> **аншлáг** – full house
> **звездá (** *pl.* **звёзды)** – star
> **привносить/привнести что? кудá?** – introduce
> **пьéса** – play (only about drama theater)
> **утрáченный, -ая, -ое, -ые** – lost

1. Гастрóли Большóго теáтра начались . . .
   a. в Итáлии.
   b. во Фрáнции.
   c. в Гермáнии.
2. Гастрóли прохóдят . . .
   a. с большим успéхом.
   b. с небольшим успéхом.
   c. неудáчно.

3. Парижа́нам впервы́е показа́ли . . .
   a. о́перу «Утра́ченные иллю́зии» по рома́ну Бальза́ка.
   b. о́перу «Утра́ченные иллю́зии» по пье́се Бальза́ка.
   c. бале́т «Утра́ченные иллю́зии» по пье́се Бальза́ка.
4. Премье́ра спекта́кля прошла́. . .
   a. с аншла́гом и око́нчилась 10-мину́тной ова́цией.
   b. при пусто́м за́ле и без аплодисме́нтов.
   c. с небольши́м успе́хом при полупусто́м за́ле.
5. Сюрпри́зом для зри́телей ста́ли . . .
   a. пла́стика арти́стов бале́та.
   b. декора́ции и костю́мы.
   c. совреме́нная хореогра́фия.
6. Áвторы бале́та уве́рены, что совреме́нного зри́теля мо́жно заинтересова́ть . . .
   a. то́лько привнося́ но́вое в шко́лу класси́ческого бале́та.
   b. то́лько сохраня́я тради́ции класси́ческого бале́та.
   c. то́лько меня́я всё в класси́ческом бале́те.
7. В постано́вке уча́ствовали . . .
   a. то́лько арти́сты Большо́го теа́тра.
   b. актёры Большо́го и приглашённые звёзды.
   c. актёры Большо́го и францу́зские арти́сты бале́та.
8. «Утра́ченные иллю́зии» даду́т ещё . . .
   a. пять раз, биле́ты мо́жно купи́ть в ка́ссах.
   b. пять раз, но ни на одно́ представле́ние биле́тов в ка́ссах уже́ нет.
   c. пять раз, биле́ты мо́жно купи́ть онла́йн.

6–30 | Кто зна́ет? In pairs or small groups, discuss and answer the following questions in writing. If you don't know the answers to any of these questions, you can ask your classmates or look for more information on the internet.

Кто зна́ет?

1. Кто написа́л о́перу «Евге́ний Оне́гин»? Что вы зна́ете об э́том компози́торе?
2. Кто написа́л бале́ты «Щелку́нчик» и «Лебеди́ное о́зеро»?
3. Кто написа́л о́перы «Жизнь за царя́» и «Русла́н и Людми́ла»? Что вы зна́ете об э́том компози́торе?
4. Кто написа́л о́перу «Князь Игорь»?
5. Кто написа́л бале́т «Спя́щая краса́вица»?

6–31 | Отзывы зри́телей. 1) Skim the reviews and find out whether they are positive or negative and written by a man or a woman. 2) Reread the reviews and underline the words that make them positive or negative.

Отзывы зрителей

антра́кт – intermission
аплодисме́нты *pl. only* – applause
бесподо́бно – incomparably
добро́ – the good (*ant.* зло)
досто́ин (досто́йна, досто́йно, досто́йны) похвалы́ – commendable, deserving of
   praise
завора́живать/заворожи́ть кого? – to mesmerize
зло – evil (*ant.* добро́)
зре́лище – spectacle, show
на вы́сшем у́ровне – of the high quality
увы́ – alas

Отзыв на бале́т «Щелку́нчик»

Этот бале́т нра́вится и взро́слым, и де́тям, поэ́тому я купи́ла биле́ты на него́ на всю семью́. Зре́лище о́чень краси́вое и эффе́ктное, поэ́тому никто́ не уста́л за два с небольши́м ча́са (и́менно сто́лько идёт бале́т). Но для дете́й всё-таки сде́лали антра́кт, у бале́та два де́йствия.

Очень краси́вые и я́ркие костю́мы, ска́зочные и эффе́ктные декора́ции, му́зыка Чайко́вского про́сто завора́живает. Бале́тная тру́ппа танцу́ет бесподо́бно. Осо́бенно большо́е коли́чество аплодисме́нтов доста́лось соли́стам, а ещё исполни́телям роле́й испа́нских и перси́дских ку́кол.

«Щелку́нчик» – э́то рожде́ственская ска́зка, но смотре́ть её мо́жно в любо́е вре́мя го́да, потому́ что ска́зка о́чень до́брая, в ней добро́ побежда́ет зло. В на́шей жи́зни сейча́с всё ме́ньше добра́, поэ́тому, я счита́ю, бале́т «Щелку́нчик» про́сто обяза́тельно на́до посмотре́ть.

Отзыв на бале́т «Спарта́к»

Специа́льно прие́хал в Петербу́рг посмотре́ть «Спарта́к», по́мня каки́е великоле́пные мужски́е ро́ли в сцена́рии! Оказа́лось – увы́. Мо́дная но́вая постано́вка, с лошадьми́ и прекра́сными костю́мами! Но никто́ из арти́стов не име́ет элемента́рной бале́тной шко́лы. Тако́е ощуще́ние, что их взя́ли из циркового́ учи́лища и́ли из сту́дии гимна́стики. Назва́ть э́тот спекта́кль бале́том про́сто невозмо́жно. Вокру́г нас все скуча́ли, разгова́ривали и хоте́ли, чтобы побыстре́е всё зако́нчилось! Еди́нственное удово́льствие получи́ли от орке́стра, кото́рый прекра́сно игра́л Хачатуря́на! Спаси́бо дирижёру!

Отзыв на о́перу «Русла́н и Людми́ла»

Вчера́ я пе́рвый раз в жи́зни была́ на о́пере. Это чуде́сно! Эмо́ции переполня́ют! Певцы́, му́зыка, декора́ции, костю́мы – всё на вы́сшем у́ровне. Ску́чно не́ бы́ло! Приходи́те и вы! Не уйдёте без положи́тельных эмо́ций! Ра́ньше я бо́льше ходи́ла в кино́, но тепе́рь ста́ну постоя́нным зри́телем. Уже́ купи́ла биле́ты на бале́т «Спя́щая краса́вица», жду с нетерпе́нием!

Отзыв на óперу «Князь Игорь» в Челя́бинском теа́тре óперы и бале́та

Я давно́ явля́юсь покло́нником ва́шего теа́тра и смотре́л почти́ все óперы и бале́ты. Но «Князь Игорь» мне запо́мнился бо́льше всего́! Костю́мы, декора́ции, вока́л – всё досто́йно похвалы́. Мне то́лько не понра́вились полове́цкие пля́ски.[3] Соли́сты танцева́ли хорошо́, но кордебале́т оказа́лся сла́бым. Но всё равно́, в о́бщем, спекта́кль замеча́тельный!

Материа́л подгото́влен на осно́ве информа́ции откры́тых исто́чников

6–32 | Отзывы зри́телей. 1) Skim the reviews in 6–31 and choose the statements that reflect the content of the reviews correctly. There may be more than one correct statement. 2) Summarize each review orally using correct statements.

Отзыв на бале́т «Щелку́нчик»
1. Бале́т нра́вится то́лько де́тям.
2. Бале́т нра́вится и де́тям, и их роди́телям.
3. Бале́т состои́т из двух де́йствий.
4. Зри́телям не понра́вились костю́мы.
5. Соли́сты танцева́ли лу́чше, чем кордебале́т.
6. Прекра́сно бы́ли испо́лнены ро́ли испа́нских и перси́дских ку́кол.
7. Этот бале́т ну́жно посмотре́ть, потому́ что де́ти его́ лю́бят.
8. Этот бале́т ну́жно посмотре́ть, потому́ что в нём добро́ побежда́ет зло.

Отзыв на бале́т «Спарта́к»
1. Это но́вая и мо́дная поста́новка бале́та «Спарта́к».
2. Костю́мы бы́ли прекра́сные.
3. Танцо́вщики отли́чно танцева́ли.
4. Танцо́вщики не уме́ют танцева́ть.
5. В спекта́кле бы́ли танцу́ющие ло́шади.
6. Зри́тели смотре́ли бале́т с удово́льствием.
7. Зри́телям бы́ло ску́чно.
8. Еди́нственное удово́льствие а́втор о́тзыва получи́л от орке́стра.

Отзыв на óперу «Русла́н и Людми́ла»
1. Автор о́тзыва ча́сто хо́дит на óперы.
2. Автор о́тзыва в пе́рвый раз в жи́зни была́ на óпере.
3. Ей понра́вились певцы́ и му́зыка, но не понра́вились декора́ции и костю́мы.
4. Ей понра́вились певцы́, му́зыка и декора́ции, но не понра́вились костю́мы.
5. Ей понра́вились певцы́ и му́зыка, декора́ции и костю́мы.
6. Она́ реши́ла, что бо́льше не бу́дет ходи́ть в кино́, а то́лько в теа́тр.
7. Она́ реши́ла, что ста́нет постоя́нным зри́телем óперы и бале́та.
8. Она́ уже́ купи́ла биле́ты на бале́т «Спя́щая краса́вица».

Отзыв на óперу «Князь Игорь» в Челя́бинском теа́тре óперы и бале́та
1. Автор э́того о́тзыва – большо́й покло́нник Челя́бинского теа́тра óперы и бале́та.
2. Он смотре́л почти́ все óперы и бале́ты в теа́тре.

3. «Князь Игорь» ему не понравился.
4. «Князь Игорь» понравился ему больше других спектаклей.
5. Особенно ему понравились знаменитые половецкие танцы, потому что отлично танцевал кордебалет.
6. Единственное, что ему не понравилось, это знаменитые половецкие танцы, потому что слабо танцевал кордебалет.
7. Автор отзыва в общем оценил спектакль как отличный.
8. Автор отзыва в общем оценил спектакль как не очень сильный.

6–33 | Ваш отзыв. It is easy to find recordings of ballets and operas on the internet. Watch the beginning of Stravinsky's ballet *Petrushka* **Петрушка** or Tchaikovsky's opera *The Queen of Spades* **Пиковая дама** (any version you can find) and write a review. Use the words from the reviews you have read. Your review can be positive or critical. Use the following sentences as an outline:

1. Название произведения и кто написал.
2. Сцена, с которой начинается спектакль.
3. Нравятся ли вам декорации и костюмы.
4. Нравятся ли вам солисты.
5. Какое впечатление на вас произвёл кордебалет или хор.
6. Какое ваше общее впечатление от спектакля.

6–34 | Знаменитые балерины России. Scan the short articles below about the Russian ballerinas Anna Pavlova, Galina Ulanova and Maya Plisetskaya and find out when and how they became famous. Use the following time expressions: **в начале 20-го века**; **в середине 20-го века**; **во второй половине 20-го века**.

Знаменитые балерины России

> **визитная карточка** – calling card (*here*: the most well-known/characteristic performance)
> **вращение** – rotation, spin
> **выразительный, -ая, -ое, -ые** – expressive
> **немой, немая, немые** *n. – here*: silent artist
> **получать/получить признание** – to gain recognition
> **прыжок** – jump, leap

Анна Павлова. «Она не танцует, но летает по воздуху», – так писала петербургская газета «Слово» о величайшей балерине 20-го века Анне Павловой. Окончив Императорское театральное училище, Павлова дебютировала на сцене Мариинского театра, где её талант быстро получил признание. В Мариинском театре она танцевала в таких классических постановках, как «Жизель», «Щелкунчик», «Баядерка» и других. Но главным триумфом талантливой танцовщицы стала миниатюра «Умирающий лебедь», которая была создана в 1907-м году специально для Павловой Михаилом Фокиным, одним из первых её партнёров.

Image 6.6 Анна Па́влова

Гали́на Ула́нова ста́ла знамени́та в 40-е го́ды 20-го ве́ка. Она́ исполня́ла гла́вные па́ртии в таки́х постано́вках Марии́нского теа́тра, как «Пла́мя Пари́жа», «Бахчисара́йский фонта́н», «Лебеди́ное о́зеро», «Зо́лушка», «Жизе́ль» и мно́гих други́х. Лёгкая, грацио́зная, неслы́шная. «Вели́кая нема́я», как про неё говори́ли. Её вы́сшими достиже́ниями ста́ли гла́вные па́ртии в бале́тах «Бахчисара́йский фонта́н» и «Роме́о и Джулье́тта». Балет «Роме́о и Джулье́тта» был напи́сан Серге́ем Проко́фьевым специа́льно для Ула́новой, а Джулье́тту она́ танцева́ла и в 46 лет. В кварти́ре Ула́новой сейча́с откры́т музе́й, а в Петербу́рге в её честь устано́влен па́мятник.

Ма́йя Плисе́цкая на протяже́нии 42-х лет была́ при́мой-балери́ной Большо́го теа́тра. У неё был высо́кий прыжо́к, великоле́пное враще́ние, вырази́тельные ру́ки и артисти́ческий темпера́мент. Её при́няли в тру́ппу Большо́го теа́тра в 1943 году́, сра́зу по́сле того́ как она́ око́нчила Моско́вское хореографи́ческое учи́лище. Балери́на успе́шно исполня́ла веду́щие па́ртии в таки́х постано́вках, как «Зо́лушка» Проко́фьева, «Спя́щая краса́вица» Чайко́вского, «Спарта́к» Хачатуря́на и мно́гих други́х. Визи́тной ка́рточкой Плисе́цкой счита́ют постано́вку Щедрина́ «А́нна Каре́нина», премье́ра кото́рой прошла́ в 1972 году́.

Материа́л подгото́влен на осно́ве информа́ции откры́тых исто́чников

6–35 | Знамени́тые балери́ны Росси́и. 1) Reread the short articles in 6–34 and fill in the table below. 2) In pairs or small groups, ask and answer the questions.

Вопросы	Анна Па́влова	Гали́на Ула́нова	Ма́йя Плисе́цкая
1. Кто из балери́н дебюти́ровал в Марии́нском теа́тре в Санкт-Петербу́рге, а кто в Большо́м теа́тре в Москве́?			
2. Кто из балери́н танцева́л веду́щие па́ртии в Марии́нском теа́тре в Санкт-Петербу́рге, а кто в Большо́м теа́тре в Москве́?			
3. Для кого́ Фо́кин со́здал миниатю́ру «Умира́ющий ле́бедь»?			
4. Для кого́ Проко́фьев написа́л бале́т «Роме́о и Джулье́тта»?			
5. Кому́ из балери́н в Петербу́рге устано́влен па́мятник?			
6. О ком из балери́н писа́ли, что «она́ не танцу́ет, но лета́ет по во́здуху»?			
7. Кого́ из балери́н называ́ли «вели́кая нема́я»?			

6–36 | Знамени́тые балери́ны Росси́и. 1) Reread the short articles in 6–34 and underline the words and expressions that were used to describe the ballerinas and how they danced. 2) Using the words you underlined, discuss Anna Pavlova, Galina Ulanova or Maya Plisetskaya with your classmates. Search the internet for a performance of one of the ballerinas.

6–37 | Оперное иску́сство. 1) Scan the article to find out what period of Russian opera is described by the author. 2) Reread the article and underline the sentences that contain the main information of each paragraph.

Ру́сское о́перное иску́сство

актёрское мастерство́ – acting excellence, acting craft
выдаю́щийся – outstanding, distinguished
отвеча́ть *impf.* **тре́бованиям** – to meet the demands
персона́ж – character
поража́ть/порази́ть кого́? – to amaze
порази́тельный, -ая, -ое, -ые – amazing
соверше́нствование – refinement, development
составна́я часть – component

Image 6.7 Фёдор Шаля́пин

70-е – 80-е годы 19-го века считают «золотым веком» в истории русского оперного искусства. За это тридцатилетие создаются почти все классические русские оперы композиторов «Могучей кучки». Продолжая традиции М. Глинки, первого русского оперного композитора-классика, композиторы создают оригинальные, глубоко национальные оперы. Здесь и опера А. Бородина «Князь Игорь», и оперы Н. Римского-Корсакова по мотивам русских сказок, и исторические оперы М. Мусоргского. В это же время Пётр Ильич Чайковский создаёт известные всему миру оперные шедевры, самые знаменитые из которых написаны на либретто по произведениям Пушкина.

Новый оперный репертуар требует от русских певцов совершенствования и вокальной техники, и актёрского мастерства. Певцы должны были уметь петь мелодический речитатив,[4] передавать интонации речи в пении, должны были уметь правдиво изображать своих персонажей на сцене, их чувства и эмоции. И в конце 19-го – начале 20-го века появляются певцы, отвечающие всем требованиям нового русского оперного репертуара. Самыми известными из них были Фёдор Шаляпин (бас), Леонид Собинов (тенор) и Антонина Нежданова (меццо-сопрано).

Фёдора Шаляпина считают самым выдающимся певцом конца 19-го – начала 20-го века. Музыкальный критик Владимир Стасов называл его «великим учителем музыкальной правды». Шаляпин сумел соединить в своём искусстве и выразительное пение, и актёрское мастерство, и поразительную пластику. Его пение поражало слушателей. Со времени появления Шаляпина в русской национальной вокальной школе оперное искусство стали рассматривать как искусство синтетическое, где пение только одна из составных частей. Выдающиеся певцы должны были быть и прекрасными драматическими актёрами.

В 20-м веке русское оперное искусство продолжает развиваться. В 20–40-х годах на сцене Большого театра пели Иван Козловский (тенор) и Сергей Лемешев (тенор). Во второй половине 20-го века на оперных сценах появляются такие известные оперные певцы, как Галина Вишневская (сопрано), Елена Образцова (меццо-сопрано), Ирина Архипова (меццо-сопрано), в творчестве которых сочетались вокальное и актёрское мастерство.

Материал подготовлен на основе информации открытых источников

6–38 | Оперное искусство. Reread the article in 6–37 and discuss the following questions in pairs or small groups:

1. Почему 70-е – 80-е годы 19-го века считают «золотым веком» в истории русского оперного искусства?
2. Каким мастерством должны были обладать певцы, чтобы исполнять новый русский оперный репертуар?
3. Кто является самым известным оперным певцом конца 19-го – начала 20-го века?
4. Что Шаляпин сумел соединить в своём искусстве?
5. Почему в русской национальной вокальной школе оперное искусство стали рассматривать как искусство синтетическое?

6–39 | Оперное иску́сство. Reread the article in 6–37 and find Russian equivalents for the following words:

1. bass
2. classical
3. critic
4. emotion
5. intonation
6. mezzo-soprano
7. national
8. original
9. plasticity of movement
10. recitative
11. repertoire
12. soprano
13. tenor

6–40 | Оперное иску́сство. 1) Read the following sentences and underline all participles. 2) Translate the sentences into English.

1. За 70-е – 80-е го́ды 19-го ве́ка создаю́тся почти́ все класси́ческие ру́сские о́перы, напи́санные компози́торами «Могу́чей ку́чки».
2. Продолжа́я тради́ции М. Гли́нки, явля́ющегося пе́рвым ру́сским о́перным компози́тором-кла́ссиком, компози́торы «Могу́чей ку́чки» создаю́т оригина́льные, глубоко́ национа́льные о́перы.
3. Оперные шеде́вры, напи́санные П. Чайко́вским на либре́тто по произведе́ниям Пу́шкина, изве́стны во всём ми́ре.
4. В конце́ 19-го – нача́ле 20-го ве́ка появля́ются певцы́, отвеча́ющие всем тре́бованиям но́вого ру́сского о́перного репертуа́ра.
5. Ф. Шаля́пина, счита́вшегося са́мым выдаю́щимся певцо́м конца́ 19-го – нача́ла 20-го ве́ка, называ́ли «вели́ким учи́телем музыка́льной пра́вды».
6. Пе́ние Шаля́пина, соедини́вшего в своём иску́сстве вырази́тельное пе́ние, актёрское мастерство́ и порази́тельную пла́стику, поража́ло слу́шателей.
7. Оперные певи́цы Г. Вишне́вская, Е. Образцо́ва и И. Архи́пова, появи́вшиеся на о́перных сце́нах во второ́й полови́не 20-го ве́ка, смогли́ соедини́ть в своём тво́рчестве вока́льное и актёрское мастерство́.

6–41 | Оперное иску́сство. Reread the article in 6–37 and write in the names of the singers for each vocal range.

Бас: _____

Те́норы: _____

Сопра́но: _____

Ме́ццо-сопра́но: _____

6–42 | Презента́ция. Give a short multimedia presentation (2 minutes) about one of the Russian ballet dancers or opera singers. Make sure to include samples of their dancing or singing.

Возмо́жные те́мы презента́ций

Арти́сты бале́та

1. Анастаси́я Волочко́ва
2. Влади́мир Васи́льев
3. Екатери́на Макси́мова
4. Ма́рис Лие́па
5. Мати́льда Кшеси́нская
6. Михаи́л Бары́шников
7. Михаи́л Фо́кин
8. Рудо́льф Нури́ев

Оперные певцы́

1. Гали́на Вишне́вская
2. Дми́трий Хворосто́вский
3. Еле́на Образцо́ва
4. Ива́н Козло́вский
5. Ири́на Архи́пова
6. Леони́д Со́бинов
7. Серге́й Ле́мешев
8. Влади́мир Черно́в

ЧАСТЬ 3. ДРАМАТИЧЕСКИЙ ТЕАТР И ТЕАТР КУКОЛ

6–43 | Теа́тр. Read **ОТВЕТЫ@mail.ru.** 1) What answer below best reflects your opinion? 2) Ask three of your classmates the question below and report on your results in class. 3) Conduct a survey asking at least five of your friends or relatives the same question and report on your results in class. Make sure to mention the age, gender and profession of the respondents.

ОТВЕ́ТЫ@mail.ru: Каку́ю роль игра́ет теа́тр в совреме́нном о́бществе?

Вопро́с. Ка́жется, что уже́ давно́ кино́ ста́ло бо́лее популя́рным, чем теа́тр. Одна́ко теа́тры до сих пор существу́ют по всему́ ми́ру. Каку́ю роль они́ игра́ют?

Отве́т 1. Теа́тр сего́дня – э́то практи́чески еди́нственный вид иску́сства, где происхо́дит прямо́й конта́кт со зри́телем. За э́то лю́ди лю́бят и уважа́ют теа́тр, и ду́маю, что теа́тр, име́ющий многовековы́е тради́ции, никогда́ не умрёт!

Ответ 2. В совреме́нном о́бществе теа́тр у́же никого́ не интересу́ет.

6–44 | Исто́рия теа́тра. XVIII век. Read the following text and match the name of the monarch/ruler with the information in the right column in the table below.

История теа́тра в Росси́и в XVIII ве́ке

> **казна́** – treasury
> **получа́ть/получи́ть субси́дию** – to receive financial support
> **приходи́ть/прийти́ в упа́док** – to fall into disrepair
> **учрежда́ть/учреди́ть что?** – to establish

Теа́тр в Росси́и приобрёл огро́мную популя́рность начина́я с XVIII ве́ка. В 1702-м году́ Петро́м I был со́здан Публи́чный теа́тр, для кото́рого на Кра́сной пло́щади в Москве́ бы́ло постро́ено зда́ние «Комедиа́льная хра́мина». В репертуа́ре бы́ли иностра́нные пье́сы, кото́рые успе́ха у пу́блики не име́ли, и теа́тр закры́лся в 1706-м году́.

По́сле сме́рти Петра́ I и его́ сестры́ царе́вны Ната́льи Алексе́евны, кото́рая о́чень люби́ла теа́тр, театра́льное де́ло в Росси́и пришло́ в упа́док. Но при императри́це Елизаве́те Петро́вне, до́чери Петра́ I, в Петербу́рге сно́ва уви́дели и музыка́льные, и драмати́ческие представле́ния. В 1749-м году́ была́ поста́влена пе́рвая ру́сская траге́дия, напи́санная Сумаро́ковым.

В 1766-м году́ Екатери́на II учреди́ла Дире́кцию импера́торских теа́тров, объедини́вшую все придво́рные тру́ппы и орке́стры. Сюда́ вошли́: о́пера и ка́мерная му́зыка, бале́т, ба́льная му́зыка, драмати́ческий теа́тр. Арти́сты должны́ бы́ли рабо́тать в теа́тре в тече́ние 10 лет, по́сле чего́ они́ могли́ выходи́ть на пе́нсию. Импера́торские теа́тры, таки́е так Марии́нский и Александри́йский в Петербу́рге, Большо́й и Ма́лый в Москве́, получа́ли субси́дии из импера́торской казны́. Тради́ция госуда́рственной подде́ржки теа́тров продолжа́ется в Росси́и до сих пор.

Материа́л подгото́влен на осно́ве информа́ции откры́тых исто́чников

Импера́тор/Императри́ца	Собы́тие в исто́рии теа́тра
1. Пётр I	___ Созда́ние Дире́кции импера́торских теа́тров, кото́рая субсиди́ровала теа́тры и управля́ла и́ми.
2. Елизаве́та Петро́вна	___ Созда́ние пе́рвого публи́чного теа́тра в Росси́и.
3. Екатери́на II	___ Постано́вка пе́рвой ру́сской траге́дии, напи́санной Сумаро́ковым.

6–45 | Исто́рия теа́тра. XVIII век. 1) Reread the text in 6–44 and complete the following sentences. 2) Using these complete sentences, prepare to talk about Russian theater in the 18th century.

1. Теа́тр в Росси́и стал популя́рным с . . .
2. Импера́тор Пётр I со́здал пе́рвый . . .
3. Зда́ние теа́тра находи́лось на . . .
4. В репертуа́ре теа́тра бы́ли . . ., кото́рые . . .
5. Пе́рвый публи́чный теа́тр просуществова́л то́лько . . .

6. При императри́це Елизаве́те Петро́вне в Петербу́рге . . .
7. В 1749-м году́ была́ поста́влена . . .
8. Императри́ца Екатери́на II учреди́ла Дире́кцию импера́торских теа́тров, что́бы . . .
9. Актёры в импера́торских теа́трах служи́ли . . .
10. Импера́торские теа́тры получа́ли . . .
11. Да́же сейча́с росси́йское прави́тельство . . .

6–46 | Исто́рия теа́тра. Систе́ма Станисла́вского. Answer the following questions.

1. Вы зна́ете, кто тако́й Константи́н Станисла́вский?
2. Каку́ю тео́рию актёрской игры́ он со́здал?
3. Како́й теа́тр в Москве́ на́зван его́ и́менем?

6–47 | Исто́рия теа́тра. Систе́ма Станисла́вского. Read the short article about Konstantin Stanislavsky below. The text is missing three sentences. Choose from the list of sentences A – C and insert the ones that fit the context.

A. На сце́не ну́жно не игра́ть роль, а жить е́ю.
B. Правди́вость – оди́н из важне́йших моме́нтов в тео́рии Станисла́вского.
C. Систе́ма актёрского мастерства́ Станисла́вского ста́ла популя́рна не то́лько среди́ актёров теа́тра, но и среди́ актёров кино́.

Image 6.8 Константи́н Станисла́вский

Система Станиславского

актёрская задача – actor's task
выдуманный, -ая, -ое, -ые – fictional
жизненный опыт – life experience
правдивость *f.* – truthfulness
совершать/совершить действия – to act
что бы то ни было – *here:* anything
создатель – creator

Константин Сергеевич Станиславский был одним из основателей Московского Художественного академического театра (МХАТ), который стал знаменит своими постановками пьес Антона Павловича Чехова. Константин Сергеевич был также создателем всемирно известной системы актёрского мастерства, которую он описал в своей книге «Моя жизнь в искусстве».
#1 _____.

Станиславский учил актёров не играть, а жить на сцене. #2 _____. Ни актёр, ни режиссёр не может изобразить что бы то ни было лучше, чем это существует в природе, в жизни, в реальности. Природа – главный художник, она же – инструмент. #3 _____. Роль становится частью личности актёра. Для этого при работе над ролью актёр должен использовать свой собственный жизненный опыт, а также фантазию, которая может помочь ему поверить, что он совершает те действия, которые совершает его персонаж. Станиславский писал, что тогда «все моменты роли и актёрские задачи станут не просто выдуманными, а частью жизни самого актёра».

Материал подготовлен на основе информации открытых источников

6-48 | История театра. Система Станиславского. Reread the article in 6–47 and choose the correct statements. There may be more than one correct statement.

1. Станиславский был создателем . . .
   a. Московского Художественного театра.
   b. новой системы актёрской игры.
   c. нового дизайна костюмов и декораций.

2. Станиславский считал, что . . .
   a. актёра нельзя научить играть.
   b. актёр может играть только самого себя.
   c. актёр должен использовать собственный жизненный опыт при подготовке роли.

3. Станиславский учил актёров . . .
   a. использовать только фантазию.
   b. использовать фантазию и свой жизненный опыт.
   c. не играть роль, а жить на сцене.

4. Система Станиславского популярна . . .
   a. только в российском театре.
   b. во многих театрах мира.
   c. среди актёров и театра, и кино.

5. Моско́вский Худо́жественный теа́тр стал знамени́т свои́ми постано́вками . . .
   a. пьес совреме́нных драмату́ргов.
   b. пьес Анто́на Че́хова.
   c. пьес класси́ческого репертуа́ра.

6–49 | Исто́рия теа́тра. Систе́ма Станисла́вского. Summarize in writing the main ideas of Stanislavsky's Method that you read about in 6–47.

6–50 | Исто́рия теа́тра. Систе́ма Станисла́вского. Imagine that you got a part in a school production of Gorky's play *The Lower Depths* [На дне] and will be playing the role of a character who is homeless. Decide how you will prepare for the role using Stanislavsky's Method.

____ Я бу́ду чита́ть статьи́ о бездо́мных, что́бы поня́ть их жизнь.
____ Я познако́млюсь с бездо́мными людьми́ и зада́м им вопро́сы об их жи́зни.
____ Я проведу́ не́сколько дней и ноче́й на у́лице.
____ Я постара́юсь предста́вить, что ду́мает бездо́мный челове́к в ра́зных ситуа́циях.
____ Друго́е.

6–51 | Исто́рия теа́тра. Систе́ма Станисла́вского. Find on the internet information about movie actors who used Stanislavsky's Method (such as Dustin Hoffman) and give a 2-minute multimedia presentation in class.

6–52 | Исто́рия театра. Мейерхольд. Read the biography of Vsevolod Meyerhold, 1) make an outline in the form of questions and 2) discuss these questions in pairs or small groups.

Все́волод Мейерхо́льд

актёрская мастерска́я – actor's workshop
возрожда́ть/возроди́ть кого? что? – to revive
вражде́бный сове́тской действи́тельности – hostile to the Soviet system (literally: reality)
гляде́ть на кого? что? *impf.* – to look, gaze
изме́на Ро́дине – betrayal of the motherland
по обвине́нию в чём? – charged with
подгото́вка – training
приговорён к расстре́лу – sentenced to be shot
принима́ть/приня́ть правосла́вие – to convert to Orthodoxy
чу́вство жи́зни – sense of life
чу́ждый наро́ду – alien to the people
усло́вный теа́тр – symbolic theater

Актёр, режиссёр, педаго́г, один из реформа́торов теа́тра Все́волод Эми́льевич Мейерхо́льд (настоя́щее и́мя – Карл Казими́р Теодо́р Мейерго́льд) роди́лся

Image 6.9 Портре́т В. Э. Мейерхо́льда

9 февраля́ (28 января́ по ста́рому сти́лю) 1874 го́да в Пе́нзе в обрусе́вшей неме́цкой семье́ Эми́лия Мейерго́льда – владе́льца ви́нно-во́дочного заво́да. Око́нчив гимна́зию в 1895-м году́, Мейерго́льд при́нял правосла́вие и измени́л и́мя на Все́волод – в честь своего́ люби́мого писа́теля Все́волода Га́ршина. Измени́в и́мя, он измени́л и фами́лию: стал писа́ть не «Мейерго́льд», как при́нято по-неме́цки, а «Мейерхо́льд», что звуча́ло бо́лее по-ру́сски. В 1898-м году́ он око́нчил Театра́льно-музыка́льное учи́лище Моско́вского филармони́ческого о́бщества по кла́ссу Влади́мира Немиро́вича-Да́нченко и поступи́л в тру́ппу МХАТа.

В 1907–1918 года́х Мейерхо́льд рабо́тал в петербу́ргских Импера́торских теа́трах и поста́вил 21 драмати́ческий спекта́кль и 10 музыка́льных. А в 1920-м году́ в Москве́ был со́здан ГосТиМ – Госуда́рственный теа́тр и́мени Все́волода Мейерхо́льда, он снача́ла носи́л назва́ние «Теа́тр РСФСР-1». Там Мейерхо́льд ста́вил в основно́м совреме́нных сове́тских а́второв, включа́я пье́сы Маяко́вского, Эренбу́рга, Оле́ши и др. Веду́щей актри́сой теа́тра ста́ла Зинаи́да Райх, на кото́рой Мейерхо́льд жени́лся в 1921-м году́. Теа́тр име́л успе́х не то́лько в Сове́тском Сою́зе, но и за рубежо́м. Вме́сте со свое́й тру́ппой режиссёр ча́сто выезжа́л за грани́цу с гастро́лями.

При ГосТиМе существова́ла мастерска́я, в кото́рой Все́волод Мейерхо́льд учи́л актёров те́хнике движе́ния, те́хнике же́ста и да́же акробати́чности на сце́не. Его́ систе́ма физи́ческой подгото́вки актёров получи́ла назва́ние *биомеха́ника* и ста́ла фунда́ментом для мно́гих актёров и режиссёров совреме́нного теа́тра.

Мейерхо́льд был отцо́м «усло́вного» теа́тра. Он критикова́л МХАТ за «копи́рование» жи́зни, за «правди́вость» на сце́не и стреми́лся возроди́ть анти́чный теа́тр. Теа́тр Мейерхо́льда – э́то теа́тр, как писа́л сам режиссёр, где «зри́тель ни одно́й мину́ты не забыва́ет, что пе́ред ним актёр, кото́рый игра́ет, а актёр – что пе́ред ним зри́тельный зал, под нога́ми сце́на, а по бока́м декора́ции. Как в карти́не: гля́дя на неё, ни на мину́ту не забыва́ешь, что э́то кра́ски, полотно́, кисть, а вме́сте с тем получа́ешь вы́сшее чу́вство жи́зни. И да́же так: чем бо́льше карти́на, тем сильне́е чу́вство жи́зни».

В 1930-е го́ды сове́тское прави́тельство на́чало уничтожа́ть все направле́ния в иску́сстве, кото́рые не отвеча́ли при́нципам соцреали́зма. Объяви́в теа́тр Мейерхо́льда чу́ждым наро́ду и вражде́бным сове́тской действи́тельности, его́ закры́ли в 1938 году́. В 1939 году́ Мейерхо́льд был аресто́ван по обвине́нию в изме́не ро́дине и приговорён к расстре́лу. По́сле сме́рти Ста́лина Верхо́вный суд СССР снял с Мейерхо́льда все обвине́ния и его́ посме́ртно реабилити́ровали.

Материа́л подгото́влен на осно́ве информа́ции откры́тых исто́чников

6–53 | Исто́рия теа́тра. Read the sentences below and underline all adverbial phrases. Replace adverbial phrases with **когда**-clauses. The first one has been done for you.

1. Око́нчив гимна́зию в 1895 году́, Мейерго́льд при́нял правосла́вие и измени́л и́мя на Все́волод.
   Когда́ Мейерго́льд око́нчил гимна́зию, он при́нял правосла́вие и измени́л и́мя на Все́волод.
2. Измени́в и́мя, он измени́л и фами́лию: стал писа́ть не «Мейерго́льд», как при́нято по-неме́цки, а «Мейерхо́льд».
3. Мейерхо́льд поступи́л в тру́ппу МХАТа, око́нчив Теа́трально-музыка́льное учи́лище Моско́вского филармони́ческого о́бщества по кла́ссу Влади́мира Немиро́вича-Да́нченко в 1898-м году́.
4. Рабо́тая в 1907–1918 года́х в петербу́ргских Импера́торских теа́трах, Мейерхо́льд поста́вил 21 драмати́ческий спекта́кль и 10 музыка́льных.
5. Рабо́тая в ГосТиМе, Мейерхо́льд ста́вил в основно́м пье́сы совреме́нных сове́тских а́второв, включа́я пье́сы Маяко́вского, Эренбу́рга, Оле́ши и др.
6. Объяви́в теа́тр Мейерхо́льда чу́ждым наро́ду и вражде́бным сове́тской действи́тельности, его́ закры́ли в 1938-м году́.
7. Как в карти́не: гля́дя на неё, ни на мину́ту не забыва́ешь, что э́то кра́ски, полотно́, кисть, а вме́сте с тем получа́ешь вы́сшее чу́вство жи́зни.

6–54 | Исто́рия теа́тра. Мейерхо́льд. 1) Reread the article in 6–52 and choose the correct statements. There may be more than one correct statement. 2) Summarize the text in five or six sentences using these correct statements. Make sure to use the following cohesive devices in your summary: **интере́сно, что**; **кро́ме того́**; **при э́том**; **а та́кже**; **бо́лее того́**; **к сожале́нию**.

1. Мейерхо́льд роди́лся . . .
   a. в ру́сской семье́ в Герма́нии.
   b. в неме́цкой семье́ в Росси́и.
   c. в обрусе́вшей неме́цкой семье́.
2. По́сле оконча́ния гимна́зии Мейерхо́льд . . .
   a. при́нял правосла́вие.
   b. отказа́лся от свое́й неме́цкой фами́лии.
   c. измени́л своё и́мя на Все́волод.
3. Мейерхо́льд та́кже стал писа́ть свою́ фами́лию бо́лее по-ру́сски . . .
   a. и для э́того замени́л бу́кву 'г' на бу́кву 'х'.
   b. доба́вил су́ффикс -ов на конце́ фами́лии.
   c. доба́вил су́ффикс -ин на конце́ фами́лии.
4. Мейерхо́льд получи́л свою́ пе́рвую рабо́ту . . .
   a. в Театра́льно-музыка́льном учи́лище.
   b. в Моско́вском филармони́ческом о́бществе.
   c. в Моско́вском Худо́жественном теа́тре.
5. В 1907–1918 года́х Мейерхо́льд ста́вил спекта́кли . . .
   a. в ра́зных теа́трах в Петербу́рге.
   b. в теа́трах ра́зных городо́в.
   c. в теа́тре, кото́рый был на́зван его́ и́менем.
6. Мейерхо́льд . . .
   a. был отцо́м «усло́вного» теа́тра и критикова́л МХАТ за «копи́рование» жи́зни, за «правди́вость» на сце́не.
   b. испо́льзовал систе́му Станисла́вского для подгото́вки актёров.
   c. испо́льзовал ме́тод биомеха́ники для подгото́вки актёров.
7. Теа́тр Мейерхо́льда . . .
   a. не́ был популя́рен в Сове́тском Сою́зе.
   b. име́л успе́х у зри́телей в Сове́тском Сою́зе.
   c. мно́го е́здил на гастро́ли за грани́цу.
8. В 1938-м году́ теа́тр Мейерхо́льда был закры́т, так как . . .
   a. его́ теа́тр объяви́ли чу́ждым наро́ду и вражде́бным сове́тской действи́тельности.
   b. Мейерхо́льд был аресто́ван.
   c. Мейерхо́льд был приговорён к расстре́лу.
9. Знамени́тый театра́льный режиссёр Все́волод Мейерхо́льд . . .
   a. был аресто́ван и расстре́лян в 1939 году́.
   b. был аресто́ван по́сле сме́рти Ста́лина.
   c. был реабилити́рован по́сле сме́рти Ста́лина.

6–55 | Исто́рия теа́тра. Мейерхо́льд. Working in small groups, complete the sentences below with as many details as possible. One person in the group should be responsible for writing down the completed sentences.

1. Все́волод Мейерхо́льд роди́лся . . . и вы́рос . . .
2. Мейерхо́льд был нова́тором и реформа́тором театра́льного иску́сства, так как . . .
3. Теа́тр Мейерхо́льда отлича́ется от теа́тра Станисла́вского . . .
4. Жизнь Мейерхо́льда око́нчилась траги́чески . . .

6–56 | Видеорепорта́ж «Все́волод Мейерхо́льд». Watch the video clip and mark whether the statements below correspond to the video.

Да	Нет		
Да	Нет	1.	Мейерхо́льд был оригина́лен во всём и да́же со́бственный день рожде́ния отмеча́л 10 февраля́.
Да	Нет	2.	Мейерхо́льд отмеча́л свой день рожде́ния 9 февраля́.
Да	Нет	3.	Мейерхо́льд говори́л совреме́нным языко́м о совреме́нных пробле́мах о́бщества.
Да	Нет	4.	Мейерхо́льд отража́л в спекта́клях своё вре́мя.
Да	Нет	5.	Спекта́кли Мейерхо́льда сейча́с мо́гут показа́ться эпата́жными,[5] а игра́ актёров сли́шком экспресси́вной.
Да	Нет	6.	В Москве́ 20-х годо́в и́мени Мейерхо́льда никто́ не знал.
Да	Нет	7.	В Москве́ 20-х годо́в и́мя Мейерхо́льда бы́ло хорошо́ изве́стно.
Да	Нет	8.	Мейерхо́льд оказа́л небольшо́е влия́ние на театра́льную эсте́тику.
Да	Нет	9.	Мейерхо́льд был нова́тором: он пе́рвым на́чал эксперименти́ровать со сцени́ческим све́том, а та́кже с музыка́льными и худо́жественными реше́ниями в теа́тре.
Да	Нет	10.	В Пе́нзе мечта́ют отме́тить юбиле́й Мейерхо́льда со всеросси́йским, а мо́жет быть, и с междунаро́дным разма́хом в ма́е ме́сяце.
Да	Нет	11.	В Пе́нзе мечта́ют отме́тить юбиле́й Мейерхо́льда со всеросси́йским, а мо́жет быть, и с междунаро́дным разма́хом в феврале́.

6–57 | Теа́тр ку́кол. Puppet theater. Answer the following questions:

1. Ви́дели ли вы когда́-нибудь ку́кольные спекта́кли? Где?
2. Бы́ли ли вы когда́-нибудь в ку́кольном теа́тре?
3. Каки́е пье́сы обы́чно исполня́ют в ку́кольных спекта́клях?
4. Кто бо́льше лю́бит смотре́ть ку́кольные представле́ния, взро́слые и́ли де́ти? ·

6–58 | Теа́тр ку́кол. Puppet theater. 1) Read about the puppet theater and arrange the paragraphs in logical order. 2) Go to the textbook website and study the Chapter 6, Part 3 Images. Familiarize yourself with the images of Petrushka and his costume.

Теа́тр Петру́шки

влия́ние – influence
вне́шний вид – appearance
возника́ть/возни́кнуть – to arise, to emerge
набо́р сце́нок – *here*: set of scenes

____ Представле́ние теа́тра Петру́шки состоя́ло из набо́ра сатири́ческих сце́нок. В представле́ниях Петру́шка побежда́ет всех: поли́цию, попо́в, да́же чёрта и смерть, сам же остаётся бессме́ртен.

____ Теа́тр Петру́шки – ру́сская наро́дная ку́кольная коме́дия, кото́рая исполня́лась на у́лице. Гла́вным его́ персона́жем был Петру́шка. Его́ называ́ли та́кже Пётр Ива́нович Уксусов, Пётр Петро́вич Самова́ров, на ю́ге – Ва́ня, Ва́нька, Ва́нька Ретату́й, Ратату́й, Рутютю́ (тради́ция се́верных райо́нов Украи́ны). Теа́тр Петру́шки возни́к под влия́нием персона́жа италья́нского ку́кольного теа́тра Пульчине́лло, с кото́рым италья́нцы ча́сто выступа́ли в Санкт-Петербу́рге и други́х города́х.

____ Характе́рные черты́ вне́шнего ви́да Петру́шки – большо́й нос, смею́щийся рот. Оде́жда состоя́ла из кра́сной руба́хи, колпака́ с ки́сточкой, на нога́х сапо́жки; и́ли из двухцве́тного кло́унского наря́да, воротника́ и колпака́ с бубе́нчиками.

Материа́л подгото́влен на осно́ве информа́ции откры́тых исто́чников

6–59 | Теа́тр ку́кол. Puppet theater. Reread the text in 6–58 and answer the following questions:

1. Кто тако́й Петру́шка?
2. Как ещё называ́ли Петру́шку?
3. Отку́да в Росси́и появи́лась тради́ция ку́кольного теа́тра?
4. Как вы́глядит Петру́шка?
5. Как он оде́т?
6. К како́му жа́нру отно́сятся представле́ния Петру́шки?
7. Почему́ в те́ксте говори́тся, что Петру́шка бессме́ртен?
8. Вы по́мните, кто написа́л знамени́тый бале́т «Петру́шка»?

6–60 | Теа́тр ку́кол Серге́я Образцо́ва. Quickly read the text and mark whether the following statements are correct.

Теа́тр ку́кол Серге́я Образцо́ва

> **вкус** – taste
> **драмату́рг** – playwright
> **изобрета́ть/изобрести́ что?** – to invent
> **опи́сывать/описа́ть кого? что?** – to describe
> **определе́ние** – definition
> **разрабо́тка тео́рии** – development of a theory
> **тво́рческие си́лы** – creative forces

В 1931-м году́ в Москве́ Серге́й Образцо́в со́здал уника́льный теа́тр ку́кол и бо́лее шести́десяти лет был его́ руководи́телем. Он мно́го сде́лал для разрабо́тки тео́рии и мето́дики теа́тра ку́кол, определе́ния его́ жа́нровых осо́бенностей, изобрете́ния но́вых систе́м ку́кол, вы́растил и воспита́л не́сколько поколе́ний прекра́сных актёров, режиссёров, худо́жников и драмату́ргов теа́тра ку́кол, кото́рые и сего́дня рабо́тают в со́тнях теа́тров Росси́и, в деся́тках стран ми́ра.

Image 6.10 Часы́ на фаса́де зда́ния Госуда́рственного академи́ческого центра́льного теа́тра ку́кол и́мени С. В. Образцо́ва

Систе́ма режиссёрской, актёрской рабо́ты, опи́санная С. В. Образцо́вым в его́ кни́гах «Актёр с ку́клой», «Моя́ профе́ссия» – про́сто уника́льна.

В 2001-м году́ в дни пе́рвого Междунаро́дного фестива́ля теа́тров ку́кол была́ откры́та для посети́телей Музе́й-кварти́ра, где жил и рабо́тал С. В. Образцо́в. «Это челове́к феномена́льного вку́са, изуми́тельных тво́рческих сил, и, гла́вное, еди́нственный. Во всём ми́ре нет друго́го Образцо́ва. Он сам изобрёл свою́ профе́ссию, и его́ ку́клы, по-мо́ему, тала́нтливее мно́гих живы́х арти́стов». Так об Образцо́ве говори́л писа́тель Корне́й Ива́нович Чуко́вский.

Да Нет	1.	Образцо́в со́здал драмати́ческий теа́тр.
Да Нет	2.	Образцо́в со́здал теа́тр ку́кол.
Да Нет	3.	Образцо́в был актёром в теа́тре.
Да Нет	4.	Он был руководи́телем теа́тра.
Да Нет	5.	Он изобрёл но́вые ме́тоды рабо́ты с ку́клами.
Да Нет	6.	Теа́тр стал шко́лой но́вого поколе́ния актёров, режиссёров, худо́жников и драмату́ргов теа́тра ку́кол.
Да Нет	7.	Образцо́в никогда́ не писа́л о свое́й тео́рии, и она́ неизве́стна.
Да Нет	8.	Образцо́в написа́л не́сколько книг о тео́рии теа́тра ку́кол.

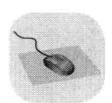

6–61 | Теа́тр ку́кол Серге́я Образцо́ва. Find the following information on the internet, write it down and be ready to talk about it in class.

1. Где нахо́дится Теа́тр ку́кол и́мени С. В. Образцо́ва?
2. Где мо́жно купи́ть биле́ты в теа́тр? Ско́лько сто́ят биле́ты?
3. Каки́е ку́кольные спекта́кли иду́т в Теа́тре ку́кол и́мени С. В. Образцо́ва?
4. Для кого́ ста́вят ку́кольные спекта́кли в теа́тре?
5. Како́й спекта́кль вы бы хоте́ли посмотре́ть? Почему́? Расскажи́те, что вы узна́ли об э́том спекта́кле.

6–62 | Отзыв на спекта́кль. Skim the following review of a puppet theater performance. Who wrote the review? Did the author like the performance?

Отзыв на спекта́кль Ку́рского теа́тра ку́кол

> **домы́сливать/домы́слить что?** – to conjecture
> **тем не ме́нее** – nevertheless

В сентябре́ в Москве́ проходи́ли гастро́ли Ку́рского теа́тра ку́кол. Широко́ э́ти гастро́ли не анонси́ровались, спекта́кли пока́зывали оди́н, ма́ксимум два ра́за, поэ́тому о́тзыв я не собира́лась писа́ть, хотя́ спекта́кль «Повели́тель мух», на кото́рый я своди́ла 11-ле́тнюю до́чку, был необыкнове́нный. Э́тот ку́кольный спекта́кль был поста́влен по рома́ну «Повели́тель мух» Уи́льяма Го́лдинга.

Чита́ть Го́лдинга нелегко́, тем не ме́нее я счита́ю о́чень ва́жным познако́мить ребёнка, подро́стка с э́тим произведе́нием. Рома́н о́чень глубо́кий, писа́лся он сра́зу же по́сле Второ́й мирово́й войны́ в разга́р «холо́дной» войны́. Пе́ред спекта́клем я рассказа́ла до́чери сюже́т рома́на. Идти́ она́ согласи́лась. За полтора́ часа́ актёрам удало́сь показа́ть зри́телям весь рома́н.

Впечатле́ние бы́ло о́чень си́льное – до́чка поняла́ всё, а почу́вствовала, по-мо́ему, да́же бо́льше, чем я, взро́слая. По доро́ге домо́й до́чка всё вре́мя говори́ла о спекта́кле, доду́мывала, домы́сливала. Я не помню́ ни одного́ спекта́кля, о кото́ром мы бы говори́ли так до́лго. Большо́е спаси́бо тру́ппе Ку́рского теа́тра ку́кол!

Мари́на К.

Материа́л подгото́влен на осно́ве информа́ции откры́тых исто́чников

6–63 │ Отзыв на спекта́кль. Reread the review in 6–62 and answer the following questions:

1. Како́й ку́кольный спекта́кль посмотре́ли Мари́на К. и её до́чка?
2. Мари́не и её до́чери понра́вился спекта́кль? Почему́ вы так ду́маете?
3. Почему́ мать реши́ла рассказа́ть до́чери сюже́т рома́на «Повели́тель мух», пе́ред тем как они́ пошли́ в теа́тр?
4. Ско́лько дли́лся спекта́кль?
5. Чита́ли ли вы рома́н Го́лдинга «Повели́тель мух»?

6–64 │ Презента́ция. Choose a topic and give a short multimedia presentation (2 minutes).

Возмо́жные те́мы презента́ций

1. А. Я. Таи́ров
2. Е. Б. Вахта́нгов
3. Ю. П. Люби́мов
4. Ма́лый теа́тр в Москве́
5. МХАТ
6. Теа́тр и́мени Ленсове́та в Петербу́рге
7. Теа́тр «Совреме́нник»
8. Теа́тр и́мени Е. Вахта́нгова
9. Теа́тр «Мастерска́я Петра́ Фоме́нко»
10. Ку́кольные теа́тры в Росси́и
11. Де́тские теа́тры в Росси́и
12. Друго́е (по ва́шему вы́бору)

ЗАКЛЮЧЕНИЕ

6–65 │ Самоконтро́ль. Review parts 1–3. Choose the correct statements. There may be more than one correct answer.

1. В ру́сской культу́ре . . .
   a. большо́е внима́ние уделя́ется му́зыке.
   b. о́чень ва́жно театра́льное иску́сство.
   c. лю́бят бале́т, но не о́перу.

2. Ру́сская симфони́ческая му́зыка начала́ развива́ться . . .
    a. в семна́дцатом ве́ке.
    b. в восемна́дцатом ве́ке.
    c. в девятна́дцатом ве́ке.

3. Русский теа́тр на́чал развива́ться . . .
    a. в семна́дцатом ве́ке.
    b. в восемна́дцатом ве́ке.
    c. в девятна́дцатом ве́ке.

4. Ру́сские компози́торы 19-го ве́ка писа́ли му́зыку на те́мы . . .
    a. ру́сского фолькло́ра.
    b. ру́сской средневеко́вой исто́рии.
    c. библе́йские те́мы.

5. Пётр Чайко́вский . . .
    a. был чле́ном объедине́ния «Могу́чая ку́чка».
    b. был са́мым изве́стным в Евро́пе ру́сским компози́тором.
    c. мно́го гастроли́ровал за грани́цей.

6. Опера «Жизнь за царя́» была́ напи́сана . . .
    a. Никола́ем Ри́мским-Ко́рсаковым.
    b. Моде́стом Му́соргским.
    c. Михаи́лом Гли́нкой.

7. Оперы «Пи́ковая Да́ма» и «Евге́ний Оне́гин» напи́саны Чайко́вским . . .
    a. на оригина́льные либре́тто.
    b. по моти́вам произведе́ний Пу́шкина.
    c. на истори́ческий сюже́т.

8. Ярким приме́ром му́зыки ру́сского аванга́рда в 1913 году́. . .
    a. ста́ла Седьма́я симфо́ния Дми́трия Шостако́вича.
    b. ста́ла «Сюи́та в стари́нном сти́ле» Альфре́да Шни́тке.
    c. стал бале́т Игоря Страви́нского «Весна́ свяще́нная».

9. Не то́лько компози́тором, но и изве́стным пиани́стом был . . .
    a. Игорь Страви́нский.
    b. Серге́й Проко́фьев.
    c. Серге́й Рахма́нинов.

10. Серге́й Проко́фьев . . .
    a. провёл мно́го лет в эмигра́ции.
    b. верну́лся в Сове́тский Сою́з.
    c. никогда́ не возвраща́лся в Сове́тский Сою́з.

11. Знамени́тыми ру́сскими балери́нами бы́ли . . .
    a. Г. Вишне́вская, Е. Образцо́ва
    b. А. Нежда́нова, И. Архи́пова.
    c. А. Па́влова, М. Плисе́цкая, Г. Ула́нова.

12. Фёдор Шаля́пин . . .
    a. был знамени́тым ру́сским те́нором.
    b. был знамени́тым ру́сским ба́сом.
    c. соедини́л в своём иску́сстве вырази́тельное пе́ние, актёрское мастерство́ и порази́тельную пла́стику.

13. Систе́ма актёрской игры́ Станисла́вского . . .
    a. тре́бует от актёра не игра́ть роль, а жить на сце́не.
    b. похо́жа на биомеха́нику актёрской игры́ в теа́тре Мейерхо́льда.
    c. тре́бует, чтобы при рабо́те над ро́лью актёр до́лго изуча́л своего́ геро́я, а та́кже испо́льзовал свой со́бственный о́пыт и фанта́зию.

14. В теа́тре Мейерхо́льда . . .
    a. испо́льзовалась систе́ма подгото́вки актёров, изве́стная как
       биомеха́ника.
    b. актёр до́лжен был игра́ть свою́ роль, а не жить на сце́не.
    c. испо́льзовалась систе́ма актёрской игры́ Станисла́вского.
15. Серге́й Образцо́в был основа́телем . . .
    a. теа́тра о́перы и бале́та.
    b. де́тского теа́тра.
    c. теа́тра ку́кол.

6–66 | Зна́ете ли вы ру́сскую му́зыку и теа́тр? Come up with the right questions. The first one has been done for you.

1. Са́мый изве́стный теа́тр о́перы и бале́та в Москве́.
   Что тако́е Большо́й теа́тр?
2. Са́мый изве́стный теа́тр о́перы и бале́та в Петербу́рге.
3. Моско́вский теа́тр, в кото́ром ста́вились пье́сы Че́хова.
4. Ру́сский театра́льный де́ятель, кото́рый изобрёл изве́стную систе́му актёрской игры́.
5. Основа́тель ку́кольного теа́тра в Москве́.
6. Компози́тор, кото́рый написа́л 7-ю («Ленингра́дскую») симфо́нию.
7. А́втор о́перы «Евге́ний Оне́гин».
8. Сове́тский режиссёр, созда́вший теа́тр на при́нципах конструктиви́зма и расстре́лянный как иностра́нный аге́нт.
9. Ру́сский компози́тор из обрусе́вшей неме́цкой семьи́.
10. Компози́тор, написа́вший бале́т «Петру́шка».
11. Са́мый популя́рный геро́й ру́сского у́личного ку́кольного теа́тра.
12. Компози́тор, написа́вший о́перу «Князь И́горь»
13. Са́мый знамени́тый бале́т ру́сского компози́тора.
14. Морско́й офице́р, ста́вший изве́стным компози́тором.
15. Гру́ппа ру́сских компози́торов 19-го ве́ка, писа́вших му́зыку на те́мы ру́сской исто́рии.

6–67 | Перево́д. Read the following passage below. Use any online translation website to produce a draft translation. Make corrections and changes to make the translation your own.

Season opening – Tchaikovsky's *Eugene Onegin*!

On September 30, 2016, the Dallas opera presents Tchaikovsky's 1879 masterpiece *Eugene Onegin* conducted by Emmanuel Villaume!

> Starring baritone Andrei Bondarenko as Onegin.
> Soprano Svetlana Aksenova in her American debut as Tatyana.
> Tickets on sale now!

Tchaikovsky is known throughout the world for his popular compositions, which include the ballets, *The Nutcracker*, *The Sleeping Beauty* and *Swan Lake*. *Eugene Onegin* is closely based on Russian poet Alexander Pushkin's early 19th-century novel in verse, published between 1825 and 1832.

6–68 | Расскажи́те. Be ready to talk about the following:

1. Ру́сские компози́торы 19-го ве́ка.
2. Изве́стные ру́сские компози́торы 20-го ве́ка.
3. Изве́стные ру́сские балери́ны.
4. Исто́рия о́перного иску́сства в Росси́и.
5. Исто́рия ру́сского теа́тра.
6. Систе́ма Станисла́вского.
7. Теа́тр Мейерхо́льда.
8. Ку́кольные теа́тры в Росси́и.

СЛОВАРЬ

акт – act, part (in a theatrical performance)
актёрская зада́ча – actor's task
актёрская мастерска́я – actor's workshop
актёрское мастерство́ – acting excellence, acting craft
антра́кт – intermission
аншла́г – full house
аплодисме́нты *pl. only* – applause
арти́ст – actor
балери́на – ballerina
бесподо́бно – incomparably
визи́тная ка́рточка – calling card; *here:* the most well-known/characteristic
   performance
вкус – taste
влия́ние – influence
вне́шний вид – appearance
возника́ть/возни́кнуть – to arise, to emerge
возрожда́ть/возроди́ть кого́? что? – to revive
воображе́ние – imagination
враще́ние – rotation, spin
выдаю́щийся – outstanding, distinguished
вы́думанный, -ая, -ое, -ые – fictional
вырази́тельный, -ая, -ое, -ые – expressive
вы́ход в свет – a night out
гастро́ли – theatrical tour
гастроли́ровать – to go on tour (about a theater troupe or orchestra)
гляде́ть на кого́? что? *impf.* – to look, gaze
де́йствие – action; act (in a play)
дирижёр – orchestra conductor
добро́ – the good
домы́сливать/домы́слить что? – to conjecture

досто́ин (досто́йна, досто́йно, досто́йны) похвалы́ – commendable, deserving of praise

драмату́рг – playwright

же́ртвовать/поже́ртвовать кем? чем? – to sacrifice

жи́зненный о́пыт – life experience

завора́живать/заворожи́ть кого? – to mesmerize

зака́з – order

за́мысел режиссёра – director's concept

за́навес – curtain

захва́тывать/захвати́ть дух у кого? – to take one's breath away

звезда́ (_pl._ **звёзды)** – star

звуча́ть/прозвуча́ть – to sound

зло – evil

зре́лище – spectacle, show

зри́тель/зри́тельница – theater-goer, spectator

изобрета́ть/изобрести́ что? – to invent

испо́лнен -а, -о, -ы драмати́зма – full of tension/dramatic effect

исполня́ть/испо́лнить что? – to perform

казна́ – treasury

кому́ что – to each his own

конце́ртный зал – concert hall

кордебале́т – corps de ballet

костю́м – costume

ку́кла – puppet

либре́тто – libretto

монти́ровать/смонти́ровать что? сце́ну – _here_: to build a stage

музыка́льное произведе́ние – musical composition, piece

на вы́сшем у́ровне – of the high quality

набо́р сце́нок – _here_: set of scenes

написа́ть (о́перу, бале́т, симфо́нию) – to compose (an opera, a ballet, a symphony)

наро́дная му́зыка – folk music

немо́й, нема́я, немы́е _n._ – _here_: silent artist

о́пера напи́сана (на сюже́т, по произведе́нию, по моти́вам) – the opera is based on (a theme, work, motifs)

опи́сывать/описа́ть кого? что? – to describe

оправда́ние – justification, excuse

определе́ние – definition

отвеча́ть _imfv._ **тре́бованиям** – to meet the demands

певе́ц/певи́ца – singer

пе́ние (церко́вное пе́ние) – singing (church singing)

персона́ж – character

петь _impf._ **(па́ртию кого?)** – to sing (the part)

пиани́ст – pianist

писа́ть/написа́ть (о́перу, бале́т) – to compose (an opera, a ballet)

по обвине́нию в чём? – charged with

по́двиг – feat, act of heroism

подгото́вка – training

позволя́ть/позво́лить кому? что? – to allow

покло́нник/покло́нница – fan
получа́ть/получи́ть призна́ние – to gain recognition
получа́ть/получи́ть субси́дию – to receive financial support
поража́ть/порази́ть кого? – to amaze
порази́тельный, -ая, -ое, -ые – amazing
постано́вка – staging
правди́вость *f.* – truthfulness
пре́лесть *f.* – charm
премье́ра – opening night
принима́ть/приня́ть правосла́вие – to convert to Orthodoxy
принима́ть/приня́ть реше́ние – to make a decision
приходи́ть/прийти́ в упа́док – to fall into disrepair
проро́ческий, -ая, -ое, -ие – prophetic
прыжо́к – jump, leap
пье́са – play (only about drama theater)
разрабо́тка тео́рии – development of a theory
режиссёр – director
репертуа́р – repertoire
репети́ровать *impf.* – to rehearse
репети́ция – rehearsal
свисте́ть/сви́стнуть – to whistle
симфони́ческая му́зыка – orchestral music
симфони́ческий орке́стр – symphony orchestra
симфо́ния – symphony
сла́ва (принести́ сла́ву кому́?) – glory, fame (to bring glory to)
слу́шатель – listener
собы́тие – event
соверша́ть/соверши́ть де́йствия – to act
соверше́нствование – refinement, development
созда́тель – creator
соли́ровать *impf.* & *pfv.* – to sing/dance a solo
соли́ст/соли́стка – soloist
составна́я часть – component
спаса́ть/спасти́ кого? что? – to rescue
спекта́кль – play, performance
страсть *f.* – passion
сце́на – stage, scene
танцева́ть *impf.* **(па́ртию кого?)** – to dance (the role of)
танцо́вщик – male dancer
тво́рческие си́лы – creative forces
тем не ме́нее – nevertheless
толпа́ – crowd
тру́ппа – theater company
увы́ – alas
усло́вный теа́тр – symbolic theater
успе́х (име́ть успе́х/не име́ть успе́ха) – success (to be/not to be successful)
утра́ченный, -ая, -ое, -ые – lost
учрежда́ть/учреди́ть что? – to establish
фолькло́р – folklore

фортепиа́нный конце́рт – piano concert
хор – choir, chorus
цени́ть/оцени́ть кого́? что? – to value
церко́вное пе́ние – church singing
что́ бы то ни́ было – *here:* anything
чу́вство жи́зни – sense of life

Примечания Endnotes

1 Блока́да Ленингра́да – The Siege of Leningrad, also known as the Leningrad Blockade, was a prolonged military blockade undertaken by the German Army against Leningrad, historically and currently known as St. Petersburg, in the Eastern Front theater of World War II. The siege started on 8 September 1941 and was lifted on 27 January 1944, 872 days after it began.

2 «Со́лнечный уда́р» – "Sunstroke"

3 Полове́цкие пля́ски – Polovtsian Dances

4 Речитати́в – recitative (/ˌrɛsɪtəˈtiːv/, also known by its Italian name "recitativo" ([retʃitaˈtiːvo])) is a style of delivery (much used in operas, oratorios and cantatas) in which a singer is allowed to adopt the rhythms of ordinary speech.

5 Эпата́жный – provocative, shocking, scandalous

РУССКО-АНГЛИЙСКИЙ СЛОВАРЬ | RUSSIAN–ENGLISH VOCABULARY

The English equivalents provided here are specific to the context in which they appear in this textbook. Consult a Russian-English dictionary for a more comprehensive set of translations.

Акваре́ль *f.* 2 – *watercolor*
акт 6 – *act, part (in a theatrical production)*
актёрская зада́ча 6 – *actor's task*
актёрская мастерска́я 6 – *actor's workshop*
актёрское мастерство́ 6 – *acting excellence, acting craft*
актуа́льная пробле́ма 1 – *pressing (societal) issue*
антра́кт 6 – *intermission*
аншла́г 6 – *full house*
аплодисме́нты *pl. only* 6 – *applause*
арти́ст 6 – *actor*
архите́ктор 5 – *architect*
афи́ша 3 – *poster*

Балери́на 6 – *ballerina*
баро́кко 5 – *Baroque*
ба́рыня 4 – *lady, noblewoman*
ба́шня 5 – *tower*
безобра́зие 3 – *outrage, ugliness*
бере́чь *impf.* **кого́? что?** 1 – *to take care of someone or something*
бесподо́бно 6 – *incomparably*
бето́нно-стекля́нный, -ая, -ое, -ые 5 – *concrete and glass*
бето́нный, -ая, -ое, -ые 5 – *concrete*
блесте́ть *impf.* 4 – *to shine, glitter*
бро́нза 4 – *bronze*
быт 2 – *everyday life*
бытова́я сце́на 2 – *scene from everyday life*

Ваго́н 3 – *railway car*
вдохновля́ть/вдохнови́ть кого́? 2 – *to inspire*
ведь 4 – *after all, you know*
великоле́пный, -ая, -ое, -ые 5 – *magnificent*
вели́чественный, -ая, -ое, -ые 5 – *majestic*
венча́ть *impf.* что? 5 – *to crown*
ве́рить/пове́рить во что? 3 – *to believe in*
ве́рующий, -ая, -ее, -ие 5 – *believer*
верфь *f.* 5 – *shipyard*
верши́на тво́рчества 2 – *the pinnacle of one's achievement*
ветша́ть/обветша́ть 5 – *to become dilapidated, to decay*
вещь *f.* 1 – *thing, stuff*
взаимоде́йствовать *impf.* 3 – *to interact*
взрыва́ть/взорва́ть кого́? что? 5 – *to blow up*
вид иску́сства 3 – *art form*
визи́тная ка́рточка 6 – *calling card; here: the most well-known/characteristic*

вина́ 4 – *fault, guilt*
включа́ть/включи́ть что? 2, 5 – *to include, encompass*
вкус 6 – *taste*
власть *f.* 3 – *authority*
влия́ние 6 – *influence*
влия́ть/повлия́ть на кого́? что? 3 – *to influence, have an influence on*
влюблённые 2 – *lovers*
вмеща́ть/вмести́ть кого́? что? 5 – *to accommodate*
вне 3 – *outside*
вне́шний вид 6 – *appearance*
внутри́ (где?)/внутрь (куда́?) 5 – *inside*
внутри́ 3 – *within, among*
возвраще́ние 4 – *return*
возглавля́ть/возгла́вить кого́? что? 4 – *to lead, head*
возде́йствовать *impf.* 3 – *to have an impact*
возлага́ть/возложи́ть цветы́ 4 – *to lay flowers*
возника́ть/возни́кнуть 6 – *to arise, to emerge*
возрожда́ть/возроди́ть кого́? что? 6 – *to revive*
волнова́ть *impf.* **кого́?** 1 – *to excite*
во́ля 4 – *will*
воображе́ние 6 – *imagination*
воро́та *pl. only* 2 – *gate*
восприя́тие 3 – *perception*
воссоздава́ть/воссозда́ть что? 3 – *to re-create*
восстана́вливать/восстанови́ть что? 4 – *to restore*
Восхити́тельно! 5 – *Amazing! An incredible sight!*
враще́ние 6 – *rotation, spin*
вса́дник 4 – *horseman*
вско́ре 2 – *shortly, soon*
встреча́ться/встре́титься 1 – *to get together, meet*
выдаю́щийся, -аяся, -ееся, -иеся 6 – *outstanding, distinguished*
вы́думанный, -ая, -ое, -ые 6 – *fictional*
выража́ть/вы́разить что? 2 – *to express*
вырази́тельный, -ая, -ое, -ые 6 – *expressive*
выреза́ть/вы́резать что? (из де́рева) 4 – *to carve, to cut (out of wood)*
высека́ть/вы́сечь из чего́? (ка́мня, мра́мора) 4 – *to carve, chisel out (in stone, marble)*
высота́ 5 – *height*
вы́ставка 1 – *exhibition, art show*
выставля́ться *impf.* **где?** 3 – *to be displayed, exhibited*
выступа́ть/вы́ступить за что? 4 – *to speak for*
(на) вы́сшем у́ровне 6 – *of the highest quality*
вы́ход в свет 6 – *a night out*
выясня́ть/вы́яснить что? 3 – *to find out*

Гастро́ли 3, 6 – *tour (a theater troupe or orchestra)*
гастроли́ровать 6 – *to go on tour (a theater troupe or orchestra)*

геро́й 2 – *protagonist*
гипс 4 – *plaster*
гли́на 4 – *clay*
гляде́ть на кого́? что? *impf.* 6 – *to look, gaze*
горелье́ф 5 – *high relief*
госуда́рство 3 – *state, government*
гра́фик 1 – *graphic artist*
гра́фика 1 – *graphic arts*
грунто́вые во́ды 5 – *groundwater*

Да́нные *pl. only* 1 – *data*
дань *f.* 4 – *tribute*
де́йствие 6 – *action; act (in a play)*
декорати́вно-прикладно́е иску́сство 1 – *arts and crafts*
декора́ции 2, 3 – *sets*
демонти́ровать *impf.* and *pfv.* **что? (па́мятник)** 4 – *to dismantle (a monument)*
де́рево 4 – *wood*
держа́вность *f.* 4 – *national greatness, sovereignty*
де́ятель 4 – *public figure*
де́ятельность *f.* 4 – *public activity*
дирижёр 6 – *orchestra conductor*
добавля́ть/доба́вить что? 4 – *to add*
добро́ 6 – *the good*
дога́дываться/догада́ться 4 – *to guess, imagine*
домы́сливать/домы́слить что? 6 – *to conjecture*
досто́ин (досто́йна, досто́йно, досто́йны) похвалы́ 6 – *commendable, deserving of praise*
досту́п|е|н, -а, -о, -ы 3 – *accessible*
драмату́рг 6 – *playwright*
древнеру́сский, -ая, -ое, -ие 5 – *old Russian*
дре́вний, -яя, -ее, -ие 5 – *ancient*

Еди́нственный, -ая, -ое, -ые 1 – *(the) only adj.*

Железобето́н 4 – *reinforced concrete*
же́ртвовать/поже́ртвовать кем? чем? 6 – *to sacrifice*
живо́е существо́ 3 – *living creature*
жи́вопись 1 – *painting (as artistic medium)*
жи́зненный о́пыт 6 – *life experience*
жил|е́|ц, жильцы́ *pl.* 5 – *tenant*
жило́й дом 5 – *apartment building*

Заверша́ть/заверши́ть что? 5 – *to finish, complete*
зави́довать *impf.* **кому́?** 4 – *to envy*
завора́живать/заворожи́ть кого́? 6 – *to mesmerize*
зада́ча 2 – *task*
(на) за́днем пла́не 2 – *in the background*

зака́з 6 – *order*
зака́нчиваться/зако́нчиться 2 – *to stop, end*
закла́дка 5 – *groundbreaking ceremony*
закла́дывать/заложи́ть что? 5 – *to break ground*
заключённый 5 – *prisoner*
за́мысел режиссёра 6 – *director's concept, vision*
за́навес 6 – *curtain*
занима́ться/заня́ться чем? 1 – *to engage in*
за́ново 5 – *anew, again*
заполня́ть/запо́лнить что? чем? 4 – *to fill*
запреща́ть/запрети́ть что? 5 – *to prohibit*
зарубе́жное иску́сство 1 – *foreign art*
заставля́ть/заста́вить кого? 2 – *to compel, make, force*
затрудня́ться/затрудни́ться отве́тить 4 – *to be unsure or unable to answer*
захва́тывать/захвати́ть дух у кого? 6 – *to take one's breath away*
захва́тывать/захвати́ть кого? что? 3 – *to capture*
звезда́ (*pl.* звёзды) 6 – *star*
звуча́ть/прозвуча́ть 6 – *to sound*
зда́ние 1 – *building*
земна́я жизнь 2 – *earthly life*
зло 6 – *evil*
знамени́тый, -ая, -ое, -ые 1 – *famous, renowned*
зо́дчество *archaic* 5 – *architecture*
зо́лото 4 – *gold*
зре́лище 6 – *spectacle, show*
зри́тель 2 – *viewer*
зри́тель/зри́тельница 6 – *theater-goer, spectator*
зри́тельный зал 5 – *auditorium*

Иде́я (у кого? появля́ется иде́я) 3 – *idea (someone got an idea)*
идти́ к чему́? 2 – *to suit, match*
изве́стный, -ая, -ое, -ые 1 – *well known, famous*
изгота́вливать/изгото́вить что? 4 – *to manufacture, make*
издава́ть/изда́ть что? 3 – *to publish*
и́здали 5 – *from afar*
изда́тельская де́ятельность 1 – *publishing*
издева́ться *impf.* **над кем? чем?** 3 – *to mock, sneer at*
изобража́ть/изобрази́ть что? 2 – *to depict, paint*
изобрета́ть/изобрести́ что? 6 – *to invent*
иронизи́ровать *impf.* **над чем?** 3 – *to comment ironically on*
иску́сство 1 – *art*
испо́лнен, -а, -о, -ы драмати́зма 6 – *full of tension/dramatic effect*
исполня́ть/испо́лнить что? 6 – *to perform*
испо́льзовать *impf. & pfv.* 3 – *to use*

Кавале́р *archaic* 4 – *gentleman*
казна́ 6 – *treasury*

ка́мень 4 – *stone*
карти́на 1 – *picture, painting*
ка́сса 1 – *ticket office*
квадра́т 2 – *square n.*
кисть *f.* 2 – *brush*
классици́зм 5 – *Classicism*
ключево́й, -а́я, -о́е, -ы́е 2 – *key adj.*
колле́кция 1 – *collection*
колоко́льный звон 5 – *bell-ringing*
кому́ что 6 – *to each his own*
конструктиви́зм 5 – *Constructivism*
конце́ртный зал 6 – *concert hall*
кордебале́т 6 – *corps de ballet*
костю́м 6 – *costume*
кра́ска, кра́с|о|к *gen. pl.* 2 – *paint*
красота́ – *beauty*
кре́пость *f.* 5 – *fortress*
круг – *circle*
ку́кла 4 – *doll*
ку́кла 6 – *puppet*
купе́ц 1 – *merchant*
ку́пол 5 – *dome*
ку́ча чего́? *col.* 1 – *lots of something*

Ла́вка, ла́вочка 5 – *archaic small shop; bench*
лепи́ть/слепи́ть что? из чего? (гли́ны, ги́пса) 4 – *to sculpt (out of clay, plaster)*
леса́ *pl. only* 5 – *scaffolding*
либре́тто 6 – *libretto*
ли́чность *f.* 3 – *personality, persona*
ло́зунг 3 – *slogan*
луч – *ray*
любова́ться *impf.* **кем? чем?** 1 – *to admire*
любо́й, -а́я, -о́е, -ы́е 3 – *any*

Ма́стер 4 – *artisan, artist*
мастерска́я 1 – *workroom, studio*
мастерство́ 2 – *artistic skill, artistry*
масшта́бный, -ая, -ое, -ые 5 – *large-scale*
ме́дный, -ая, -ое, -ые 4 – *copper adj.*
междунаро́дный 1 – *international*
ме́лочь *f.* 3 – *detail, trifle*
ме́сто 1 – *place*
ме́сто застро́йки 5 – *building site*
мецена́т 1 – *patron of the arts, philanthropist*
мечта́ 4 – *dream*
мир 1 – *world*
многогра́нность *f.* 2 – *versatility*

многоэта́жное зда́ние 5 – *multi-story building*

мо́да 3 – *fashion*

модельéр 3 – *fashion designer*

модéрн 5 – *Modernism/Art Nouveau*

мона́х 4 – *monk*

монти́ровать/смонти́ровать что? 4 – *to assemble*

монти́ровать/смонти́ровать что? сцéну 6 – *here: to build a stage*

мудрéц 4 – *sage, wise man*

музéй под откры́тым нéбом 4 – *open-air museum*

музыка́льное произведéние 6 – *musical composition, piece*

му́сор *sing. only* 3 – *garbage, trash*

Набо́р сцéнок 6 – *here: set of scenes*

награ́да 2 – *award*

называ́ть/назва́ть что? чем? 3 – *to name*

называ́ться *impf.* 3 – *to be named*

наклéйка 3 – *sticker*

наоборо́т 3 – *vice versa*

напомина́ть/напо́мнить кому́? о ком? о чём? 4 – *to remind*

направлéние (в жи́вописи) 2 – *artistic trend, movement (in painting)*

наро́дная му́зыка 6 – *folk music*

наро́дное гуля́ние 4 – *folk festivities*

натюрмо́рт 2 – *still life*

нау́чно-исслéдовательская дéятельность 1 – *research*

находи́ться где? 1 – *to be located*

нахо́дка 3 – *here: new idea*

начина́ться/нача́ться 2 – *to start*

небоскрёб 5 – *skyscraper*

недви́жимость *f.* 5 – *real estate*

незави́симость *f.* 4 – *independence*

немо́й, нема́я, немы́е *n.* 6 – *here: silent artist*

нержавéющая сталь 4 – *stainless steel*

несмотря́ на что? 3 – *despite*

нова́торство 1, 3 – *innovation*

но́тная библиотéка 5 – *music library*

Обвинéние; по обвинéнию в чём? 6 – *charge; charged with*

оберега́ть *impf.* 4 – *to protect*

о́бласть *f.* 1 – *region*

обма́нывать/обману́ть кого? 3 – *to deceive*

обновлённый 5 – *renovated*

о́браз 3 – *image*

образéц 3 – *example*

образова́ние 1 – *education*

образова́тельная дéятельность 1 – *educational activities*

образова́ться *pfv.* 3 – *to be formed*

обраща́ть/обрати́ть внима́ние 3 – *to pay attention*

обрета́ть/обрести́ жизнь 4 – *to find new life*

обстано́вка 2 – *setting*

о́бщество 1 – *society*

объединя́ть/объедини́ть кого́? что? 4 – *to unite*

объявля́ть/объяви́ть что? 4 – *to announce*

ограниче́ние 4 – *restriction*

одино́чество 3 – *loneliness*

одноимённый, -ая, -ое, -ые 4 – *eponymous, of the same name*

одобря́ть/одо́брить что? 4 – *to approve*

означа́ть *impf.* **что?** 2 – *to mean, signify, symbolize*

ока́зывать/оказа́ть подде́ржку 1 – *to support*

о́пера напи́сана (на сюже́т, по произведе́нию, по моти́вам) 6 – *the opera is based on (a theme, work, motifs)*

опи́сывать/описа́ть кого́? что? 6 – *to describe*

оправда́ние 6 – *justification, excuse*

опра́шивать/опроси́ть кого́? 1 – *to interview, survey*

определе́ние 6 – *definition*

определённый, -ая, -ое, -ые 3 – *certain*

опро́с 3 – *poll, survey*

опро́шенный, -ая, -ое, -ые 3 – *respondent*

ориенти́роваться *impf. & pfv* **в чём?** 4 – *to navigate, find your way around*

освеща́ть/освети́ть кого́? что? 2 – *to illuminate, light up*

освеще́ние 2 – *lighting*

освободи́тельная борьба́ 4 – *struggle for liberation*

освобожда́ть/освободи́ть кого́? что? 4 – *to free, liberate*

освобожде́ние 4 – *liberation*

осмо́тр чего́? 1 – *viewing, tour*

основа́тель 1 – *founder*

основно́й, -а́я, -о́е, -ы́е 1 – *main*

остава́ться/оста́ться 4 – *to remain*

отвеча́ть *impf.* **тре́бованиям** 6 – *to meet the demands*

отвеча́ть *impf.* **интере́сам** 3 – *to serve someone's interests*

отде́л 1 – *department*

о́тзыв 2 – *review*

отлива́ть/отли́ть что? из чего́? (зо́лота, серебра́) 4 – *to cast (gold, silver)*

отлича́ться *impf.* **от кого́? чего́?** 3 – *to differ from*

отмеча́ть/отме́тить что? 1 – *note, notice, mark*

отме́чен, -а, -о, -ы 3 – *marked*

относи́ть/отнести́ что? к чему́? 3 – *to relate; here: consider as*

относи́ться/отнести́сь к кому́? чему́? 3 – *here: to feel about, think about*

отноше́ние кого́? к кому́? чему́? 2 – *attitude*

отража́ться/отрази́тся от чего́? 2 – *to reflect off of*

отраже́ние 1 – *reflection*

отрица́тельно 3 – *negatively*

отрица́ть *impf.* **что?** 2 – *to deny, disclaim*

отстра́ивать/отстро́ить что? 5 – *to rebuild*

отта́лкивать/оттолкну́ть кого́? что? 5 – *to repulse, to repel*

оформля́ть/офо́рмить что? 5 – *to decorate*
о́чередь *f.* 1 – *line, queue*
ощуща́ть/ощути́ть что? 2 – *to feel*
ощуще́ние 2 – *sensation, feeling*

Па́мятник архитекту́ры 5 – *architectural monument*
певе́ц/певи́ца 3, 6 – *singer*
пейза́ж 2 – *landscape*
пе́ние (церко́вное пе́ние) 6 – *singing (church singing)*
(в) пе́рвую о́чередь 5 – *first of all*
передава́ть/переда́ть настрое́ние 2 – *to express a mood*
передава́ть/переда́ть чу́вство 2 – *to express a feeling, an emotion*
(на) пере́днем пла́не 2 – *in the foreground*
пережива́ние 3 – *emotional experience*
перекӱ́сывать/перекуси́ть 1 – *to have a snack, to grab a bite to eat*
переме́ны 4 – *changes*
перехо́д 5 – *passageway*
переходи́ть/перейти́ куда́? на что? 3 – *here: to switch to*
персона́ж 4, 6 – *character (in a work of art or literature)*
петь *impf.* (па́ртию кого́?) 6 – *to sing (the part)*
печа́тать/напеча́тать что? 4 – *to publish, print*
пиани́ст 6 – *pianist*
писа́ть/написа́ть (о́перу, бале́т) 6 – *to compose (an opera, a ballet)*
план-чертёж 5 – *blueprint*
плато́к 5 – *headscarf*
повседне́вная жизнь 2 – *everyday life*
погиба́ть/поги́бнуть 5 – *to perish*
поги́бший, -ая, -ее, -ие 4 – *killed*
по́двиг 6 – *feat, act of heroism*
подгото́вка 6 – *training*
подде́рживать/поддержа́ть кого́? что? 4 – *to support*
поднима́ться/подня́ться по ле́стнице 3 – *to climb up the stairs*
подпи́сывать/подписа́ть что? 4 – *to sign*
поже́ртвование 4 – *donation*
позволя́ть/позво́лить кому́? что? 6 – *to allow*
пози́ровать *impf.* кому́? 4 – *to pose for, sit for*
пока́зывать/показа́ть кому́? что? 2 – *to show*
покло́нник/покло́нница 6 – *fan*
поко́й 3 – *rest, peace*
поколе́ние 3 – *generation*
полирова́ть/отполирова́ть что? 4 – *to polish, buff*
политкаторжа́нин 5 – *political prisoner (before the revolution of 1917)*
полково́дец 5 – *military commander*
полотно́, поло́т|е|н *gen. pl.* 2 – *canvas*
получа́ть/получи́ть призна́ние 6 – *to gain recognition*
получа́ть/получи́ть разви́тие 2 – *to be developed*
получа́ть/получи́ть субси́дию 6 – *to receive financial support*

по́льзоваться успе́хом 3 – *to be popular, successful*
поня́тие 2 – *notion, concept, term*
пополня́ть/попо́лнить что? чем? 4 – *to supplement*
поража́ть/порази́ть кого́? чем? 5, 6 – *to amaze*
порази́тельный, -ая, -ое, -ые 6 – *amazing*
портре́т 2 – *portrait*
посети́тель 1 – *visitor*
посеща́ть/посети́ть кого́? что? 1 – *to visit*
посеще́ние 1 – *visit*
после́дние слова́ 1 – *someone's last words*
посре́дством чего́? 3 – *by, via, by means of*
постаме́нт 4 – *pedestal*
постано́вка 3, 4, 6 – *production, staging*
постановле́ние 4 – *resolution, decree*
пострада́ть *pfv.* 5 – *to be damaged*
потряса́ющий, -ая, -ее, -ие 5 – *tremendous, terrific*
похоро́нен, -а, -о, -ы 1 – *buried*
появля́ться/появи́ться где? 2 – *to appear*
правди́вость *f.* 6 – *truthfulness*
превраща́ться/преврати́ться во что? 5 – *to turn into, become*
предлага́ть/предложи́ть что? 1 – *to offer*
предме́т 1 – *object*
предме́ты бы́та 2 – *everyday household objects*
предпринима́тель 1 – *businessman, entrepreneur*
представи́тель 3 – *representative*
представле́ние о ком? о чём? 2 – *idea, impression, notion*
представля́ть *impf.* **собо́й** 3 – *to be, consist of*
прекраща́ть/прекрати́ть что? 5 – *to stop*
пре́лесть *f.* 6 – *charm*
премье́ра 6 – *opening night*
престо́л 5 – *throne*
привлека́ть/привле́чь кого́? в чём? 5 – *to attract*
придава́ть/прида́ть вид кому́? чему́? 5 – *to give the appearance of*
придава́ть/прида́ть значе́ние чему́? 2 – *to attach significance to*
признава́ть/призна́ть кого́? 3 – *to accept, acknowledge, recognize*
принадлежа́ть *impf.* **кому́? чему́?** 2 – *to belong*
принима́ть/приня́ть правосла́вие 6 – *to convert to Orthodoxy*
принима́ть/приня́ть реше́ние 6 – *to make a decision*
принима́ть/приня́ть уча́стие 3 – *to participate*
приноси́ть/принести́ сла́ву кому́? 3 – *to bring someone fame*
приходи́ть/прийти́ в упа́док 6 – *to fall into disrepair*
причёска 2 – *hairdo*
проводи́ть/провести́ что? (аукцио́н, ко́нкурс) 1, 3, 4 – *to organize, hold (auction, contest)*
продлева́ть/продли́ть что? 2 – *to extend*
проекти́ровать *impf.* 5 – *to design*
произведе́ние 2 – *work of art or literature; произведе́ние иску́сства* 1 – *work of art*

РУССКО-АНГЛИЙСКИЙ СЛОВАРЬ | RUSSIAN–ENGLISH VOCABULARY

происходи́ть из (шве́дско-да́тской) семьи́ 5 – *to descend from (a Swedish-Danish) family; to be of (Swedish-Danish) heritage/ancestry*
происходи́ть/произойти́ 1 – *to happen*
про́мысел 4 – *handicraft, folk craft*
промы́шленник 1 – *industrialist*
проро́ческий, -ая, -ое, -ие 6 – *prophetic*
прославле́ние 3 – *glorification*
проспе́кт 3 – *avenue*
противостоя́ть *impf.* **кому́? чему́?** 3 – *to resist*
проходи́ть/пройти́ где? 3 – *to take place, be held*
прыжо́к 6 – *jump, leap*
пря́таться/спря́таться где? 3 – *to hide*
публикова́ть/опубликова́ть что? 3 – *to publish*
пыта́ться/попыта́ться 3 – *to try*
пье́са 6 – *play (only about drama theater)*

Ра́зве что 5 – *except perhaps, except for*
развива́ть/разви́ть что? 2 – *to develop*
разви́тие 1 – *development*
разделя́ть *impf.* **взгля́ды** 3 – *to share views*
разме́р 5 – *size*
разногла́сие 3 – *disagreement*
разноцве́тный, -ая, -ое, -ые 5 – *colorful, multicolored*
разрабо́тка тео́рии 6 – *development of a theory*
разрешён, разрешена́, разрешено́, разрешены́ 3 – *allowed*
разруша́ть/разру́шить что? 4 – *to destroy*
ра́зум 4 – *reason*
ра́мки *pl.:* **в ра́мках** 3 – *framework: within the framework*
раскра́шивать/раскра́сить что? чем? (кра́сками) 4 – *to paint (with colors)*
раскрыва́ться/раскры́ться в чём? 2 – *to be revealed*
распа́д чего́? (СССР) 3, 4 – *collapse (of the USSR)*
располо́жен, -а, -о, -ы где? 4 – *located*
рассма́тривать/рассмотре́ть что? 2 – *to inspect, look closely at*
рассчи́тывать *impf.* **на кого́? что?** 3 – *to count on, rely upon*
расцве́т тво́рчества 2 – *the height of one's artistic career*
расширя́ть/расши́рить 4 – *to expand*
ре́дкий, -ая, -ое, -ие 1 – *rare*
режиссёр 6 – *director (theater or film)*
ре́зать *impf.* **по де́реву** 4 – *to carve, to cut (out of wood)*
реперту́ар 6 – *repertoire*
репети́ровать *impf.* 6 – *to rehearse*
репети́ция 6 – *rehearsal*
реставри́ровать/отреставри́ровать что? 4 – *to restore*
ро́дственник 1 – *relative*
(под) руково́дством кого́? 3 – *under the direction of*

Самосва́л 5 – *dump truck*

сбор де́нег 4 – *fundraising*

сбыва́ться/сбы́ться 4 – *(of dreams) to come true, to happen*

све́жая кровь 3 – *"fresh blood"; here: innovative artists*

свет 2 – *light*

свисте́ть/сви́стнуть 6 – *to whistle*

свози́ть/свезти́ 4 – *to bring together in one place (by vehicle)*

свя́зывать/связа́ть 3 – *to associate, relate, connect*

святи́ть/освяти́ть что? 5 – *to bless, consecrate*

святы́ня 5 – *sacred object, holy thing*

серебро́ 4 – *silver*

серп и мо́лот 3 – *sickle and hammer*

симфони́ческая му́зыка, орке́стр 6 – *orchestral music, orchestra*

симфо́ния 6 – *symphony*

сия́ть *impf.* 4 – *to shine, glow*

ска́зка 4 – *fairytale*

скопи́ться *pfv.* 4 – *to accumulate*

ску́льптор 1 – *sculptor*

скульпту́ра 1 – *sculpture*

скучнова́т, -а, -о, -ы 3 – *somewhat boring, not very exciting*

сла́ва (принести́ сла́ву кому́?) 6 – *glory, fame (to bring glory to)*

служи́ть *impf.* **кому́? чем?** 3 – *to serve*

слу́шатель 6 – *listener*

сме́шивать/смеша́ть что? 5 – *to mix*

снос 4 – *demolition*

сноси́ть/снести́ что? 4 – *to demolish*

собира́ть/собра́ть что? 1 – *to collect*

соблюда́ть/соблюсти́ дресс-код 5 – *to follow the dress code*

собра́ние иску́сства 1 – *art collection*

собы́тие 4, 6 – *event*

соверша́ть/соверши́ть де́йствия 6 – *to act*

соверша́ть/соверши́ть откры́тие 2 – *to make a discovery*

соверше́нствование 6 – *refinement, development*

совме́стная рабо́та 3 – *collaboration; collaborative work*

совмеща́ть/совмести́ть что? с чем? 4 – *to combine*

совреме́нник 5 – *contemporary n.*

согла́сно чему́? 1 – *according to*

содержа́ние 3 – *content*

соединя́ть/соедини́ть что? с чем? 2 – *to join, unite*

(к) сожале́нию 2 – *unfortunately*

создава́ть/созда́ть что? 1 – *to create, develop, organize*

созда́ние костю́мов 3 – *costume design*

созда́тель 6 – *creator*

соли́ровать *impf. & pfv.* 6 – *to sing/dance a solo*

соли́ст/соли́стка 6 – *soloist*

сомне́ние 4 – *doubt*

соо́бщество 1 – *community*
сооруже́ние (па́мятника) 4 – *construction (of a monument)*
сооруже́ние 5 – *structure, building*
составна́я часть 6 – *component*
состоя́ть *impf.* **из чего́?** 1 – *to consist of*
состоя́ться *pfv.* 1 – *to take place*
сотру́дничать *impf.* **с кем?** 3 – *to cooperate*
соуча́стник 3 – *partner, co-participant*
сохраня́ть/сохрани́ть (любо́вь) 2 – *to preserve (one's love)*
социа́льная напра́вленность 2 – *social awareness*
сочета́ть *impf.* 5 – *to combine*
сочета́ться *impf.* **с чем?** 2 – *to combine with*
спаса́ть/спасти́ кого́? что? 6 – *to rescue*
спекта́кль 3, 6 – *play, performance*
спор 4 – *dispute*
спроекти́рованный, -ая, -ое, -ые 4 – *designed*
спуска́ться/спусти́ться (по ле́стнице) 3 – *to go down the stairs*
среди́ кого́? чего́? 2 – *among*
средневеко́вый, -ая, -ое, -ые 5 – *medieval*
сре́дства *pl.* 4 – *means*
ста́вить/поста́вить что? 2 – *to stage*
стекло́ 4 – *glass*
столе́тняя да́вность 4 – *a hundred years old used as an adj.*
страсть *f.* 6 – *passion*
стреми́ться *impf.* **к чему́?** 3 – *to strive for*
строи́тельные материа́лы 4 – *construction materials*
строи́тельный кран 5 – *construction crane*
строи́тельство 5 – *construction*
су́дно 5 – *ship*
судьба́ 4 – *fate, destiny*
существова́ть/просуществова́ть 5 – *to exist, last*
сце́на 6 – *stage, scene*
счита́ть *impf.* 1 – *to believe, think*
сюже́т 3 – *plot, story*

Табли́чка 4 – *plaque, sign*
танцева́ть *impf.* **(па́ртию кого́?)** 6 – *to dance (the role of)*
танцо́вщик 6 – *male dancer*
танцо́р 3 – *dancer m.*
творе́ц 3 – *creator, author*
твори́ть *impf.* 2 – **to create**
тво́рческие си́лы 6 – *creative forces*
тво́рчество 1 – *artistic work*
тем не ме́нее 6 – *nevertheless*
толпа́ 6 – *crowd*
торгова́ть *impf.* **чем?** 1 – *to sell, deal in*

тосковать *impf.* **от одиночества** 3 – *to suffer from loneliness*
точка опоры (памятника) 4 – *point of support (for the statue)*
треугольник 2 – *triangle*
трёхмерное пространство 3 – *three-dimensional space*
труппа 3, 6 – theater company

Убранство 5 – *ornamentation, decoration*
увы 6 – *alas*
удача 4 – *luck*
указ 4 – *decree*
украшать/украсить кого? что? 4 – *to adorn, decorate*
улучшаться/улучшиться 4 – *to improve*
уметь/суметь + *inf.* 2 – *to know how*
уничтожать/уничтожить 3, 4 – *to destroy*
условный театр 6 – *symbolic theater*
успех 3, 6 – *success*; **иметь успех/не иметь успеха** – *to be/not to be successful*
успешно 2 – *successfully*
устанавливать/установить что? (памятник) 4 – *to install (a monument)*
установка (памятника) 4 – *installation (of a monument)*
устраивать/устроить что? 2 – *to arrange, organize*
уступать/уступить кому? чему? 5 – *to be inferior to*
утверждать/утвердить что? 4 – *to approve*
утраченный, -ая, -ое, -ые 6 – *lost*
учитывать/учесть что? 3 – *to take into account*
учреждать/учредить что? 6 – *to establish*

Фасад 5 – *façade*
фигурка 4 – *statuette, figurine*
фольклор 6 – *folklore*
фортепианный концерт 6 – *piano concert*
фундамент 4 – *foundation*

Характеризоваться *impf.* **чем?** 2 – *be characterized by*
хор 6 – *choir, chorus*
хотя 4 – *although*
художественная концепция 3 – *artistic concept*
художественный метод 3 – *artistic method, style*
художник 1 – *artist*

Цвет 2 – *color*
целиком 4 – *whole*
цензура 3 – *censorship*
ценить/оценить кого? что? 6 – *to value*
церковное пение 6 – *church singing*
цитата 3 – *quote, citation*

Ча́стная со́бственность 5 – *private property*
чека́нить *impf.* **по мета́ллу** 4 – *to emboss (metal)*
(в) честь кого́? 4 – *in honor of*
член 3 – *member*
что́ бы то ни́ было 6 – *here: anything*
чу́вство 2 – *feeling, emotion*
чу́вство жи́зни 6 – *sense of life*
чу́вствовать/почу́вствовать что? 2 – *to feel, experience*
чуде́сный, -ая, -ое, -ые 2 – *wonderful, marvelous*

Шеде́вр 2 – *masterpiece*
ширина́ 5 – *width*
шпиль 5 – *spire*

Экспози́ция 1 – *museum exhibition*
экспона́т 1 – *exhibit*
экспони́ровать что? *impf.* 3 – *to exhibit*
экспони́роваться *impf.* **где?** 3 – *to be exhibited*
эски́з 3 – *design, sketch, draft*
эстети́ческое нача́ло 3 – *aesthetic principle*
этало́н 4 – *standard, model*
эта́п 5 – *here: stage of construction*

Я́ркий, -ая, -ое, -ие 2 – *bright*

АНГЛО-РУССКИЙ СЛОВАРЬ | ENGLISH–RUSSIAN VOCABULARY

The Russian equivalents provided here are specific to the context in which they appear in this textbook. Consult an English-Russian dictionary for a more comprehensive set of translations.

Accept – *признавáть/признáть когó?*

accessible – *достýп|е|н, -а, -о, -ы*

accommodate – *вмещáть/вместúть когó? что?*

according to – *соглáсно чемý?*

accumulate – *скопúть(ся)* pfv.

acknowledge – *признавáть/признáть когó?*

act – n. *акт, дéйствие (in a play);* v. *совершáть/совершúть дéйствия*

acting craft – *актёрское мастерствó*

action – *дéйствие*

activity – *дéятельность* f.

actor – *артúст, актёр*

actor's workshop – *актёрская мастерскáя*

add – *добавлять/добáвить что?*

admire – *любовáться* impf. *кем? чем?*

adorn – *украшáть/укрáсить когó? что?*

aesthetic principle – *эстетúческое начáло*

after all, you know – *ведь*

again – *зáново*

alas – *увы́*

allow – *позволять/позвóлить комý? что?*

allowed – *разрешён, разрешенá, разрешенó, разрешены́*

although – *хотя́*

amaze – *поражáть/поразúть когó? чем?*

amazing – *поразúтельный, -ая, -ое, -ые;* **Amazing!** – interj. *Восхитúтельно!*

among – *среди́ когó? чегó?*

ancient – *дрéвний, -яя, -ее, -ие*

anew – *зáново*

announce – *объявлять/объявúть что?*

any – *любóй, -áя, -óе, -ы́е*

anything – *чтó бы то ни́ было*

apartment building – *жилóй дом*

appear – *появлять ся/появúться где?*

appearance – *внéшний вид*

applause – *аплодисмéнты* pl. only

approve – *одобрять/одóбрить что?; утверждáть/утвердúть что?*

architect – *архитéктор*

architectural monument – *пáмятник архитектýры*

architecture – *зóдчество* archaic

arise – *возникáть/возникнуть*

arrange – *устрáивать/устрóить что?*

art – *искýсство*

art collection – *собрáние искýсства*

art form – *вид искýсства*

АНГЛО-РУССКИЙ СЛОВАРЬ | ENGLISH–RUSSIAN VOCABULARY

Art Nouveau – *модéрн*
art show – *вы́ставка*
artisan – *мáстер*
artist – *худóжник*
artistic concept – *худóжественная концéпция*
artistic method – *худóжественный мéтод*
artistic trend – *направлéние (в жúвописи)*
artistic work – *твóрчество*
artistry – *мастерствó*
arts and crafts – *декоратúвно-прикладнóе искýсство*
assemble – *монтúровать/смонтúровать что?*
associate – *свя́зывать/связáть*
attach significance to – *придавáть/придáть значéние чему?*
attitude – *отношéние когó? к комý? чемý?*
attract – *привлекáть/привлéчь когó? в чём?*
auditorium – *зрúтельный зал*
authority – *власть* f.
avenue – *проспéкт*
award n. – *нагрáда*

Background – *зáдний плáн; in the background – на зáднем плáне*
ballerina – *балерúна*
Baroque n. – *барóкко*
be of heritage/ancestry – *происходúть из семьú*
beauty – *красотá*
become – *превращáться/превратúться во что?*
become dilapidated – *ветшáть/обветшáть*
believe in – *вéрить/повéрить во что?*
believer – *вéрующий, -ая, -ее, -ие*
bell-ringing – *колокóльный звон*
belong – *принадлежáть* impf. *комý? чемý?*
bench – *лáвочка*
bless – *святúть/освятúть что?*
blow up – *взрывáть/взорвáть когó? что?*
blueprint – *план-чертёж*
boring – *скучновáт, -а, -о, -ы (somewhat boring, not very exciting)*
break ground – *заклáдывать/заложúть что?*
bright – *я́ркий, -ая, -ое, -ие*
bring fame to – *приносúть/принестú слáву комý?*
bring together in one place (by vehicle) – *свозúть/свезтú*
bronze n. – *брóнза*
brush – *кисть* f.
buff – *полировáть/отполировáть что?*
build a stage – *монтúровать/смонтúровать сцéну*
building – *здáние*
building site – *мéсто застрóйки*
buried – *похорóнен, -а, -о, -ы*

businessman – *предпринима́тель*
by means of – *посре́дством чего?*

Canvas – *полотно́, поло́т|е|н gen. pl.*
capture – *захва́тывать/захвати́ть кого? что?*
carve (in stone, marble) – *высека́ть/вы́сечь из чего? (ка́мня, мра́мора)*
carve (out of wood) – *ре́зать impf. по де́реву, выреза́ть/вы́резать что? (из де́рева)*
cast v. **(gold, silver)** – *отлива́ть/отли́ть что? из чего? (зо́лота, серебра́)*
censorship – *цензу́ра*
certain – *определённый, -ая, -ое, -ые*
changes – *переме́ны*
character (in a work of art or literature) – *персона́ж*
(be) characterized by – *характеризова́ться impf. чем?*
charged with – *по обвине́нию в чём?*
charm – *пре́лесть f.*
chisel out (in stone, marble) – *высека́ть impf. из чего? (ка́мня, мра́мора)*
choir – *хор*
church singing – *церко́вное пе́ние*
circle – *круг*
Classicism – *классици́зм*
clay – *гли́на*
climb up the stairs – *поднима́ться/подня́ться по ле́стнице*
co-participant – *соуча́стник*
collaboration – *совме́стная рабо́та*
collapse (of the USSR) – *распа́д чего? (СССР)*
collect – *собира́ть/собра́ть что?*
collection – *колле́кция*
color – *цвет, pl. цвета́*
combine – *сочета́ть impf.; совмеща́ть/совмести́ть что? с чем?*
combine with – *сочета́ться impf. с чем?*
come true (of dreams) – *сбыва́ться/сбы́ться*
comment ironically on – *иронизи́ровать impf. над чем?*
community – *соо́бщество*
compel – *заставля́ть/заста́вить кого?*
complete – *заверша́ть/заверши́ть что?*
component – *составна́я часть*
compose (an opera, a ballet, a symphony) – *писать/написа́ть (о́перу, бале́т, симфо́нию)*
concept – *поня́тие*; **director's concept** – *за́мысел режиссёра*
concert hall – *конце́ртный зал*
concrete adj. – *бето́нный, -ая, -ое, -ые*
concrete and glass – *бето́нно-стекля́нный, -ая, -ое, -ые*
conjecture – *домы́сливать/домы́слить что?*
connect – *свя́зывать/связа́ть что?*
consecrate – *святи́ть/освяти́ть что?*
consider as – *относи́ть/отнести́ что? к чему́?*
consist of – *состоя́ть impf. из чего?; представля́ть impf. собо́й*

construction – *строительство*
construction (of a monument) – *сооружéние (пáмятника)*
construction crane – *строительный кран*
construction materials – *строительные материáлы*
Constructivism – *конструктивизм*
contemporary n. – *совремéнник*
content – *содержáние*
convert to Orthodoxy – *принимáть/приня́ть правослáвие*
cooperate – *сотрýдничать* impf. *с кем?*
copper adj. – *мéдный, -ая, -ое, -ые*
corps de ballet – *кордебалéт*
costume – *костю́м*; **costume design** – *создáние костю́мов*
count on – *рассчи́тывать* impf. *на когó? что?*
create – *создавáть/создáть что?; твор́ить* impf.
creative forces – *твóрческие си́лы*
creator – *создáтель; творéц*
crowd – *толпá*
crown – *венчáть* impf. *что?*
curtain – *зáнавес*
cut (out of wood) – *рéзать* impf. *по дéреву, вырезáть/вы́резать что? (из дéрева)*

(be) Damaged – *пострадáть* pfv.
dance (the role of) – *танцевáть* impf. *(пáртию когó?)*
dancer (male) – *танцóвщик, танцóр*
data – *дáнные* pl. only
deal in – *торговáть* impf.*чем?*
decay – *ветшáть/обветшáть*
deceive – *обмáнывать/обманýть когó?*
decorate – *оформля́ть/офóрмить что?; украшáть/украсить что?*
decoration – *убрáнство*
decree – *постановлéние; укáз*
definition – *определéние*
demolish – *сноси́ть/снести́ что?*
demolition – *снос*
deny – *отрицáть* impf. *что?*
department – *отдéл*
depict – *изображáть/изобрази́ть что?*
descend from family – *происходи́ть из семьи́*
describe – *опи́сывать/описáть когó? что?*
deserving of praise – *достóин (достóйна, достóйно, достóйны) похвалы́*
design v. – *проекти́ровать* impf.; adj. **designed** – *спроекти́рованный, -ая, -ое, -ые*
despite – *несмотря́ на что?*
destiny – *судьбá*
destroy – *разрушáть/разрýшить когó? что?; уничтожáть/уничтóжить когó? что?*
detail – *мéлочь* f.
develop – *развивáть/разви́ть что?; создавáть/создáть что?*
(be) developed – *получáть/получи́ть разви́тие*

development – *развитие*
development of a theory – *разработка теории*
differ from – *отличаться* impf. *от кого? чего?*
director – *режиссёр*
disagreement – *разногласие*
disclaim – *отрицать* impf. *что?*
dismantle (a monument) – *демонтировать* impf. *and* pfv. *что? (памятник)*
(be) displayed – *выставляться* impf. *где?*
dispute – *спор*
distinguished – *выдающийся, -аяся, -ееся, -иеся*
doll – *кукла*
dome – *купол*
donation – *пожертвование*
doubt – *сомнение*
draft – *эскиз*
dream – *мечта*
dump truck – *самосвал*

(to) Each his own – *кому что*
earthly life – *земная жизнь*
education – *образование*
educational activities – *образовательная деятельность*
emboss (metal) – *чеканить* impf. *(по металлу)*
emerge – *возникать/возникнуть*
emotion – *чувство*
emotional experience – *переживание*
end v. – *заканчиваться/закончиться*
engage in – *заниматься/заняться чем?*
entrepreneur – *предприниматель*
envy v. – *завидовать* impf. *кому?*
eponymous (of the same name) – *одноимённый, -ая, -ое, -ые*
establish – *учреждать/учредить что?*
event – *событие*
everyday household objects – *предметы быта*
everyday life – *быт; повседневная жизнь*
evil n. – *зло*
example – *образец*
except for – *разве что*
excite – *волновать* impf. *кого?*
excuse n. – *оправдание*
exhibit – n. *экспонат;* v. *экспонировать что?* impf.
(be) exhibited – *экспонироваться* impf. *где?; выставляться* impf. *где?*
exhibition – *выставка*
exist – *существовать/просуществовать*
expand – *расширять/расширить*
experience v. – *чувствовать/почувствовать что?*
express – *выражать/выразить что?*

express a feeling, an emotion, a mood – *передавáть/передáть чýвство, настроéние*

expressive – *выразúтельный, -ая, -ое, -ые*

extend – *продлевáть/продлúть что?*

Façade – *фасáд*

fairytale – *скáзка*

fall into disrepair – *приходúть/прийтú в упáдок*

fame – *слáва*

famous – *знаменúтый, -ая, -ое, -ые; извéстный, -ая, -ое, -ые*

fan – *поклóнник* m., *поклóнница* f.

fashion – *мóда*

fashion designer – *модельéр* m. & f.

fate – *судьбá*

fault – *винá*

feat – *пóдвиг*

feel – *ощущáть/ощутúть что?; чýвствовать/почýвствовать что?*

feel (think) about – *относúться/отнестúсь к кому? чему?*

feeling – *ощущéние; чýвство*

fictional – *вы́думанный, -ая, -ое, -ые*

figurine – *фигýрка*

fill – *заполня́ть/запóлнить что? чем?*

find out – *выясня́ть/вы́яснить что?*

find your way around – *ориентúроваться* impf. & pfv. *в чём?*

finish – *завершáть/завершúть что?*

first of all – *в пéрвую óчередь*

folk festivities – *нарóдное гуля́ние*

folk craft – *нарóдный прóмысел*

folklore – *фольклóр*

folk music – *нарóдная мýзыка*

follow the dress code – *соблюдáть/соблюстú дресс-код*

force – *заставля́ть/застáвить кого?*

foreign art – *зарубéжное искýсство*

(be) formed – *образовáться* pfv.

fortress – *крéпость* f.

foundation – *фундáмент*

founder – *основáтель*

framework – n. pl. *рáмки*; **within the framework** – *в рáмках*

free – *освобождáть/освободúть что?*

fresh blood – *свéжая кровь*

from afar – *úздали*

full house – *аншлáг*

full of tension (dramatic effect) – *испóлнен, -а, -о, -ы драматúзма*

fundraising – *сбор дéнег*

Garbage – *мýсор* sing. only

gate – *ворóта* pl. only

gaze – *гляде́ть на кого? что?* impf.
generation – *поколе́ние*
gentleman – *кавале́р* archaic
get together – *встреча́ться/встре́титься*
give the appearance of – *придава́ть/прида́ть вид кому? чему?*
glass – *стекло́*
glitter v. – *блесте́ть* impf.
glorification – *прославле́ние*
glory – *сла́ва;* to bring glory to – *принести́ сла́ву кому?*
glow v. – *сия́ть* impf.
go down the stairs – *спуска́ться/спусти́ться по ле́стнице*
go on tour – *гастроли́ровать (about a theater troupe or orchestra)*
gold n. – *зо́лото*
good n. – *добро́*
government – *госуда́рство*
grab a bite to eat – *переку́сывать/перекуси́ть*
graphic artist – *гра́фик*
graphic arts – *гра́фика*
groundbreaking ceremony – *закла́дка*
groundwater – *грунто́вые во́ды*
guess v. – *дога́дываться/догада́ться о чём?*
guilt – *вина́*

Hairdo – *причёска*
handicraft – *про́мысел*
happen – *происходи́ть/произойти́*
have a snack – *переку́сывать/перекуси́ть*
have an impact – *возде́йствовать* impf.
head v. – *возглавля́ть/возгла́вить кого? что?*
headscarf – *плато́к*
height – *высота́*
height of one's artistic career – *расцве́т тво́рчества*
hide – *пря́таться/спря́таться где?*
high quality – *вы́сший у́ровень; на вы́сшем у́ровне – of the high quality*
high relief – *горелье́ф*
hold – *проводи́ть/провести́ что?;* **hold an auction, a contest** – *проводи́ть/провести́ аукцио́н, ко́нкурс*
(in) honor of – *в честь кого?*
horseman – *вса́дник*
hundred years old used as an adj. – *столе́тняя да́вность*

Idea – *иде́я; представле́ние о ком? о чём?; someone got an idea – у кого? появля́ется иде́я*
illuminate – *освеща́ть/освети́ть кого? что?*
image – *о́браз*
imagination – *воображе́ние*
imagine – *дога́дываться/догада́ться о чём?*

impression – *представле́ние о ком? о чём?*
improve – *улучша́ться/улу́чшиться*
include – *включа́ть/включи́ть что?; включа́ть/включи́ть в себя́*
incomparably – *беспод́обно*
independence – *незави́симость* f.
industrialist – *промы́шленник*
(be) inferior to – *уступа́ть/уступи́ть кому́? чему́?*
influence – n. *влия́ние;* v. *влия́ть/повлия́ть на что?*
innovation – *нова́торство*
inside – *внутри́ (где?)/внутрь (куда́?)*
inspect – *рассма́тривать/рассмотре́ть что?*
inspire – *вдохновля́ть/вдохнови́ть кого́?*
install (a monument) – *устана́вливать/установи́ть что? (па́мятник)*
installation (of a monument) – *устано́вка (па́мятника)*
interact – *взаимоде́йствовать* impf.
intermission – *антра́кт*
international – *междунаро́дный, -ая, -ое, -ые*
interview v. – *опра́шивать/опроси́ть кого́?*
invent – *изобрета́ть/изобрести́ что?*

Join – *соединя́ть/соедини́ть что? с чем?*
jump – *прыжо́к*
justification – *оправда́ние*

Key adj. – *ключево́й, -а́я, -о́е, -ы́е*
killed – *поги́бший, -ая, -ее, -ие*
know how – *уме́ть/суме́ть* + inf.

Landscape – *пейза́ж*
large-scale – *масшта́бный, -ая, -ое, -ые*
last – *существова́ть/просуществова́ть*
last words – *после́дние слова́ (someone's)*
lay flowers – *возлага́ть/возложи́ть цветы́*
lead – *возглавля́ть/возгла́вить что?*
leap – *прыжо́к*
liberation – *освобожде́ние*
libretto – *либре́тто*
life and customs – *быт и нра́вы*
life experience – *жи́зненный о́пыт*
light – *свет;* **light up** – *освеща́ть/освети́ть кого́? что?*
lighting – *освеще́ние*
line – *о́чередь* f.
listener – *слу́шатель*
living creature – *живо́е существо́*
(be) located – *находи́ться; располо́жен, -а,-о,-ы*
loneliness – *одино́чество*

look – *гляде́ть на кого? что?* impf.
look closely at – *рассма́тривать/рассмотре́ть что?*
lost – *утра́ченный, -ая, -ое, -ые*
lots of something – *ку́ча чего?* col.
lovers – *влюблённые*
luck – *уда́ча*

Magnificent – *великоле́пный, -ая, -ое, -ые*
main – *основно́й, -а́я, -о́е, -ы́е*
majestic – *вели́чественный, -ая, -ое, -ые*
make a decision – *принима́ть/приня́ть реше́ние*
make a discovery – *соверша́ть/соверши́ть откры́тие*
manufacture – *изгота́вливать/изгото́вить что?*
mark v. – *отмеча́ть/отме́тить что?*; **marked** – *отме́чен, -а, -о, -ы*
marvelous – *чуде́сный, -ая, -ое, -ые*
masterpiece – *шеде́вр*
match – *идти́ к чему?*
mean v. – *означа́ть* impf. *что?*
means n. – *сре́дства* pl.; **by means of** – *посре́дством*
medieval – *средневеко́вый, -ая, -ое, -ые*
meet – *встреча́ться/встре́титься*
meet the demands – *отвеча́ть* impf. *тре́бованиям*
member – *член*
merchant – *купе́ц*
mesmerize – *завора́живать/ /заворожи́ть кого?*
military commander – *полково́дец*
mix – *сме́шивать/смеша́тьчто?*
mock – *издева́ться* impf. *над кем? чем?*
model – *этало́н*
monk – *мона́х*
movement (in painting) – *направле́ние (в жи́вописи)*
multi-story building – *многоэта́жное зда́ние*
multicolored – *разноцве́тный, -ая, -ое, -ые*
museum exhibition – *экспози́ция, вы́ставка*
music library – *но́тная библиоте́ка*
musical composition – *музыка́льное произведе́ние*

Name v. – *называ́ть/назва́ть что? чем?*; **be named** – *называ́ться* impf.
national greatness – *держа́вность* f.
navigate – *ориенти́роваться* impf. *где?*
negatively – *отрица́тельно*
nevertheless – *тем не ме́нее*
new idea – *нахо́дка*
night out – *вы́ход в свет*
noblewoman – *ба́рыня*
note – *отмеча́ть/отме́тить что?*

notice – *отмечáть/отмéтить что?*
notion – *понятие; представлéние о ком? о чём?*

Object – *предмéт*
offer – *предлагáть/предложи́ть что?*
old Russian – *древнеру́сский, -ая, -ое, -ие*
(the) only adj. – *еди́нственный, -ая, -ое, -ые*
open-air museum – *музéй под откры́тым нéбом*
opening night – *премьéра*
orchestra conductor – *дирижёр*
orchestral music – *симфони́ческая му́зыка*
order – *закáз*
organize – *создавáть/создáть; устрáивать/устрóить что?; проводи́ть/провести́ что?*
ornamentation – *убрáнство*
outrage – *безобрáзие*
outside adv. – *внé*
outstanding – *выдаю́щийся*

Paint – n. *крáска, крáс/о/к* gen. pl; v. *изображáть/изобрази́ть что?;* v. **(with colors)** – *раскрáшивать/раскрáсить (крáсками)*
painting (as artistic medium) – *жи́вопись*
painting (as a canvas) – *карти́на*
participate – *принимáть/приня́ть учáстие*
partner – *соучáстник*
passageway – *перехóд*
passion – *страсть* f.
patron of the arts – *меценáт*
pay attention – *обращáть/обрати́ть внимáние*
peace – *покóй*
pedestal – *постамéнт*
perception – *восприя́тие*
perform – *исполня́ть/испóлнить что?*
performance – *спектáкль*
perish – *погибáть/поги́бнуть*
persona – *ли́чность* f.
pianist – *пиани́ст*
piano concert – *фортепиáнный концéрт*
picture – *карти́на*
pinnacle of one's achievement – *верши́на твóрчества*
place – *мéсто*
plaque – *табли́чка*
plaster – *гипс*
play – *спектáкль; пьéса*
playwright – *драмату́рг*
plot – *сюжéт*
point of support (for the statue) – *тóчка опóры (пáмятника)*

polish – v. *полирова́ть/отполирова́ть что?*
political prisoner – *политкаторжа́нин (before the revolution of 1917)*
poll – *опро́с*
(be) popular – *по́льзоваться успе́хом*
portrait – *портре́т*
pose for – *пози́ровать* impf. *кому́?*
poster – *афи́ша*
preserve (one's love) – *сохраня́ть/сохрани́ть (любо́вь)*
pressing issue – *актуа́льная пробле́ма*
print – *печа́тать/напеча́тать что?*
prisoner – *заключённый*
private property – *ча́стная со́бственность*
production – *постано́вка*
prohibit – *запреща́ть/запрети́ть что?*
prophetic – *проро́ческий, -ая, -ое, -ие*
protagonist – *геро́й*
protect – *оберега́ть* impf.
public figure – *де́ятель*
publish – *издава́ть/изда́ть что?; публикова́ть/опубликова́ть что?*
publishing – *изда́тельская де́ятельность*
puppet – *ку́кла*

Queue – *о́чередь* f.
quote – *цита́та*

Railway car – *ваго́н*
rare – *ре́дкий, -ая, -ое, -ие*
ray – *луч*
re-create – *воссоздава́ть/воссозда́ть что?*
real estate – *недви́жимость* f.
reason – *ра́зум*
rebuild – *отстра́ивать/отстро́ить что?*
receive financial support – *получа́ть/получи́ть субси́дию*
recognition – *призна́ние*; **gain recognition** – *получа́ть/получи́ть призна́ние*
recognize – *признава́ть/призна́ть кого́? что?*
refinement – *соверше́нствование*
reflect off of – *отража́ться/отрази́ться от чего́?*
reflection – *отраже́ние*
region – *о́бласть* f.
rehearsal – *репети́ция*
rehearse – *репети́ровать* impf.
reinforced concrete – *железобето́н*
relate – *свя́зывать/связа́ть; относи́ть/отнести́ что? к чему́?*
relative – *ро́дственник*
rely upon – *рассчи́тывать* impf. *на кого́? что?*
remain – *остава́ться/оста́ться*
remind – *напомина́ть/напо́мнить кому́? о ком? о чём?*

renovated – *обновлённый, -ая, -ое, -ые*

renowned – *знамени́тый, -ая, -ое, -ые*

repel – *отта́лкивать/оттолкну́ть кого́? что?*

repertoire – *репертуа́р*

representative – *представи́тель*

rescue – *спаса́ть/спасти́ кого́? что?*

research – *нау́чно-иссле́довательская де́ятельность*

resist – *противостоя́ть* impf. *кому́? чему́?*

resolution – *постановле́ние*

respondent adj. used as n. – *опро́шенный, респонде́нт*

rest n. – *поко́й*

restore – *восстана́вливать/восстанови́ть что?; реставри́ровать/ отреставри́ровать что?*

restriction – *ограниче́ние*

return n. – *возвраще́ние*

(be) revealed – *раскрыва́ться/раскры́ться*

review n. – *о́тзыв*

revive – *возрожда́ть/возроди́ть кого́? что?*

rotation – *враще́ние*

Sacred object – *святы́ня*

sacrifice – *же́ртвовать/поже́ртвовать кем? чем?*

scaffolding – *леса́* pl. only

scene – *сце́на*

scene from everyday life – *бытова́я сце́на*

sculpt (out of clay, plaster) – *лепи́ть/слепи́ть что? из чего? (гли́ны, ги́пса)*

sculptor – *ску́льптор*

sculpture – *скульпту́ра*

sell – *торгова́ть* impf. *чем?*

sensation – *ощуще́ние*

sense of life – *чу́вство жи́зни*

serve v. – *служи́ть* impf. *кому́? чем?;* **serve someone's interests** – *отвеча́ть* impf. *интере́сам*

set of scenes – *набо́р сце́нок*

sets – *декора́ции*

setting – *обстано́вка*

share views – *разделя́ть* impf. *взгля́ды*

shine v. – *блесте́ть* impf.

ship – *су́дно*

shipyard – *верфь* f.

shortly – *вско́ре*

show – v. *пока́зывать/показа́ть кому? что?;* n. *зре́лище, спекта́кль*

sickle and hammer – *серп и мо́лот*

sign – v. *подпи́сывать/подписа́ть что?;* n. *табли́чка*

signify – *означа́ть* impf. *что?*

silent artist adj. used here as n. – *немо́й, нема́я*

silver n. – *серебро́*
sing (the part) – *петь* impf. *(па́ртию кого́?)*
sing/dance a solo – *соли́ровать* impf. and pfv.
singer – *певе́ц* m., *певи́ца* f.
singing – *пе́ние;* **church singing** – *церко́вное пе́ние*
sit for – *пози́ровать* impf. *кому́?*
size – *разме́р*
sketch – *эски́з*
skyscraper – *небоскрёб*
slogan – *ло́зунг*
small shop – *ла́вка* archaic
sneer at – *издева́ться* impf. *над кем? чем?*
social awareness – *социа́льная напра́вленность*
society – *о́бщество*
soloist – *соли́ст* m., *соли́стка* f.
soon – *вско́ре*
sound – v. *звуча́ть/прозвуча́ть;* n. *звук*
speak for – *выступа́ть/вы́ступить за что?*
spectacle – *зре́лище*
spectator – *зри́тель* m., *зри́тельница* f.
spin n. – *враще́ние*
spire – *шпиль*
square n. – *квадра́т*
stage – n. *сце́на;* v. *ста́вить/поста́вить что?;* n. *эта́п* (of construction)
staging – *постано́вка*
stainless steel – *нержаве́ющая сталь*
standard – *этало́н*
star – *звезда́,* pl. *звёзды*
start v. – *начина́ться/нача́ться*
state – *госуда́рство*
statuette – *фигу́рка*
sticker – *накле́йка*
still life – *натюрмо́рт*
stone – *ка́мень,* genitive: *ка́мня, по ка́мню, из ка́мня*
stop v. – *зака́нчиваться/зако́нчиться; прекраща́ть/прекрати́ть что?*
story – *сюже́т*
strive for – *стреми́ться* impf. *к чему́?*
structure – *сооруже́ние*
struggle for liberation – *освободи́тельная борьба́*
studio – *мастерска́я*
success – *успе́х;* to be/not to be successful – *име́ть успе́х/не име́ть успе́ха*
(be) successful – *по́льзоваться успе́хом*
successfully – *успе́шно*
suffer from loneliness – *тоскова́ть* impf. *от одино́чества*
suit v. – *идти́ кому́? к чему́?*
supplement v. – *пополня́ть/пополнить чем?*
support – *ока́зывать/оказа́ть поддержку; подде́рживать/поддержа́ть кого́? что?*

survey – v. опра́шивать/опроси́ть кого́?; n. опро́с
switch to – переходи́ть/перейти́ куда́? на что?
symbolic theater – усло́вный теа́тр
symbolize – означа́ть impf. что?
symphony – симфо́ния
symphony orchestra – симфони́ческий орке́стр

Take care of someone or something – бере́чь impf. кого́? что?
take into account – учи́тывать/уче́сть что?
take one's breath away – захва́тывать/захвати́ть дух у кого́?
take place – состоя́ться pfv.; проходи́ть/пройти́ где?
task – зада́ча
taste n. – вкус
tenant – жил/е́/ц, жильцы́ pl.
terrific – потряса́ющий, -ая, -ее, -ие
theater company – тру́ппа
theater-goer – зри́тель m., зри́тельница f.
thing – вещь f.
think – счита́ть impf.
three-dimensional space – трёхме́рное простра́нство
throne – престо́л
ticket office – ка́сса
tour n. – гастро́ли
tower – ба́шня
training – подгото́вка
treasury – казна́
triangle – треуго́льник
tribute – дань f.
trifle – ме́лочь f.
truthfulness – правди́вость f.
try v. – пыта́ться/попыта́ться
turn into – превраща́ться/преврати́ться во что?

Ugliness – безобра́зие
(be) unable to answer – затрудня́ться/затрудни́ться отве́тить
under the direction of – под руково́дством кого́?
unfortunately – к сожале́нию
unite – объединя́ть/объедини́ть кого́? что?; соединя́ть/соедини́ть что? с чем?
(be) unsure how to answer – затрудня́ться/затрудни́ться отве́тить
use v. – испо́льзовать impf. & pfv.

Value v. – цени́ть/оцени́ть кого́? что?
versatility – многогра́нность f.
via – посре́дством
vice versa – наоборо́т
viewer – зри́тель m., зри́тельница f.

viewing – *осмо́тр чего́?*
visit – n. *посеще́ние;* v. *посеща́ть/посети́ть кого́? что?*
visitor – *посети́тель* m., *посетительница* f.

Watercolor – *акваре́ль* f.
well-known – *изве́стный, -ая, -ое, -ые*
whistle – *свисте́ть/сви́стнуть*
whole adv. – *целико́м*
width – *ширина́*
will n. – *во́ля*
wise man – *мудре́ц*
within, among – *внутри́*
wonderful – *чуде́сный, -ая, -ое, -ые*
wood – n. *де́рево*
work of art or literature – *произведе́ние, произведе́ние иску́сства*
workroom – *мастерска́я*
world – *мир*

INDEX

Names of Artists Used in the Textbook